国家社会科学基金项目“关系和信任导向下供应链企业间知识共享的创新效应与实现机制研究”（批准号：13CGL013）

供应链知识共享的绩效评价与实现机制

陈伟 著

中国社会科学出版社

图书在版编目（CIP）数据

供应链知识共享的绩效评价与实现机制/陈伟著.—北京：
中国社会科学出版社，2018.1
ISBN 978-7-5203-1711-5

Ⅰ.①供… Ⅱ.①陈… Ⅲ.①知识经济—应用—供应链
管理—研究 Ⅳ.①F252

中国版本图书馆CIP数据核字(2017)第314134号

出 版 人 赵剑英
责任编辑 杨晓芳
责任校对 张爱华
责任印制 王 超

出 版 中国社会科学出版社
社 址 北京鼓楼西大街甲158号
邮 编 100720
网 址 http://www.csspw.cn
发 行 部 010-84083685
门 市 部 010-84029450
经 销 新华书店及其他书店

印 刷 北京君升印刷有限公司
装 订 廊坊市广阳区广增装订厂
版 次 2018年1月第1版
印 次 2018年1月第1次印刷

开 本 710×1000 1/16
印 张 15
插 页 2
字 数 231千字
定 价 65.00元

前　言

2016 年 5 月 30 日，全国科技创新大会、中国科学院第十八次院士大会和中国工程院第十三次院士大会、中国科学技术协会第九次全国代表大会在人民大会堂隆重召开，习近平总书记在会上发表重要讲话时强调，创新始终是一个国家、一个民族发展的重要力量，也始终是推动人类社会进步的重要力量；实施创新驱动发展战略，是应对发展环境变化、把握发展自主权、提高核心竞争力的必然选择，是加快转变经济发展方式、破解经济发展深层次矛盾和问题的必然选择，也是更好引领我国经济发展新常态、保持我国经济持续健康发展的必然选择。可以看出，自 2012 年以来，习近平总书记已经多次在不同场合提到“创新”一词，“创新”已然成为推动中国特色社会主义这艘“航母”前行的核动力，是我国未来经济和社会发展的主旋律。

基于上述背景，就微观的企业层面来讲，在面对竞争日益激烈的国内外市场环境时，我国企业要想生存、发展、“走出去”，具有国际竞争力，就必须积极开展技术创新活动，持续地开发出适应市场需要的新产品来保持和获取企业的竞争优势。可以预见，在知识经济时代，企业核心竞争力的强弱在很大程度上将取决于其创新绩效的高低。基于企业知识管理理论视角，企业技术上的创新实质上就是其知识的创新，随着社会分工的不断细化以及知识的日益复杂化和综合化，企业技术创新往往需要不同企业投入不同类型的各类知识开展合作创新，单个企业越来越难以完成整个产品的技术创新活动。在此背景下，共享各不相同而又互为补充的知识资源开展合作创新，成为供应链中各成员企业创造新价值、节约创新成本、深度挖掘利润的一个重要战略。然而，知识通常被认为是一种资源和资产，企业只有占有了知识才能在竞争中处于优势地位，而一旦自身的知识被共享，相应的优势地位就可能会削弱甚至丧失，自身的利益也就会受到损害。另外，供应链联盟本质上是一种不完全的契约关系，对彼此间的行为缺乏强制性的约束力，难免会有“搭便车”等机会主义行为发生，这样也势必会影响到成员企业的知识共享意愿。可见，供应链企业间的知识共享比企业内部的知识共享更难进行。因此，要促进供应链企业间知识共享活动的顺利进行首先需要解决这样两个问题：一是，知识共享对供应链合作创新的影响路径及影响程度的验证，这是成员企业关注的首要问题，只有实实在在认识到知识共享的创新效应，其才能有动力真正参与进来；二是，供应链企业间知识共享实现机制的设计，机制设计在于协调知识共享双方之间的利益冲突，激励知识共享活动的顺利进行，是供应链成员企业间知识共享过程中亟待解决的关键问题。针对上述两大关键问题，本书以“供应链知识共享的绩效评价与实现机制”为题开展相关研究工作，其中每章的具体研究内容如下：

第一章 绪论。本章主要介绍本书的研究背景，然后引出研究的问题；明确研究的目的和意义；提出研究的内容、方法与分析框架。

第二章 基础理论及文献综述。本章首先对本书研究所涉及和使用的相关基础理论进行梳理和展示，主要包括供应链知识管理理论、委托代理理论、交易成本理论、关系合约理论和机制设计理论；然后对本书所涉及的相关研究领域进行综述，其中本书主要涉及供应链知识管理、供应链企业间知识共享与转移等研究领域。

第三章 供应链企业间知识共享的理论模型。本章首先建立供应链企业间知识共享的需求模型，分析各成员企业间的知识需求，以此清楚分析供应链成员企业间的知识需求；其次，建立供应链企业间知识共享的层次模型，进一步明晰各层次间（个人层次、部门层次与企业层次）知识交易的渠道和特点。研究结果将为供应链企业间知识共享的创新绩效评价和实现机制设计奠定理论基础。

第四章 供应链企业间知识共享的绩效评价。本章基于关系交易理论、资源依赖理论和交易成本理论，以及对国内外现有供应链知识共享相关文献的梳理和分析，首先建立关系和信任导向下供应链企业间知识共享对创新绩效影响的概念模型，并利用结构方程模型结合256家供应链上下游企业的问卷数据对上述概念模型进行了实证检验，以此深入揭示了关系与信任导向下供应链企业间知识共享对创新绩效的影响路径及作用机理。此外，为规避或减少知识泄露带来的风险，本书还构建了供应链企业间知识共享、知识泄露与创新绩效之间关系的概念模型，其中知识泄露包括意外知识泄露和主动知识泄露两个方面内容，并结合问卷数据对上述概念模型进行了实证检验，以此明晰了知识泄露对跨企业知识共享与创新绩效的影响路径和作用机理。

第五章　供应链企业间知识共享的实现机制。本章基于知识管理研究领域著名学者 Davenport 教授（1998）提出的企业内部知识市场思想，将知识市场的理念引入供应链企业间的知识共享活动中，并对供应链企业间知识交易的概念进行了界定。之后从供应链企业间的知识交易关系出发，运用委托代理理论分别研究了不同情形下供应链企业间知识交易的市场机制和关系机制，包括知识水平影响下供应链企业间知识交易的伙伴选择机制、考虑学习能力影响下供应链企业间知识交易的市场机制、考虑知识属性影响下供应链企业间知识交易的市场机制和双边道德风险下供应链企业间知识交易的关系机制设计。此外，基于上述数理分析结果，结合关系交易理论和交易成本理论，构建了关系机制与正式合约对供应链企业间知识交易影响的概念模型，并利用多元回归模型结合256家供应链上下游企业的调查数据对上述概念模型进行了实证研究，实证研究结果在验证数理模型结果有效性的基础上，更深入地揭示了关系机制和市场合约对供应链企业间知识交易的影响路径与作用机理。

第六章　供应链企业间知识共享的典型案例。本章考虑到制造业供应链中知识相对比较密集，而且上下游企业之间较其他类型供应链具有更为紧密的技术合作关系和技术依赖关系，本书选择以汽车制造企业C集团和摩托车制造企业J集团为核心企业的供应链作为研究对象，对其链上合作伙伴间的知识共享进行了案例调研和应用研究。

本书的研究工作得到国家社会科学基金项目（批准号：13CGL013）“关系和信任导向下供应链企业间知识共享的创新效应与实现机制研究”

的资助；本书的编写和出版得到重庆市重点人文社科研究基地“国别经济与国际商务研究中心”、中国社会科学出版社的大力支持，在此一并表示衷心的感谢。

此外，本书在研究、写作过程中参考了大量文献，由于篇幅所限，不能一一罗列，这里特向未被罗列的作者表示歉意，并向所有的作者表示诚挚的谢意。

由于时间仓促及作者水平有限，本书错误之处在所难免，敬望读者批评指正。

目　录

第一章

绪　论

第一节　研究背景与问题提出

2015 年 5 月 26 日，习近平总书记在浙江杭州高新区视察工作时指出，企业持续发展之基、市场制胜之道在于创新，各类企业都要把创新牢牢抓住，不断增加创新研发投入，加强创新平台建设，培养创新人才队伍，促进创新链、产业链、市场需求有机衔接，争当创新驱动发展先行军。2015 年 5 月 27 日，习近平总书记在华东七省市党委主要负责同志座谈会上的讲话中继续强调，一个国家综合国力的竞争说到底是创新的竞争，我们要深入实施创新驱动发展战略，推动科技创新、产业创新、企业创新、市场创新、产品创新、业态创新、管理创新等，加快形成以创新为主要引领和支撑的经济体系和发展模式。自 2012 年以来，习近平总书记多次在不同场合提到“创新”一词，企业技术创新问题已然引起我国政府的高度重视，是我国未来经济和社会发展的主旋律。可见，面对竞争日益激烈的国内外市场环境，我国企业要想生存、发展、“走出去”，具有国际竞争力，就必须积极开展技术创新活动，持续地开发出适应市场需要的新产品来保持和获取企业的竞争优势，可以预见，在知识经济时代，企业核心竞争力的强弱在很大程度上将取决于其创新绩效的高低。

基于企业知识管理理论视角，企业技术上的创新实质上就是其知识的创新，随着社会分工的不断细化以及知识的日益复杂化和综合化，企业技术创新往往需要不同企业投入不同类型的各类知识开展合作创新，单个企业越来越难以完成整个产品的技术创新活动。在此背景下，共享各不相同而又互为补充的知识资源开展合作创新，成为供应链中各成员企业创造新价值、节约创新成本、深度挖掘利润的一个重要战略。然而，在知识经济时代，知识往往被认为是一种重要资源和资产，是企业打造自身核心竞争力的重要来源，企业拥有了知识才可能在激烈的竞争中处于优势地位，一旦自己所拥有的知识被共享，相应的优势地位可能就会丧失，其自身利益也会受到损害。另外，供应链联盟本质上是一种不完全的合约关系，对彼此间的行为缺乏强制性的约束力，难免会有“搭便车”等机会主义行为发生，这样也势必会影响到成员企业的知识共享意愿。可见，供应链企业间的知识共享比企业内部的知识共享更难进行。因此，要促进供应链企业间知识共享活动的顺利进行首先需要解决这样两个问题：一是，知识共享对供应链合作创新的影响路径及影响程度的验证，这是成员企业关注的首要问题，只有实实在在地认识到知识共享的创新效应，其才能有动力真正参与进来；二是，供应链企业间知识共享实现机制的设计，机制设计在于协调知识共享双方之间的利益冲突，激励知识共享活动的顺利进行，是供应链成员企业间知识共享过程中亟待解决的关键问题。

基于此，本书提出研究“供应链知识共享的绩效评价与实现机制”，拟解决上述两大关键问题，其中供应链知识共享的绩效评价拟实证检验不同现实情境下供应链企业间知识共享的创新绩效，供应链知识共享的实现机制拟设计不同情形下供应链企业间知识共享的契约机制，研究成果以期为我国供应链成员企业参与知识共享提供决策依据。

第二节　研究目的与意义

一　研究目的

针对供应链企业间知识共享过程中亟待解决的两大关键问题，本书研究的第一个目的是刻画清楚供应链中的“知识流”，即供应链企业间到底需要哪些知识，这些知识有什么特点，其流动、转移的路径和过程如何，对其共享和转移存在哪些障碍，供应链中的企业、部门、个人怎样参与知识共享与转移等。本书研究的第二个目的是不同现实情境下供应链企业间知识共享的绩效评价，即通过实证研究深入揭示供应链企业间知识共享对创新绩效的影响路径及作用机理。本书研究的第三个目的是供应链企业间知识共享的实现机制设计，本书提出通过市场机制来解决供应链企业间知识共享与转移的困境，并重点解决不同情形下供应链企业间知识交易的市场机制和关系机制设计，以期为供应链中的成员企业参与知识共享提供决策参考。本书研究的第四个目的是精心选取具有代表性的汽车和摩托车等行业核心企业的供应链，对其链上的知识共享进行案例研究，尝试将本书有关供应链企业间知识共享实现机制的研究内容和结论应用于某几家企业，反馈完善并以期能够逐步推广。

二　研究意义

本书的研究意义主要表现在以下几个方面：

1. 理论研究方面。本书对不同类型供应链中不同成员企业之间（如核心企业与上下游合作伙伴之间、供应商之间、销售商之间等）的交叉知识共享与转移的需求进行分析，建立了供应链企业间的网状知识需求模型。此外，本书还建立了多层次的、跨越多种边界的供应链企业间知识共享与转移模型，并进一步分析了各层次中知识共享与转移的渠道和特点。本书关于供应链企业间知识共享的理论模型部分将开阔供应链知识管理的理论研究视野，有助于供应链知识管理基础理论的丰富和完善。

2. 实证研究方面。关系和信任作为减少不确定性和复杂性的机制，不仅是供应链伙伴关系形成的基础，也是双方知识共享行为发生的前提和保证。国内外的相关研究更多考虑的是知识共享问题本身，较少考虑上述两种背景下（特别是“关系”背景下）的研究，而我国恰恰是一个注重关系、讲究信誉的国家，研究关系和信任导向下的供应链企业间知识共享正是符合我国国情，也是目前研究所缺乏的。基于此背景，本书利用我国企业的问卷调查数据，实证分析了关系和信任导向下供应链企业间知识共享的创新绩效、知识泄露对供应链企业间知识共享和创新绩效的影响、市场机制和关系机制对供应链企业间知识交易的影响等问题，研究成果将为成员企业参与知识共享提供决策支持。

3. 数理研究方面。本书以交易成本理论和关系交易理论为基础，从市场机制和关系机制两个维度来探索不同情形下供应链企业间知识共享的实现机制，本书的研究可以为供应链企业间的知识共享提供新思路和新方法。

4. 案例研究方面。通过供应链企业间知识共享实现机制的精选案例研究，可以为我国企业提供可借鉴的典型案例。

第三节 研究方法、内容及分析框架

一 项目涉及主要研究方法

本书拟采用理论模型、数理模型与实证研究相结合的方法开展研究工作。其中，数理模型主要采用的方法与工具是委托代理理论、经济博弈论、交易成本；理论和机制设计理论；实证研究主要采用的方法是验证性因子分析、结构方程模型与多元回归模型，相关工具主要涉及 SPSS 和 AMOS 统计软件。

二 研究内容及分析框架

本书的主要研究内容及基本框架如图 1 - 1 所示。

根据图 1 - 1 可以看出，本书的研究内容共分六章，各章研究的主要内容如下：

第一章 绪论。主要介绍本书的研究背景，然后引出研究的问题；明确研究的目的和意义；提出研究的内容、方法与分析框架。

第二章 基础理论及文献综述。本章首先对本书研究所涉及和使用的相关基础理论进行梳理和展示，主要包括供应链知识管理理论、委托代理理论、交易成本理论、关系合约理论和机制设计理论；然后对本书所涉及的相关研究领域进行文献综述，其中本书主要涉及供应链知识管理、供应链企业间知识共享与转移等研究领域。

第三章 供应链企业间知识共享的理论模型。本章首先建立供应链企业间知识共享的需求模型，分析各成员企业间的知识需求，以此清楚分析供应链成员企业间的知识需求；其次，建立供应链企业间知识共享

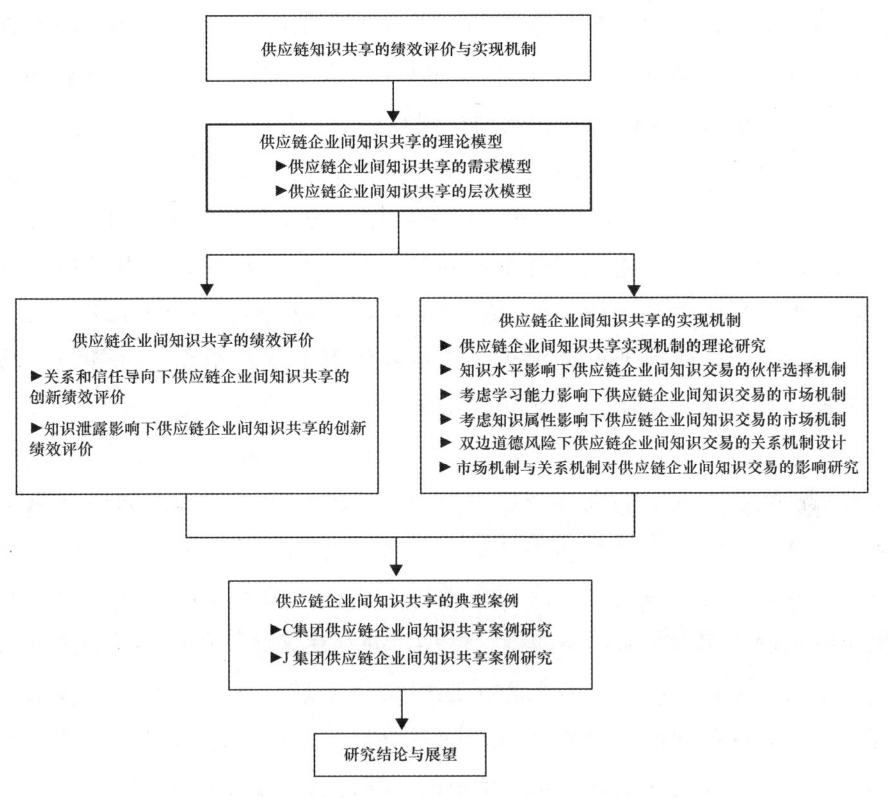

图 1－1　本书研究框架

的层次模型，进一步明晰各层次间（个人层次、部门层次与企业层次）知识交易的渠道和特点。研究结果将为供应链企业间知识共享的创新绩效评价和实现机制设计奠定理论基础。

第四章　供应链企业间知识共享的绩效评价。基于关系交易理论、资源依赖理论和交易成本理论，以及对国内外现有供应链知识共享相关文献的梳理和分析，本章首先建立关系和信任导向下供应链企业间知识共享对创新绩效影响的概念模型，并利用结构方程模型结合 256 家供应链上下游企业的问卷数据对上述概念模型进行了实证检验，以此深入揭示了关系与信任导向下供应链企业间知识共享对创新绩效的影响路径及作用机理。此外，为规避或减少知识泄露带来的风险，本书还构建了供应链企业间知识共享、知识泄露与创新绩效之间关系的概念模型，其中知识泄露包括意外知识泄露和主动知识泄露两个方面内容，并结合问卷数据对上述概念模型进行了实证检验，以此明晰了知识泄露对跨企业知识共享与创新绩效的影响路径和作用机理。

第五章 供应链企业间知识共享的实现机制。本章基于知识管理研究领域著名学者 Davenport 教授（1998）提出的企业内部知识市场思想，将知识市场的理念引入供应链企业间的知识共享活动中，并对供应链企业间知识交易的概念进行了界定。之后从供应链企业间的知识交易关系出发，运用委托代理理论分别研究了不同情形下供应链企业间知识交易的市场机制和关系机制，包括知识水平影响下供应链企业间知识交易的伙伴选择机制、考虑学习能力影响下供应链企业间知识交易的市场机制、考虑知识属性影响下供应链企业间知识交易的市场机制和双边道德风险下供应链企业间知识交易的关系机制设计。此外，基于上述数理分析结果，结合关系交易理论和交易成本理论，构建了关系机制与正式合约对供应链企业间知识交易影响的概念模型，并利用多元回归模型结合 256 家供应链上下游企业的调查数据对上述概念模型进行了实证研究，实证研究结果在验证数理模型结果有效性的基础上，更深入地揭示了关系机制和市场合约对供应链企业间知识交易的影响路径与作用机理。

第六章 供应链企业间知识共享的典型案例。本章考虑到制造业供应链中知识相对比较密集，而且上下游企业之间较其他类型供应链具有更为紧密的技术合作关系和技术依赖关系，本书选择以汽车制造企业 C 集团和摩托车制造企业 J 集团为核心企业的供应链作为研究对象，对其链上合作伙伴间的知识共享进行了案例调研和应用研究。

第二章

基础理论及文献综述

第一节　相关基础理论

一　供应链知识管理理论

（一）供应链企业间知识管理的目标

供应链知识管理的主要出发点是当代企业面对的生存环境发生的革命性变化，其直接目标是提高知识创新和运用效率，在供应链结构中推动知识转移和共享，使供应链成员之间的知识水平达到协调优化，使核心企业、供应商和客户成为一体，收益共享、风险共担。

知识创新所具有的高风险性要求企业在进行知识创新时充分考虑风险规避问题，同时知识在使用上所具有的不同于其他资源的特性使知识的合作开发与利用成为可能。因此，供应链中知识管理的首要目标是利用供应链成员在业务流程和知识资源上的互补性提高知识创新和利用的效率，避免知识重复创新行为在供应链联盟中发生，同时降低知识创新的风险和不确定性。

推动知识在供应链中的转移和共享是其主要手段，知识的更新速度加快和知识具有的网络效应、知识的价值随时间递减的特性，使知识的生命周期越来越短。因而，新知识在创造出来以后必须迅速被运用才能产生最大的市场价值和经济效益。因此，要求拥有新知识的企业在供应链中尽快地转移和共享知识资源，以增强供应链的整体知识容量，协调和优化供应链成员企业的知识水平，进而使各成员企业提供的产品或服务满足其他成员的要求。

（二）供应链知识管理的主要内容

供应链上知识价值的实现，要求知识管理过程在整个供应链上完成，包括供应链企业内部和供应链企业之间。从知识管理的内容上来看，供应链中的知识管理主要涉及供应链中知识的创造、共享、运用和保护等主要活动的计划、组织、指挥与协调，涉及对供应链中的个体知识、部门知识、企业知识和企业间知识的管理。在结合有关文献的基础上，我们认为供应链知识管理的主要内容包括：供应链中知识的获取、供应链中知识的共享、供应链中知识的运用、供应链中知识的保护和支持供应链知识管理的基础性活动。

1. 供应链中知识的获取。供应链中知识的获取指供应链参与企业从企业内部，供应链内部和供应链外部获取供应链流程中显性和隐性知识的过程。其中，主要强调从供应链合作伙伴那里通过学习获取知识，充分利用供应链这个蕴藏着丰富知识资源的“知识宝库”。可转化为知识的信息资源主要有电子文档资源、纸质文档资源、语音资源和数据库等。这些资源被收集到供应链企业的知识库中。知识获取要求供应链中个人、部门和企业都具有较强的知识选择、提炼、分类、识别的能力，能够从企业所获取的知识中甄别、分析对企业经营管理有用的知识。

2. 供应链中知识的共享。知识管理的研究者大都认为知识的共享是知识管理的核心，在供应链的知识管理中尤其强调知识在节点企业间的共享与传播，其根本原因是知识的共享与传播是促进知识在供应链企业间流动的主要手段，有利于整个供应链知识资源的交流和互补，从而提高供应链知识创新和应用的效率。可通过知识推送、电子公告、知识订阅、教育培训等方式，以页面浏览、电子邮件、文件传输等形式来实现知识在供应链联盟成员间的共享与传播。

3. 供应链中知识的运用。供应链中的知识运用首先强调对知识的吸收。组织的吸收能力不仅包括企业员工的吸收能力，还包括其知识在不同部门间传播和转移的能力，不单是个人吸收能力的总和。随着外部知识和信息对企业重要性的日益增加，供应链企业需要更高的吸收能力来从其供应链合作伙伴处鉴别和提取知识。贯穿于整个管理过程的知识运用，实现成员间知识水平的协调，包括成员间的知识存量、知识利用能力和知识存储能力等，其目标是保证最终产品在各个环节上能在知识上得到保证，实现其功能的协调与优化。

4. 供应链中知识的保护。鉴于供应链的动态性和由不同独立法人企业组成的特点，供应链中的知识保护特别重要。供应链知识管理系统中必须有完善的用户管理和网络安全管理功能，节点企业还应具备较强的知识提炼和筛选能力，以更好地对涉及企业核心竞争力的知识资本，如知识产权、专利产品、核心技术、客户偏好等，进行有效的保护。

5. 支持供应链知识管理的基础性活动。供应链中的知识管理跨越了企业的边界，面对不同的企业组织结构、知识结构和企业文化，需要一系列支持供应链知识管理的基础性活动保证供应链中知识管理活动的顺利开展。主要有战略性供应链成员间的合作伙伴关系管理，包括基于知识管理能力的合作伙伴选择和知识合作评价等；基于信任的支持知识在供应链成员间交流和共享的联盟文化管理，包括企业领导层对于供应链知识共享观念的支持和员工与企业层次对知识共享的认同等；支持供应链知识管理的技术性活动，如基于 Internet 的供应链知识库管理、基于 Web 的核心企业知识门户、成员间在线知识学习和培训系统等。

（三）供应链知识管理的特征

供应链联盟是现代经济发展过程中出现的一种战略联盟形式，相对于其他企业合作形式如虚拟企业、产学研合作等，供应链中企业之间的关系必定更加紧密，因此，供应链知识管理具有以下特征。

1. 知识协调。供应链的高效率运行要求其成员企业无论在知识的拥有量、知识共享与吸收能力、知识互补程度，还是在知识创新能力和创新文化上都要达到协调，知识共享和知识交流要求成员企业间经营理念的一致性，一旦有一个企业的知识不能达到其他成员的要求，就会影响整个供应链运作的效率。因此，在进行合作伙伴选择时除了考虑与其他相关的指标外，还应考虑合作伙伴的知识协调指标。

2. 保密—公开—安全关系原则。知识在供应链中获取、共享、传播、运用的前提是供应链成员必须明确哪些知识是关乎企业竞争优势的核心知识，需要保密，哪些是能为其他成员提供帮助的非核心知识，需要迅速高效地共享。企业既要做到与供应链合作伙伴的知识交流，也要注意保护自己的核心知识，强调知识管理的安全性，从而不断丰富自身的知识库。

3. 强调知识共享和传播。知识共享和传播是供应链中知识管理的核心内容。知识不是物质财富，它并不因为产权的转移而丧失对知识的使用权。知识具有收益递增的特性，使用得越多，产生的效益越大，因此供应链中的知识管理强调知识的共享和传播，可以降低供应链成员获取、创造知识的成本和风险，提高知识运用的效率和供应链整体知识容量。

（四）供应链中知识的类型

知识是通过经验和实践得到的一系列数据、规则、程序和操作的集合。组织知识可以被看作有关组织信息、过程、价值和信念的集合。它来源于个人知识而又超出了个人知识，并为一个组织所特有。从知识管理的角度来看，每一个企业都是由多种知识构成的知识系统。供应链企业中的知识包含了联盟各节点企业的结构化经验、专利技术、企业价值观、情报信息等，还包括各企业间的联系与交互。相对于企业内部的知识资源，供应链企业中的知识范围更大，层次更多，结构也更复杂。要研究供应链中的知识管理，必须首先对供应链企业中的知识进行界定，以此作为研究供应链中知识管理问题的基础。表 2－1 表示了供应链企业中的知识类型。

表 2－1　　　　供应链企业中的知识类型

依据	类别	内容
可描述性	显性知识	企业制度规范、企业专利、供应链技术规范、客户信息
	隐性知识	企业文化、个体技巧与诀窍、价值观、心智模式
知识主体	个体知识	供应链节点企业中个人的知识
	组织知识	节点企业中由个体知识转化、整合而成部门知识和企业知识
	企业间知识	企业间个体知识和组织知识流动、激活、重用而形成的新知识
结构化程度	正式结构知识	网页上的内容、电子数据交换的事务信息和各种文件
	非正式结构知识	电子邮件、论坛上的留言和协调过程

续表

依据	类别	内容
知识来源	常规性知识 位置性知识 功能性知识 文化性知识	专利、商标、版权、注册设计、商业机密、合同、执照企业声望、价值链结构、分销网络、组织结构、市场份额雇员的诀窍、分销商技巧、供应商的技巧组织特点、对质量标准的理解、对挑战的反应、客户服务惯例

在供应链企业中，依据知识的可描述性不同，分为内容明确，易于收集、编码、整理和存储，方便在不同个体间共享和传播的显性知识，和建立在个人经验、价值观、方法论等无形要素基础上，难以编码、表达、传播和结构化的隐性知识。

知识依据其主体不同，不仅包括个人知识也包括组织知识，还包括组织间知识。个体知识是组织知识产生和存在的基础；但组织知识并非个体知识的简单加和，它是个体知识在组织中传播、共享和创新的结果，具有个体知识所未有的性质；组织间知识是供应链节点企业间个体知识和组织知识相互传播、转化和整合的过程中所产生的新的知识，表示着企业间的知识流动和碰撞。从知识共享方转移到知识接受方的知识通过接受方的一系列知识整合、知识激活和知识重用等活动产生了新的知识，这种知识往往具有非常高的价值。

知识依据其结构化程度不同，分为正式结构知识和非正式结构知识。正式结构知识通常是显性的，而且容易被编码化为正式的格式，包括网页上的内容、电子数据交换的事务信息和各种文件等。在供应链中这些知识是通过 EDI、网页、FTP 等形式传播的。非正式结构知识难以格式化和记录，而且同具体环境相关，通常嵌入在过程中或人的头脑中，包括电子邮件、论坛上的留言和协调过程等。在供应链中这些知识是通过 E-mall、电视电话会议、公告板等形式传播的。

知识依据其来源不同，分为常规性知识、位置性知识、功能性知识和文化性知识。常规性知识指同企业规章制度、企业间协议和章程有关的知识，包括同法律实体和财产权有关的知识，如专利、商标、版权、注册设计、商业机密、合同、执照、数据库等；位置性知识指同企业知识积累相关的知识，包括跟法律实体无关的知识，如企业声望、价值链结构、分销网络、组织结构、系统配置、市场份额等，这类知识是路径依赖的；功能性知识指同企业竞争优势相关的知识，包括个人或集体的技能，如雇员的诀窍、分销商技巧、供应商的技巧或以上的组合；文化性知识指同企业文化和供应链文化相关的知识，包括组织特点、对质量标准的理解、组织能力如管理创新、变化、团队工作、对挑战的反应、客户服务惯例等。

供应链企业中的知识应该是同具体环境相关的，不但存在于企业内部，也存在于企业所处供应链的各个环节，涉及不同主体的繁多知识。从企业价值链的角度，可以把供应链的知识管理活动看作从供应商原料生产到售后服务全过程的知识转化、整合和传播活动。因此，我们认为供应链企业中的知识包括：采购和供应知识、设计和开发知识、生产制造和物流知识、渠道管理和分销知识、客户服务和品牌知识、财务知识。在结合有关参考文献的基础上，我们提出了供应链流程中的知识。如图2－1所示。这些知识当中包含结构化的显性知识和非结构化的隐性知识。

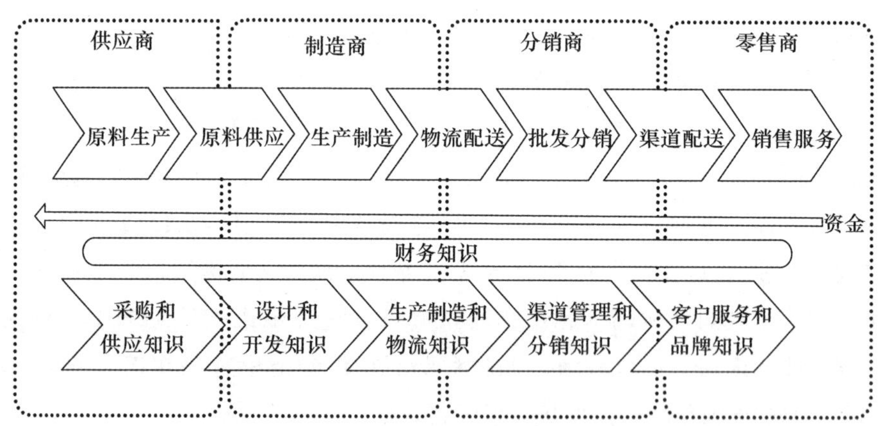

图2－1　供应链流程中的知识

采购和供应知识包括采购标准、供应商关系、原料质量控制、供应商响应速度等知识；设计和开发知识包括成本估计、工程设计、研发技术、专利与特有工艺、产品性能参数知识；制造和物流知识包括生产计划、生产能力、库存水平、设施和仓储设计、物流运输控制等知识；渠道管理和分销知识包括配送计划、分销商关系、渠道设计与管理等知识；客户服务和品牌知识包括产品品牌形象、顾客偏好、顾客满意度、市场趋势、市场分析和开发等知识；财务知识包括电子资金转账知识、财务报告等知识。以上这些知识贯穿供应链管理的整个流程，不同行业或不同战略导向的供应链中知识要素也不一样。供应链中的知识管理水平很大程度上依赖于知识的种类和供应链的具体类型。

二　委托代理理论

委托代理理论是现代企业理论的重要组成部分，是合约理论最重要的发展，也是现代信息经济学研究中最为活跃的领域之一。

（一）委托代理理论观点

最早讨论两权分离的理论（委托代理理论的前身）是从贝利和米恩斯（1933）开始进行的实证研究中发展起来的，后继者鲍莫尔（1959）、马里斯（1964）等人在此基础上又进行了发展。该理论将企业所有者与经营者的关系描述成无私的信托交换忠诚关系：一方面，作为所有者的风险投资人将企业的资产委托给他们信得过又具备经营能力的代理人管理，不要抵押，不要担保，完全承担授权不当的全部损失和授权得当的全部收益；另一方面，经营者顺从、忠诚地履行他们的信托责任，在竞争性的即期和远期市场上，买入当前和未来的投入，卖出当前和未来的产出，按照使企业利润或价值实现最大化的要求组织生产经营，以此来为所有者谋利。如果他们做得不好，那么，他们就会被解除信托责任，甚至被追究法律责任。这种理论建立在无外部性、无个人利益冲突、无信息不对称、无交易成本的假定之上，是一种理想状态。

委托代理理论是在过去20年中发展起来的，对此做出开拓性贡献的人有威尔森、威廉姆森、罗斯、马里斯、霍姆斯特姆、格罗斯曼和哈特等人。这一理论的特点是首先放弃了经营者无私的假设，认为他们不仅有自己的利益（个人效用函数），而且追求的就是自己的利益，如在职消费、经理权威等；其次，这一理论放弃了完全信息的假定，认为所有者和经营者的信息是不对称的。因此，即使在最佳的风险和激励安排下，经营者也仍然能更多地偏向于自己的追求，正是在这个意义上，哈特认为委托代理理论为现代企业管理理论奠定了基础。

委托代理理论有其隐含的前提条件，即：（1）契约建立在自由选择和产权明晰化基础之上，维持契约的条件是代理成本小于代理收益；（2）拥有剩余索取权的委托人是风险中性者，从而不存在偷懒动机，即具有监督代理人行为的积极性；（3）由于剩余索取权具有可转让性，委托人通过行使退出权（或称“用脚投票”）惩罚代理人违约行为的威胁是可信的。在这样的条件下，委托代理理论重点研究如何设置一种能给代理人足够刺激和动力的机制或契约，使代理人在追求个人效用的同时实现委托人预期效用的最大化。

广义的委托代理关系泛指承担风险的委托人授予代理人某些决策权，并与之订立或明或暗的契约。狭义的委托代理关系专指公司的治理结构，即作为委托人的出资人授予代理人在契约（如公司章程）中明确规定的权利（如控制权），凡在契约中未经指定的权利（如剩余索取权），归属委托人。剩余索取权和控制权分离后，尽管会产生代理收益，但由于委托人与代理人效用函数的不一致性及信息的不对称性，就可能形成代理人利用自己的信息优势，采取旨在谋求自身效用最大化却可能损害委托人利益的机会主义行为。

（二）委托代理问题

在委托代理关系里，对他方的行为承担一定的风险而获得监督他方的权力的一方，被称为委托方。相应地，代理方则是指不一定非为自己行为负责的一方，他不承担风险。委托代理的后果不仅取决于代理方的行为，同样也取决于委托方本身的行为，取决于两者之间一系列契约的签订和执行。

委托代理问题产生的原因在于委托人掌握的信息不够，自己去亲自谋划某件事情所带来的收益，还不如委托给一个代理人去办能带来更多的收益。因此，委托人就找代理人为自己的目标服务。但是，问题在于，代理人是否会一心一意地为委托人服务。从经济学角度来看，每个人都是具有有限理性的经济人，都有自己追求的个人效用目标，因此，代理人能否为委托人带来利益就成为一个问题。由于代理人掌握的信息较多，委托人掌握的信息较少，因此，实际上就会出现委托人不如代理人主动的情况。

这种信息不对称，主要表现在委托人与代理人之间的契约签订过程及签约后履行的过程中。从委托人的角度看，所谓使代理人全心全意地为委托人服务，实质上是设立一系列约束条件，签订一个最优契约，使委托人的利益最大化。

委托代理问题主要有因信息不对称和有限理性引起的四类问题，即信号传递、信息甄别、隐藏知识和隐藏行动。

1. 信号传递

信号传递是指代理人知道自己的特征，由于信息是不完全的，委托人不知道他的特征，代理人为了显示自己的特征而选择某种信号，委托人在知道了代理人的特征以后，再与代理人签订契约。信号传递的典型例子是企业老板与雇员签订契约。雇员知道自己的能力，而老板不知道雇员的能力，那么，如果雇员选择接受教育程度的信号，老板就会根据雇员的受教育水平支付工资。

2. 信息甄别

信息甄别是指代理人知道自己的特征，由于信息是不完全的，委托人不知道他的特征，委托人提供多个契约供代理人进行选择，代理人根据自己的优势选择一个最有利于自己的契约，并根据契约选择行动。信息甄别的典型例子是保险公司与投保人之间的关系——投保人知道自己的风险，而保险公司不知道。

3. 隐藏知识

隐藏知识是指缔约双方在签约时信息是对称的，缔约以后，一方当事人不知道在这种关系中另一方当事人的某些特征。例如，代理人观察到自然状态类型，并据此选择了行动；委托人观察到了代理人的行动，但不能观察到自然状态的情况，这样，信息就是不完全的。委托人的行动是设计一个最优契约，促使代理人在给定的自然状态下选择对委托人最有利的行动。

4. 隐藏行动

隐藏行动是指缔约双方在签约时信息是对称的，缔约以后，代理人选择了行动，自然状态是变化的，代理人的行动是由自然状态及其努力水平所决定的；委托人只能观察到某些结果，而不能观察到代理人的行动和自然状态本身。在这种条件下，信息是不完全的，委托人的任务是设计一个机制（最优契约），促使代理人的行动对自己最有利。例如，签订经营合同后，总经理掌握了企业经营权，股东只知道有限的信息（如经营业绩），而对经营过程一般是不甚了解的。

第 1、2 类问题是委托人与代理人在签约前和签约过程中可能出现的问题，由此产生的契约是有风险的。委托人为了防范这种风险，会采取逆向选择行为。1970 年，阿克劳夫提出一个柠檬模型，该模型讨论的是在旧车市场上有质量高低不同的二手汽车，在信息不对称的情况下，购买者不知道每辆车质量的真实状况，因而只愿意根据平均质量水平支付价格，结果导致较高质量的汽车退出市场，最后成交的只是低质量的汽车。购买者本想购买较好的汽车，结果往往是买到了质量低劣的汽车，这种现象称为逆向选择。

第 3、4 类问题是委托人与代理人在签约后的履行过程中可能出现的问题，即所谓代理人的道德风险。“道德风险”这个词原本是保险方面的一个词汇。从字面意义上来看，它有负面效应；按保险公司的观点，它属于可能影响投保人行为的风险。事实上，保险公司和投保人之间的关系是一种更为一般的委托代理关系。

企业代理人的道德风险主要表现在以下几个方面：

（1）损公肥私，即利用职务之便牟取私利，而且是以损害企业和股东（委托人）利益为代价的，如贪污受贿。

（2）机会主义，即根据企业经营状况及发展前景预测自然状态，在经营管理活动中采取有利于自己利益的行为，如虚报业绩、盲目扩大投资等，这种行为的后果也将损害委托人的利益。

（3）偷懒，即在工作中不尽心尽力，如搭便车、滥竽充数、借商务之名游山玩水等。由于企业高层经理的特殊地位，他们的偷懒行为更为隐蔽，难以观察和监督，其危害性也往往被忽视。

（4）机会主义与代理成本，人的有限理性和信息不对称的存在，使代理人的机会主义行为变得越来越普遍。代理人在经营过程中要追求个人效用的最大化。他可能通过搞好企业管理、提高企业效益（即正当手段）来谋取效用最大化，也可能通过瓜分企业资产、牺牲企业利益（即不正当手段）来牟取私利、获得最大效用。代理人如果凭借的是正当手段，这里就不存在机会主义的问题；但是，这仅仅是一种可能性，他还有可能通过不正当手段来获益，这时就出现了机会主义的问题。代理人的机会主义行为包括事前机会主义行为（逆向选择）和事后机会主义行为（道德风险）。事前机会主义行为包括向委托人隐瞒企业经营状况、经营环境等有关信息，以谋取委托人的较低期望值，从而减少经营压力，为以后谋取私利创造条件；还包括向委托人隐瞒自己的经营管理能力，以骗取委托人的任命等。事后机会主义行为包括企业不采取必要的避险措施减少经营损失（或增加经营收入），增加不必要的费用以牟取私利，如购买不必要的奢侈品供自己享用等；还包括编造种种理由推卸责任，运用不正当手段减少委托人可能给予的惩罚等。

人的有限理性、信息的不对称性使企业代理人有可能采取机会主义行为。一般来说，企业代理人相对于委托人，所掌握的企业信息往往更全面、更准确，他们可以凭借这些信息对自己的行为进行成本收益比较。企业管理人员的机会主义行为成本主要是被上级发现的惩罚损失（免职、处分等），以及为减少惩罚所支付的寻租支出（贿赂等）；收益是指比按照正常行为（以正当手段行事）所取得的收益多出的该部分收人和其他物质利益。企业代理人进行成本收益比较后，做一番“审时度势”的分析，以决定是否要采取机会主义行为。

代理成本是企业所有权与经营权相分离而形成一定的委托代理关系后产生的，产生的重要原因是代理人对个人效用的追求，委托人与代理人之间存在信息不对称。委托人为减少信息不对称所带来的逆向选择和道德风险而对代理人的条件禀赋进行识别，并对代理人的行为进行监督，由此产生了识别和监督的费用；此外，委托人为了满足代理人的个人效用，并使之尽可能与企业的目标相一致，需要设计一整套激励机制，由此产生了激励费用和职务消费的费用。

广义地讲，代理成本包括那些利益相互冲突的委托人与代理人之间在构造、监督及保证一系列契约履行时发生的费用总和。

按照詹森和麦克林的观点，代理成本由以下三个部分组成。

1. 委托人监督成本

委托人监督成本是指委托人为了激励和控制代理人，使后者为前者的利益尽力的成本。如公司治理结构中的董事会、监事会的运作，聘请外部的会计师事务所对公司进行审计，给代理人一定的奖励和分红，赋予代理人相应的职务消费等等。委托人与代理人在监督与反监督方面存在这样的博弈关系：如果委托人无规则地检查代理人工作，代理人可能利用“窥探孔”，只有当委托人走近时，他才开始工作。这样，当检查次数 n 增加时，代理人偷懒的时间将减少。即当委托人加强监督时，则代理人偷懒的机会将下降。实际上，要做到如此细致的监督是很困难的，而且监督成本也会大得惊人。因此，委托人除了设计必要的监督机制外，更侧重于制定一系列激励机制以及代理人（经营者）选择机制。

2. 担保成本

担保成本是代理成本的一部分，是指代理人用来保证其不采取损害委托人行为所付出的费用，以及如果采取了那种行为将支付的赔偿。担保成本实际上是代理人采取机会主义行为带来的成本。在承包责任制下，某种形式的承包保证金就是一种担保，它是由承包人个人（或承包者集体）承担的成本。投资机构代客户理财时，经常采用以客户委托代理资金额的10%作为担保金，以确保客户委托资产的安全性。而在国有企业的运作中，实际上无人进行这种担保；也就是说，担保成本完全由国家承担，代理人一旦采取了损害委托人的行动，将不负（或者无力支付）经营赔偿责任。

3. 剩余损失

剩余损失也是代理成本的一部分，是指委托人因代理人代行决策而产生的一种价值损失。剩余损失的大小等于由代理人决策与委托人在假定具有代理人相同信息和才能的情况下实现效用最大化决策之间的差额。剩余损失实际上是因为代理人不尽力而产生的损失，其原因比较复杂，也较难以计量。例如，经营者的知识水平、工作能力、个人效用及偏好等。

（三）代理人激励机制

在委托代理关系中，存在着委托人和代理人的目标不一致、委托人和代理人之间的信息不对称，以及委托代理结果的不确定性因素等问题。这些问题在内部人控制的情形下集中表现为代理人的道德风险和逆向选择。如果说经营者选择机制和设计有助于减少逆向选择的话，那么，经营者激励与约束机制的设计则有助于降低道德风险。

经营者的目标函数是个人效用最大化，其效用函数为 $U=f$（$x1$，$x2$，$\cdots$，xi），xi 为经营者的个人收入、职位消费、工作成就感、社会地位和声誉等，个人效用最大化的条件是 $MU1=MU2=\cdots=MUn$，即各项分效用的边际效用相等。所以，激励机制的设计需要兼顾两个方面的因素：一是尽可能包括所有的变量（我们称为激励因素）；二是要注意把握每项变量使用时的“度”，使之满足最大化条件。激励机制的基本构成如下。

1. 经营者个人收入激励

企业可以在公司章程中明确给予经营者部分剩余索取权，使之合法地获得与其才能与业绩成正比的个人收人。为了使经营者既要追求短期业绩，又要注意公司的资产增值和长期发展，在个人收人的激励机制设计上，可将剩余索取分为年薪制和股权分配制两种形式。年薪制将经营者的报酬支付与一般职工分开来，由作为委托人的董事会决定标准金额。年薪制可由基薪和奖金两部分构成，基薪根据经营者以往业绩、职位平均水平确定，奖金则根据资本利润率、年销售利润率、资产增值率等经营指标的完成情况加以确定。股权分配制将公司的部分股份让渡给经营者，使经营者和股东一样，从公司剩余和股东权益的增加上获得长期的收益，从而使经营者的个人目标和公司目标最终一致。在设计股份让渡时，要规定经营者所获得的股份只享受股东权益和承担相应的责任，而不能任意处置（如转让时现有股东有优先购买权），这样可避免经营者的短期行为。

2. 职位消费激励

通过界定不同的企业规模和业绩，明确不同的职位，享受相应的消费标准，这是对经营者才能和人力资本的一种肯定。公司经营者可以根据企业的规模和业绩获得不同层次的职位消费权。比如，董事的活动经费、总经理的招待费、舒适的办公环境、配备专用轿车、住房补贴等，均可通过制定各级标准，使之成为经营者在职期间的合法消费，一旦由于经营不善等原因而离职则上述在职消费会自动失去。实际上，我国国有企业经营者的职位消费已是不争的事实，甚至有很多亏损企业的经营者仍大肆挥霍国有财产，出现了所谓的“穷庙里的富方丈”现象。所以，很有必要由国有企业的委托人制定出一整套职位消费标准，改变经营者滥用职位消费权的现象，使之与企业规模和经营业绩紧密挂钩，做到透明化、标准化和合法化，真正起到激励经营者的作用。

3. 精神激励

按照马斯洛的人生需求层次论，人们在物质需求得到满足后，精神需求将成为新的激励因素。对企业的经营者而言，当他经过努力后获得相应的个人收人和职位消费权利，物质需求基本上得到满足时，个人收人和职位消费激励的边际效用就会下降，对精神方面的需求便成为其继续努力的动力。精神激励主要包括社会地位、个人尊重和自我成就感等内容。可以通过以下措施来达到精神激励：根据经营业绩和企业规模等条件，对经营者进行定期考核，确定其任职资格，使其产生作为职业经理人的自豪感；对业绩良好、表现卓越的经营者可以晋升职务或赋予更大的权力，作为对其人力资本价值和经营才能的肯定。国有企业还可以设立专门授予企业经营者的荣誉称号，如全国十大杰出企业家、十大杰出青年企业家等，并加大宣传力度，使其与世界著名企业家并驾齐驱。此外，让优秀的国有企业经营者有进入政府担任领导职务的渠道，也是激励经营者积极向上、在更大范围内承担社会责任的一项措施。

（四）代理人的约束机制

激励机制可以使代理人的个人目标和企业目标趋于一致，即在实现企业目标的同时，便能合法地实现个人目标，从而使企业的经营者自觉地降低道德风险。约束机制的设计则是希望通过有效的监督，防止道德风险的产生，并促使经营者降低机会主义和偷懒的欲望。企业经营者的约束机制构造可从内部约束机制和外部约束机制两个方面同时进行。内部约束机制主要包括契约、审计、内部制度等；外部约束机制则侧重于建立竞争性的经理市场、资本市场和产品市场，组成有效的市场约束机制。

本书将在供应链企业间知识共享中引入市场机制，即通过知识交易来有效促进供应链企业间的知识共享与转移。考虑到知识（特别是隐性知识）的无形性、价值的难以度量性，知识交易过程中交易双方均有隐藏信息获取私利的动机，如不设计合理的机制将影响知识交易双方的意愿，知识共享与转移活动就将很难进行。针对上述问题，我们可以借助委托代理理论进行深入研究，具体研究内容详见本文第五章。

三　关系合约理论

关系合约理论由美国法学家 Macneil（1977）最早提出。这一理论从研究社会生活中人与人之间交换关系的特点出发，分析了不同的缔约方式，认为每项交易都是嵌入在复杂的关系中的，理解任何交易都要求理解它所包含关系的必要因素，从而形成了一种与传统观念不同的合约思想。

Furubotu 和 Richter（1998）认为正式合约不试图考虑所有将来的事态的长期约定，在这里合约双方之间的过去、现在或将来的关系非常重要，它一方面强调正式合约作为参照物的重要性，另一方面整合了重复交易关系的理念。无论企业内或企业间的交易，当签订或实施一个完全合约需要很高成本的时候，交易双方可能选择依赖关系合约（Williamson，1985；Maeleod，2002），关系合约有助于克服正式合约在签订和实施中的困难。如一个正式合约将那些事后可以由第三方（法院）验证的条款在事前得到明确，关系合约可能基于那些仅通过签约双方事后被观察到的结果，而事前明确这些结果需要很高成本。这就是说，关系合约可以使双方利用他们特定情况下的具体知识，并就新获得的信息做出调整，所以关系合约不能通过第三方实施，而只能自我实施。

关系合约目前还没有统一的定义，但是主要有以下三种方向：（1）仅仅明确一般条款和关系的目标，并明确规定了处理争端决策机制的合约（Meyer等，1992），这个定义的起点是合约的不完全性；（2）指那些对个人行为产生重大影响的非正式约定和未写明的行为规范（Baker等，2001），出发点是强调了交易中合同外的部分；（3）不试图考虑所有将来的事态，却是长期的约定，在这里合约双方之间的过去、现在或将来的关系是非常重要的（Furubotn和Richter，1998），这个定义是上述两个定义的混合形式，它一方面强调正式合约作为参照物的重要性，另一方面整合了重复交易关系的理念。综合起来说，关系合约是一个自我实施的条款，它根植于交易双方一个特定的环境，在这个环境中，这些条款不能由第三方（如法院）实施。例如，一个正式合约必须事前予以明确地规定条款，这些条款事后能被第三方验证，而一个关系合约可能是基于仅由交易双方可观察的结果达成的承诺，或者是由于事前详细明确这些结果需要很高的成本。由此可见，一个关系合约允许双方利用他们具体状态下的具体知识，并努力去适应不确定消除后所获得的新情况。基于同样的原因，关系合约不能被第三方实施，所以必须是自我实施的：将来关系的价值必须充分大，以至于没有一方愿意违背诺言。

Williamson（1975）和Goldberg（1976）最早注意到了古典合约和关系合约的区别。特别是Williamson，他直接借用了Macneil（1977）的关系合约概念来分析经济生活中的双方依赖现象，形成了独具特色的交易成本经济学。在合约人假设（有限理性和机会主义）的基础上，他以交易为基本分析单位，用资产专用性、不确定性和频率来描述交易，进而发现资产专用性造成了交易双方相互依赖和交易的根本性转换。因此，资产专用性是关系合约产生的根本原因。因为专用技术比通用技术有更高的效率，而专用性投资一旦做出又会面临对方机会主义行为（敲竹杠）的威胁，所以保护专用性投资是非常重要的。但是，专用性投资行为一般只为双方当事人所观察，第三方（包括法庭）无法验证，法律实施通常是很困难的，因此双方必须进行一些私人安排来防止机会主义行为。Williamson（1975）认为双方的可信承诺会防止机会主义行为，抵押品能够支持需要专用性投资的交易。Williamson（1975）的贡献在于指出了关系合约产生的原因，提出了私人安排替代和补充法律安排的思想。但是，对私人安排的多样性和关系合约的性质他并未作出令人满意的解释。在他看来，关系合约就是由于资产专用性产生的不完全缔约，就是用抵押品创造可信承诺来支持交易。相比之下，Klein 等（1978）直接指出利用品牌资本和声誉等自我实施机制能够防止敲竹杠的行为，这加深了我们对关系合约性质的认识。笼统地看，私人安排是关系合约的本质特征。私人安排是多样的，除了抵押品、品牌资本和声誉等自我实施机制外，起码还存在以牙还牙策略、第三方私人实施机制、规制和一体化等形式。如果仔细分析一下这些私人安排的话，就会发现只有自我实施机制才是关系合约的本质特征。Baker 等（2001）也持有相同的观点，他们的关系合约激励理论结合了 Hart 等（1990）的不完全合约理论，通过对资产所有权对关系合约的激励作用分析，很好地解释了企业内关系合约（关系雇佣）和企业间关系合约（关系外购）之间的差异，从而丰富和拓展了 Williamson（1975）和 Klein 等（1978）对关系合约的分析，标志着关系合约理论发展的新阶段。同时，这种关注企业内和企业间关系合约的理论也进一步细化了企业、市场和企业网络的划分，成为一种应用前景十分广泛的新企业理论。但是，从方法上看，上述研究都是沿着交易成本的思路进行的，所以这些认识和理论都可以看作是关系合约的交易成本解释。经济学家一般认为关系性缔约理论包括两个分支，一个是采用标准微观经济理论方法以正规最优化模型为特征的不完全合约理论，另一个是以语言叙述为特征的关系合约理论。在 Furubotu 和 Richter（1998）看来，关系性缔约是新制度经济学的中心概念，交易成本经济学等同于关系合约理论，它包括实证的委托代理理论和自我实施协议理论。这显然是对关系合约理论的一种广义理解。从以上的分析我们得知，关系合约的本质特征是自我实施机制，这是交易关系合约与家族企业治理成本经济学的一种狭义解释。如果从关系合约的狭义解释看，关系合约不能等同于交易成本经济学，只能算作它的一部分。Williamson（1975）认为 Hart 等（1990）的不完全合约理论是对交易成本经济学的正规表达，很显然，Hart 等（1990）的表达至少是不完全的。就像 Baker 等（2001）所指出的那样，Hart 等（1990）忽视了关系合约问题。虽然关系合约也是不完全合约，但它和 Hart 等（1990）的不完全合约理论至少有两个方面的差别：一是体现在对合约的不完全性处理上，不完全合约理论主张通过确定所有权（剩余控制权）的法律办法弥补合约的不完全，而关系合约则是通过自我实施机制的私人安排来解决。另一个差别体现在分析方法上，不完全合约理论采用的是静态分析方法，而关系合约理论运用的是重复博弈的方法，较好地体现了关系合约长期的动态特征。其他的现代合约理论，如委托代理理论，主要涉及信息不对称条件下代理人的机会主义行为问题，比如逆向选择（事前的信息不对称）和道德风险（事后的信息不对称），但是它们都假设合约是法庭可执行的，这和第三方无法实施的关系合约和不完全合约的含义是不同的。从交易成本理论发展起来的关系合约理论，揭示了交易双方维持长期关系的规律，对于企业网络的形成和运作机制具有较强的解释力。

供应链伙伴关系是有相互关系的供应链成员企业之间长期互惠的商务关系，是在一定时期内的共享信息、共担风险、共同获利的一种包含成功交互作用机制的协议关系。这样一种战略合作关系可以形成于供应链中各级成员企业之间。可见，供应链成员企业间的交易过程中存在大量的关系合约。本书将关系合约理论拟应用于供应链企业间的知识交易中，以通过内在的、道德的控制，并通过建立一致目标，营造长期的合作氛围，创造更大限度的互动和双方的相互理解，最终促进知识交易的顺利进行，具体研究内容详见本研究报告第五章。

四　交易成本理论

由 Coase 开创并由 Williamson 发展的交易成本理论已成为人们研究制度安排的基本范式。

（一）交易成本理论的提出

交易成本理论以交易费用为基本分析单位，用替代、边际和契约的方法来研究企业的存在原因、边界定位、规模扩大以及企业和市场的相互替代关系等问题。交易成本的概念最早由 Coase（1937）提出，他将交易成本定义为利用市场机制的费用，主要包括寻找市场交易的费用、谈判的费用以及拟订合同和监督合同执行费用等。通过引入交易成本概念，Coase 打破了市场机制没有成本的原始假设，将企业的边界定在外部交易成本与内部管理成本相等的地方，而企业的扩张与缩小则完全取决于交易成本的节约。

沿着 Coase 的思路，Williamson 等（1985）进一步对交易成本加以界定。他认为从交易的本质看，可将组织进行交易的方式分为层级和市场两种形态。同时他认为，企业选择不同的制度安排，目的是使生产成本和交易成本最小化。交易不仅会集中在市场和企业这两端，如今在中间范围内交易也更为常见。Williamson 从交易成本理论出发，指出介于市场与企业科层制之间的组织形式如外包、技术合作等存在已久，在不少情况下，它们与具有严格边界的企业聚合为一体，并充分利用清晰产权和复合的共同产权的治理利益。

（二）交易成本理论的发展

国内外学者从不同角度对交易成本进行了分类和界定，但总体来讲，划分依据基本一致，主要和技术及机会主义行为相关。Williamson 等（1985）对交易成本进行了分类和界定。他将交易成本分为事前的交易成本和事后的交易成本两类。事前的交易成本指起草、谈判和落实契约的成本；事后的交易成本指交易已经发生后所产生的成本，包括当事人退出契约的成本、当事人调整契约中有关条款的成本、当事人处理冲突的成本、双方维持长期持续的交易关系的成本等。此外，Williamson 还提出了交易费用二因素决定理论。他认为决定交易费用的因素可以归纳为两种：一是涉及市场结构和环境的交易因素；二是涉及人性假设的人的因素。前者主要是指市场的不确定性、潜在的交易对手的数量以及交易物品的技术特性（如资产专用性程度和交易频率）；后者指交易主体，人性的假设是有限理性和机会主义。这些因素的核心是由于资产专用性带来的机会主义行为。Milgrom 和 Roberts（1992）认为 Coase 并不十分清楚交易成本的来源和性质，因此他们将交易成本分为协调成本和激励成本。协调成本主要指用于确定价格和交易的其他细节，使潜在的买卖双方互知对方的存在和位置，并把买卖双方聚集在一起进行交易所产生的成本。激励成本主要有两种：一种是由于信息不完整和不对称而产生的成本；另一种是基于有缺陷的承诺而产生的成本。日本学者今井贤一等（2004）以 Simon 提出的“有限理性”假设以及机会主义行为（主要指人们利用不对称信息、以不诚实或欺骗的方式追求自身利益的行为）假设为分析前提，根据交易成本影响因素的不同特点，把交易成本分为两大类：一是由参加交易的商品或服务的特点以及进行交易的场所等客观特征决定的交易成本；二是由参加交易的主体以及决策者行为特征决定的交易成本。但是，在这种假设前提下，交易双方为识别对方信息的真实性都要花费昂贵的费用，从而使得市场上讨价还价将变得更加复杂，交易成本也随之增加。侯广辉等（2009）将交易成本划分为两大类：技术型交易成本和关系型交易成本。前者主要指基于技术等客观手段限制而导致的交易成本，后者主要指基于交易双方信息不对称而导致的交易成本。

由 Coase 开创并由 Williamson 加以发展的交易成本理论已成为人们研究制度安排的基本范式。但随着时代的发展，新技术不断涌现，企业组织形式不断创新，传统的交易成本理论遇到了严峻的挑战。为了顺应时代发展的趋势，学者们从信息技术及跨组织合作等方面拓展了交易成本理论。Malone 等（1987）利用交易成本理论分析了信息技术对企业边界的影响。他们认为信息技术引发了市场和科层治理交易效率的变化，尤其是引起了市场治理交易的成本降低。Gurbaxani 和 Whang（1991）认为信息技术对于组织之间的协调成本的降低要大于组织内部成本的降低，从而促进了组织层级制的重构。Bolton 和 Devatripont（1994）强调了信息交流的专业化收益，构建了相应的模型，对模型进行了分析并得出了一个直接的推论，即交流成本的降低会导致一个更扁平的和更小的组织。Brynjolfs 等（1994）认为信息技术减少了事前和事后的交易成本，进而减少了垂直一体化作为激励匹配的机制，更多地采取了外部市场交易的手段，即更加趋向于外部化。

交易成本理论最初只针对企业内部交易而提出，但随着跨组织合作形式的出现，学者们试图扩展交易成本理论，把跨组织治理结构并入交易费用的解释框架中。Williamson 等（1985）研究了混合治理形式，提出当专有资产与内部生产成本在一个中间水平时，混合治理形式比市场或组织内部层级治理更可取。在此基础上，Kogut 等（1988）明确指出，当不确定性高于一定程度，并伴随着高度的资产专用性时，跨组织合作将会出现，并具体分析了哪种合作方式适合于特定的合作企业。

虽然交易成本理论有助于理解组织为什么要进行跨组织合作，它仍存在不足。Hagedoorn 等（1993）研究表明，利用交易成本理论不可能获得关于技术创新诱因的全面认识。在技术创新框架中，缩减成本的合作目标（如缩减 R&D 投资的成本与风险等）并非技术导向下的组织进行合作的真正目的，组织合作的真正目的是支持价值提高目标（如获得技术互补、缩短技术创新时间、增加进入市场的速度等）。由于交易成本理论往往用孤立的观点看待交易，忽视根植于个人及组织内或组织间的关系，从而使得跨组织合作倾向被低估。

本书以供应链企业间的知识共享为研究对象，我们拟将交易成本理论作为研究的基础理论之一。在知识经济时代，供应链既是物流链、资金链、信息链，同时还是知识链。根据交易成本经济学的理论，知识链的形成就是为了获得一种使知识创造成本最低的制度安排。知识链依赖正式和非正式的长期契约来协调交易各方的行为，通过降低组织间知识共享成本和组织内部协调成本来实现总交易成本最低。本研究报告拟从以下几方面考虑降低供应链企业间的知识共享成本：一是建立长期契约，降低知识搜寻成本和学习成本，减少机会主义行为，从而降低交易成本；二是加强供应链中知识链合作伙伴之间的信任关系，从而降低交易成本；三是在知识链中建立完善的知识共享平台，理顺知识流动渠道，形成共同的知识和组织惯例，减少知识共享的表达和理解费用，从而降低交易成本。

五　机制设计理论

机制设计理论是现代学术界关注的焦点，它在现代经济学中对社会惯例和市场的分析上作出了重大的突破，改变了以前经济学家认为在政府信息不完全的情况下不能进行优化社会惯例和规章的观点，它对政府政策的制定有很大的影响。该理论的逐渐成熟使亚当·斯密所谓的市场——这只“看不见的手”越来越清晰，并且可以利用市场“这只手”去实现计划者的目标和计划。

（一）机制设计理论的定义

20 世纪 60 年代，里奥尼德·赫维茨最早提出了机制设计理论，并将其定义为：对于任意给定的一个目标，在自由选择、自愿交换的分散化决策条件下，能否并且怎样设计一个合理机制（制度或规则），使经济活动参与者的个人利益和设计者既定的目标一致。赫维茨强调机制具有机械性、标准性和程序性，他的意图是使社会各学科都精确化，如一项经济政策的实施可以像发射火箭一样被精确地预期和准确地击中目标。继赫维茨之后，美国经济学家马斯金和迈尔森对机制设计理论进行了深化和发展，他们理论研究的核心是如何在信息分散和信息不对称的条件下设计激励相容的机制来实现资源的有效配置，因此其关于机制设计理论的定义也主要是围绕这一核心进行论述的。通过不同学者的描述可以看出，机制设计理论的定义大致可以分为两部分：首先具有一个“信息加工系统”，对收到的不完全信息进行准确而有效分析，并作出合理决策；其次，各个行为体都应该符合自由制度主义主张的自私、理性等特性，追求相对利益最大化为目的，且私人的理性与社会的理性相符合。机制设计理论构建了一个理论框架，把经济机制理论的模型划为四个部分：自利行为描述、经济环境、想要得到的社会目标和配置机制。该理论深化了人们在不同情况下对资源最优配置性质的理解，它允许研究者在缺乏严格假定的情况下，系统地分析和比较各种体制，对政府进行有效的政策、制度选择有重要作用。

（二）机制设计理论的内容

机制设计理论主要包括两个方面的内容，即信息效率问题和激励相容问题。

1. 经济机制的信息效率问题

信息效率（Informational Efficiency）是关于经济机制实现既定社会目标所要求的信息量多少的问题，即机制运行的成本问题，它要求所设计的机制只需要较少的关于消费者、生产者以及其他经济活动参与者的信息和较低的信息成本。任何一个经济机制的设计和执行都需要信息传递，而信息传递是需要花费成本的，因此对于制度设计者来说，自然是信息空间的维数越小越好。

现实世界中的信息分散于生产者和消费者之间，他们各自拥有自己的私人信息，因而信息具有不完全特征。在市场竞争机制下，参与者分散决策，依赖于供需信息的交换传递来做出生产和消费决策。机制设计理论从信息的观点出发，把经济机制看成是一个信息交换和调整的过程，在统一的模型和信息框架下研究了经济机制以及各种经济机制的信息成本问题。机制设计理论认为实践中可以从一个经济机制信息空间维数的大小来评价机制的好坏。从这个角度出发，机制设计过程就是针对想要实现的既定社会目标，寻求既能实现此目标，又要信息成本尽可能小地设计过程。比如设定资源的帕累托最优配置为社会目标时，竞争的市场机制就保证了此目标的达成。然而，竞争的市场机制是否是经济信息效率最高的呢？在给定的新古典经济环境下，是否存在其他的分散决策机制能够利用更少的信息成本来实现资源最优配置呢？赫维茨在20世纪70年代的研究成果证明，在纯交换的新古典经济环境中，竞争的市场机制用最少的信息达到了有效的配置。在放松对新古典经济环境的假设之后，机制设计理论还对于商品不可分、偏好或生产可能性集非凸等并不满足新古典经济环境条件下，能够导致最优资源配置的分散决策的经济机制进行了探讨。赫维茨证明了这种机制是存在的，但却是以非常高的信息成本为代价的。

通过一个信息调整过程的模型，可以说明机制的信息成本问题。在某一市场中，有 n 个市场参与者，每个参与者都可以既是生产者又是消费者，也可以只是生产者或只是消费者，所有参与者的集合记为 N 。作为一个生产者，企业有一个生产可能性集合，记为 Y_i 。作为一个消费者，他有一个消费空间，记为 X_i ，由一个消费偏好关系或效用函数，记为 R_i ，即对任何两组商品组合，他能比较哪一组商品对他更为有利。每个单位 i 都有一个初始资源，记为 w_i 。消费空间、初始资源、消费偏好关系、生产技术这四项合起来就构成了该参与者的经济特征，记作 $e_i = (Y_i, X_i, R_i, w_i)$ 。抽象地说，一个经济社会就是由所有参与者的特征构成的，它也被称作经济环境，记为 $e_i = (e_1, e_2, \cdots, e_n)$ 。所有可能的经济环境形成了一个集合，记作 E 。所有资源配置的集合称为资源配置空间，记作 Z 。

由第 i 个人传递出的信息记为 m_i ，也叫作语言，所有这些信息的集合称为第 i 个人的语言空间，记为 M_i 。N 个人在时间 t 的一组语言记为

$m(t)=[m_1(t),\ldots,m_n(t)]$，所有这些语言的集合称为语言空间，记为 M。人们根据所接收到的其他人的信息不断调整并对自己所发出的信息进行反馈，在一阶差分模型中，第 i 个参与者在时间 $t+1$ 对时间 t 时的信息响应由差分方程 $m_i(t+1)=f_i[m(t),e],i\in N$ 给出。这里，$f_i:E\to M$ 被称为响应函数。

一旦这种调整过程达到平稳点，人们不再改变信息，即 m 是响应函数的不动点 $m_i=f_i(m,e),i\in N$，或达到规定的终点时刻 T 时，通过某个资源配置规则（结果函数）$h(\cdot):M\to Z$ 来决定资源配置结果，即资源的配置由 $z=h(m)$ 来决定。响应函数平稳点的集合定义了一个从经济环境空间 E 到信息空间 M 的一个对应，记作 $\mu_i:E\to\to M$，即 $\mu_i(e)=\{m\in M:m=m_T$ 或 $m_i=f_i(m,e),i\in N\}$。令 $\mu(e)=\bigcap_{i=1}^{n}\mu_i(e)$，我们可以得到一个从 E 到 M 的多值对应：$\mu:E\to\to M$，且 $m\in\mu$，当且仅当 m 是响应差分方程的平稳点。这样，一个信息调整机制就可以等价地定义为 $\langle M,\mu,h\rangle$，这里，$\mu=\cap_{i=1}^{n}\mu_i$ 称为平稳信息对应。这样的一个信息调整、资源配置过程就决定了一个经济机制，它由语言空间、响应函数、结果函数构成，记为 $\langle M,f,h\rangle$。信息空间规定了每个人根据自己的特征送出特定的信息；响应函数代表了下一时刻输出的信息，反映了如何在接到前一时刻的信息后以怎样的形式反映出来，这种响应与经济环境 e 有关，反映函数决定了平稳信息状态；配置规则则是依据各个单位送来的信息做出相应的资源配置的。

当信息分散化和调整过程被定义之后，从一个机制的信息空间维数的大小就可以来评价该机制的好坏。从信息的角度来看，若想实现某种社会目标，人们总是可以找到一个在实现该目标的同时花费最小运行成本的机制。一个信息分散且导致资源有效配置的机制被说成是信息有效的，若它的信息空间 M 在所有导致了有效配置的信息分散化机制中是最小的。

2. 经济机制的激励相容问题

激励相容（incentive compatibility）是赫维茨于 1972 年提出的一个核

心概念，其定义为：假定机制设计者有一个经济目标，称为社会目标，这个目标可以是资源的帕累托最优配置、在某种意义下的资源公平配置、个人理性配置、某个经济部门或企业所追求的目标或在其他准则下的配置等，机制设计的任务就是要设置某套机制或规则，在促使每个人追求个人利益的同时，设计者设定的社会目标也能得到实现。在社会经济活动中，通常机制设计者的目标和机制参与者的利益之间不会完全一致，要达到机制设计者的某种目标，就必须对活动参与者给予激励，机制参与者只有能获得大于其付出代价的利益时，才会遵循该机制的约束和要求，把事情做好，否则，他们就会选择不遵循该机制的约束，或者不把事情做好。因此，建立合理有效的激励机制，对于机制设计者的目标实现，有重要意义。针对激励相容的问题，经济学家也发展了一个基本的理论模型来研究激励机制的设计制定。该模型主要包括以下几个部分。

a. 经济环境

在某一市场中，有 n 个参与者，参与者 i 的经济特征记为 $e_i = (Y_i, X_i, R_i, w_i)$，其中，$X_i$ 是 i 的消费集，w_i 是 i 的初始资源，R_i 是 i 的偏好关系（若效用函数存在，则以 u_i 来表示 i 的偏好关系），Y_i 是 i 的生产集。所有允许的经济特征的集合记为 E_i。所有参与者经济特征的一个组合 $e = (e_1, e_2, \dots, e_n)$ 被称为一个经济环境。

b. 配置空间与社会目标

在给定的经济环境中，每个参与者都作出决策并参与经济活动，并从经济活动中得到配置的结果。以 Z 表示所有配置结果的集合，即配置空间。配置空间的点并非是最优甚至是可行的。令 $A \subset Z$ 表示所有可行的配置结果集合。在某种社会最优的标准下，可行集的某个子集构成了一个社会目标，或叫作社会选择对应，记作 F。于是它是从经济环境空间到可行集的一个对应 $F: E \to\to A$。当社会选择对应成为一个单值映射时，我们把它叫作社会选择函数，记为 f。设计者的任务就是对所有的经济环境 $e \subset E$，找出某种配置规则（经济机制）使所导致的配置结果符合社会目标。

c. 经济机制

机制设计者由于缺乏关于个人经济特征方面的信息，因此，需要制定恰当的激励机制来诱导每个人，使他们可以真实地显示拥有的信息。设计者可以先告诉参与者他所收集到的信息将如何被用来决定配置的结果（也就是先告诉参与者游戏的规则），然后根据游戏规则和参与者所提供的信息，来决定配置的结果。

一个机制由信息空间 M 及结果函数（配置规则）h 组成，记作 $\Gamma = \langle M,h \rangle$。令 M_i 表示参与者 i 的信息空间，它是参与者 i 所有可能交换和传送的信息 m 的集合。令 $M = \coprod_{i \in N} M_i \coprod$。信息空间 M 规定了各种参与者送出什么样的信息的范围，配置规则 h 则根据各个参与者所提供的信息 m 给出配置的结果，于是结果函数 $h:M \to Z$ 就是从信息空间 M 到结果空间 Z 的一个映射。

对激励机制的设计与信息调整机制的设计不同的是，参与者的行为不是通过响应函数或是信息对应来进行描述的，而是由参与者根据其偏好和采取的策略的方式所决定的。在经济学文献中，机制也被叫作博弈形式，但与博弈论不同的是，博弈论中参与者的偏好是已经给定的，但在机制设计当中，参与者真正的经济特征是不为机制设计者所知的，设计者只知道它属于某个集合的范围，因此，它不是给定不变的。

d. 个人自利行为策略均衡假设

在机制理论中，最基本的一个假定就是每个人在主观上都追求个人利益，并依据个人的私利行事。若没有激励的存在，他们通常不会真实完全地显示有关其经济特征方面的信息。不同的经济环境及机制将导致参与者个人自利行为的不同反应。每个人在规则下选择认为对自己最有利的信息。每个人行事的策略（即送出的信息）都取决于他的自利行为（行为方式）。个人的自利行为不仅取决于他的经济特征，同时也取决于该所设定的经济制度或者是游戏规则，不同的规则显示了不同利己行为。令 $b(e,\Gamma) \in M$ 表示在经济环境为 e，机制 Γ 给定下的均衡自利行为策略解的集合。因此，给定经济环境 E、信息空间 M、配置规则 h、自利行为准则 b，所导致的所有均衡配置结果是由配置规则和均衡自利行为策略进行复合而形成的，记为 $h[b(e,\Gamma)]$。

e. 社会目标的实施与激励相容

激励机制设计的目的是要实施某个给定的社会目标 F。首先，应当

注意社会选择对应 F 依赖于经济环境。其次，给定某个经济机制 $\langle M,h\rangle$ 和均衡自利行为的决策集 $b(e,\Gamma)$ ，社会目标的实施问题涉及 $h(b(e,\Gamma))$ 和 $F(e)$ 这两个集合相交的状态关系问题。

（三）机制设计理论的发展及应用

赫维茨奠定了机制设计的理论基础和框架，在此基础上，马斯金和迈尔森对其进行了完善和发展，其主要的研究成果就是“显示原理”及“执行理论”。显示原理是指任何一种资源配置的规则，如果能够被某个机制所达到，那也一定存在一个直接机制可以实现这一资源配置的规则，并且在这一直接机制中，每个理性参与人都会真实报告自己的信息。这里所谓的“直接”，是指参与人向外界发送的信息就是其自身的类型。显示原理由迈尔森归纳出完整的一般形式，其重要性在于，它通过给出一般性机制与报告真实信息的直接机制的等价性，使人们可将注意力集中于报告真实信息的直接机制上面，进而缩小了人们的选择范围，使很多问题可以用数理方法处理。而当人们只需要考虑寻找最优的直接机制时，激励相容约束与理性参与约束就成为机制设计理论模型中最重要的约束条件。

执行理论是机制设计理论中另外一项研究成果，它能解决显示原理所不能解决的一个很重要的问题。一个机制可能包括很多不同的内部均衡，如何使所有这些均衡达到最佳状态在执行原理出现前困扰了很多人。马斯金发现的执行原理很好地解决了该问题。他证明了在马斯金单调性、非一票否决的条件都满足的条件下，在至少有三个决策人时，纳什均衡中的执行是可以实现的。在此之后，其他学者研究并得出了在一定的条件下，可以设计出某种机制，使所有的纳什均衡都可以实现帕累托最优。

机制设计理论作为方法论，将不同机制的共同属性抽象了出来，并且能够通过具体的问题应用并展现出来。因此，虽然其产生发展仅有短短几十年的时间，就已经被广泛地应用于多种经济社会活动中。机制设计理论为许多现实问题提供了理论解释，在很大程度上影响了经济政策的制定和市场制度的选择。由于用一个统一的模型把所有的经济机制放在了一起进行研究，其研究对象大到整体经济制度的一般均衡设计，小到某个经济活动的局部均衡设计；其研究范围涵盖了计划经济、市场经济等经济机制。此外，机制设计理论中“设计者”的概念也是非常广泛的，既可以是宏观经济政策制定者或设计者，也可以是微观经济单位的主管。这使机制设计理论具备了非常广泛的应用前景，将大到宏观经济政策、制度的制定，小到企业的组织管理问题纳入统一的分析框架中，对现实问题具有很强的解释力和应用价值。因此，本书将采用机制设计理论来解决供应链企业间知识共享或转移过程中产生的交易成本和无效率的市场机制设计问题，考虑双方在不完全信息的情况下，根据模型来设计一套激励相容的市场机制，从动机和激励两个层面促进供应链企业间的知识共享和转移行为，以实现供应链企业双方在知识共享收益的个体最优和整体最优。

第二节 相关文献综述

一 供应链知识管理研究综述

近代管理学大师彼得·德鲁克最早提出了知识社会和知识管理的概念。美国得克萨斯州立大学奥斯汀分校商学院教授 Davenport 与 Prusak 在 1998 年合著的《营运知识》（*Working Knowledge*）一书中，把企业知识管理的研究和应用推上了一个新台阶。自此，知识管理这一思想在国内外引起了强烈反响，学术界纷纷开展知识管理的研究，企业界也在积极地进行知识管理的实践。

最早关于知识管理的研究主要集中在企业（组织）内部，如研究企业内部员工知识的共享与转移、知识库的建立以及知识创新等。随着知识管理研究的深入，跨越企业（组织）的知识管理问题也逐渐开始受到学者们的关注。在供应链中，位于不同节点的成员企业所拥有的知识资源是各不相同而又互为补充的，例如，供应商一般对其所提供产品的性能、制造与使用等方面的知识有比较全面和深入的了解，但对该产品在使用过程中存在哪些缺点以及要在哪些方面进行改进等方面的知识则掌握得比较少，而制造商又往往不能完整地拥有供应商所提供产品尤其是专用设备使用与维修方面的知识。每一个企业都有其核心知识和优势知识，有一些知识对其拥有者来说，是价值不高的非核心知识，但对其他企业来说，却恰恰是“价值连城”的核心知识。由这些异质而又互补的知识资源聚合而成的“供应链知识库”显然要比供应链中的任何一个成员企业所拥有的知识都更加丰富，可见，对于供应链中的任何一个企业来说，供应链都是一个蕴藏着丰富知识资源的“知识源”。知识的共享与传播有利于提高整个供应链的知识水平，从而提高供应链的整体竞争优势。因此，关于供应链企业间知识管理问题的研究近年来也引起学术界与企业界的高度重视。

截至 2016 年 6 月，利用英文关键词组合“supply chain + knowledge”在英文数据库 Elsevier SDOL、EBSCO、ABI/INFORM Global 和 JSTOR 中检索到关于供应链知识管理研究的英文文献 84 篇（已排除与本书研究主题不相关的关于知识供应链相关问题研究的文献）；利用中文关键词组合“供应链 + 知识”在中文数据库 CNKI 中检索到关于供应链知识管理研究的中文文献 184 篇（已排除与本书研究主题不相关的关于知识供应链相关问题研究的文献以及大部分 CSSCI 与 CSCD 核心期刊以下级别的文献），总计检索到 268 篇文献。通过对上述文献的认真仔细分析，我们发现供应链企业间知识管理的研究主要集中在以下几个方面：供应链知识管理基本概念及理论研究、供应链知识管理系统研究、供应链企业间知识学习及协同创新研究、供应链企业间知识共享与转移研究、供应链企业间知识管理案例与实证研究、供应链知识管理其他内容研究等方面。其中国内外关于供应链知识管理的研究主要集中在供应链企业间知识共享与转移方面，在所查文献中比例占到近 40%。可见，供应链企业间的知识共享与转移是供应链知识管理研究领域最重要的研究目标，是目前国内外相关学者研究的热点问题。考虑到本书的研究主要涉及供应链企业间的知识共享与转移，因此，关于其他领域的文献将不再详细综述，有关供应链企业间知识共享与转移文献的具体内容综述将在下一小节中详述。

二　供应链企业间知识共享与转移研究综述

企业知识管理中，知识的共享与转移是最重要也是最困难的部分，企业内部的个人知识只有通过共享才能外化并产生效应。日本著名学者野中郁次郎与竹内广隆（Nonaka 和 Takeuchi）在其所著的 *The Knowledge-Creating Company* 一书中，将知识共享作为企业创新的首要阶段，其认为，一个企业（组织）本身并不能创造知识，只有在员工所拥有的知识资源在企业内部中经过共享、讨论、分析之后，才能激发组织的知识创新能力。

可见，要在不同的企业（组织）间实现知识共享与转移比在企业内部更加困难，而跨企业（组织）的知识共享与转移更有利于企业间的合作创新。因而自 2002 年以后，企业（组织）间的知识共享与转移开始引起国外学者的关注，如 Michael（2002）、Katarina 和 Maria（2003）关注的是虚拟团队的知识共享与转移问题；Soekijad 和 Andriessen（2003）、Reid（2003）分别关注的是竞争性联盟和不同企业间的知识共享与转移问题。供应链的各成员企业由于专业化分工等原因而拥有各不相同而又相互补充的知识资源，使各成员企业都有获取外部异质、互补知识资源的需求。因而，2002 年后，供应链中的知识共享与转移问题也开始引起国内外学者的关注，并逐渐成为供应链知识管理领域的研究重点和热点，本小节将对该问题的研究内容进行详细综述，具体分以下几个方面。

（一）供应链知识共享与转移的实证与案例研究

Crone 和 Roper（2001）对跨国公司向北爱尔兰的本地供应商进行知识转移的情况进行了实证研究，发现强联系的供应链比弱联系的供应链转移情况好，应有一些政策干预和激励机制来加强跨国公司向本地供应商的知识转移。Kim（2002）认为供应链企业间的知识共享是企业建立长期稳定合作关系的基础，并且通过对一个汽车制造企业的调查研究，提出电子供应链是实现供应链企业间知识共享的有效途径，指出各节点企业的知识共享态度和行为是把供应链网络从单纯的数据交换网络转换为知识共享网络的重要因素。Shaw 等（2003）把一个汽车制造企业的供应链为作为分析对象，提出供应链中知识共享的内容应该以显性知识为主，包括显性技术、协作计划和预测等，同时含有少量的隐性知识，如对内部政策的理解和员工技巧等。Dundas 等（2005）对跨国公司在爱尔兰南、北地区的本地供应链中的 200 多个高级管理人员以面对面的方式进行了访谈，收集了有关知识转移的数据，并对爱尔兰南、北地区的知识转移情况进行了对比分析。Wagner（2005）收集了182个企业知识共享活动的各项数据，并进行了统计和分析，得出结论：供应链企业间的沟通频率影响企业间的知识共享水平，知识的隐性化程度影响企业同相邻伙伴企业知识共享的满意度。Cheng等（2008）运用结构方程模型（SEM）结合中国台湾233家绿色制造企业的调查数据研究了信任对跨企业知识共享的影响。Wang等（2008）运用基于案例的推理方法对供应链企业间的知识共享进行了研究，研究指出供应链成员企业间通过知识共享（战略知识及运作知识）及互相学习有利于提高供应链伙伴的竞争优势。Li和Hsieh（2009）以152家中国大陆及台湾的企业为研究样本，运用多元回归模型分析了知识黏性（knowledge stickiness）对供应链企业间知识转移绩效的影响，其中知识转移绩效从创新及满意度两个角度进行评价。Wang等（2012）引入创新作为中介变量，分析了供应链企业间知识共享与企业绩效之间的关系，其中创新以创新速度和创新质量来衡量，知识共享通过显性知识共享与隐性知识共享来衡量，企业绩效主要包括运营绩效和财务绩效。Cheng和Fu（2013）利用312家中国台湾制造企业的数据实证研究了制度导向、关系导向、关系风险对供应链企业间知识共享的影响。在国内关于供应链知识共享与转移的实证与案例研究包括以下几个方面：知识共享与转移对供应链绩效的影响（包括合作绩效、创新绩效、供应链绩效等）（李随成和杨婷，2009；林焜和彭灿，2010；周荣虎，2013；胡汉辉和吉敏，2014；何明海和冯长利，2015；赵先德和刘学元，2016）、知识共享与转移影响因素实证研究（薛佳奇和刘益，2008；张旭梅等，2009；刘涛和徐永红，2013；李纲，2014；张莉，2015；徐升华和徐生菊，2015）。

（二）供应链知识共享与转移的相关理论研究

Grewal和Haugstetter（2007）以海运业供应链为背景，从理论上分析了供应链中的知识共享与转移网络，同时对知识学习等问题也进行了研究。Mee-Shew和Myers（2008）分析并指出了全球供应链中知识共享的重要性，在此基础上对如何管理全球供应链的知识共享网络问题进行了深入研究。Paton和Mclaughlin（2008）分析并指出了服务科学及创新的重要意义，在此基础上研究了复杂供应链中跨企业知识转移对服务创新的影响作用。Kovacs 和 Spens（2010）以救灾的应急供应链作为研究背景，从理论上分析了应急供应链的知识获取、知识共享与转移、知识学习及知识应用的问题。Qile 等（2011）分析了知识转移对供应链伙伴关系的促进作用，并建立了相关的理论模型，最后以电脑制造供应链为例对上述理论模型进行了说明及验证。在国内关于供应链知识共享与转移的理论研究包括以下几个方面：知识共享与转移存在的问题及对策（安小风等，2007；安小风等，2008；赵洪岩，杜丹丽和何扬；2015；陈伟和林川，2016；兰鹰等，2016）、知识共享与转移的合约机制（安小风等，2009）、知识共享与转移的意义及相关基础理论（刘南和李玉民，2003；柳登，2005；朱庆和张旭梅，2005；吴洁等，2006；王娟茹和赵嵩正，2007；吴成锋和张庆普，2007；徐恒和赵嵩正，2007；陈建军，2009；胡继灵等，2008；王道平等，2008；赵会霞等，2008；翁莉等，2009；邢文凤和严建援，2009；吴冰等，2008；吴成锋等，2010；曾德明等，2010；徐升华和徐生菊，2013）、知识共享与转移的博弈及决策分析（陈建新等；2009；覃艳华和曹细玉，2006；翁莉等，2008；翁莉等，2009；刘纳新和伍中信，2015；程钧谟等，2016）、知识共享的风险及策略（齐源和赵晓康，2010）。

（三）供应链知识共享与转移的信息系统研究

Wadhwa 和 Saxena（2006、2007）、Saxena 和 Wadhwa（2009）指出供应链柔性对其绩效和战略具有重要的影响，通过建立供应链企业间的知识共享系统有利于供应链企业间的无缝对接，能进一步提高供应链柔性。Huang 和 Lin（2010）研究了供应链企业间进行知识共享与转移的平台问题，提出了基于语义网的知识共享系统以解决供应链跨企业知识共享与转移的平台问题。在国内，张成洪和马国强（2007）把语义网技术引入协同供应链中的知识共享，提出了一种在语法和语义两个层面解决供应链中跨组织知识共享障碍的方案，并对其中的关键技术，包括统一的知识表示形式、分散知识查询整合技术以及基于本体的知识语义整合作了研究，最后通过试验说明了供应链环境下知识共享整合的过程及其有效性。

另外，由于本书将知识市场和知识交易的思想引入供应链企业间知识共享与转移活动中，即本研究报告第五章的研究内容，因此，在下一小节中将对供应链企业间知识市场及交易的文献进行综述，在这一小节中就不再对许有志等（2008）、张慧涛和张旭梅（2007）、张敏和王道平（2010）、张旭梅等（2006、2008）、张玉蓉等（2009）等涉及供应链企业间知识市场和交易的文献进行分析综述。

三 供应链企业间知识市场与交易研究综述

Davenport 与 Prusak 在合著的 *Working Knowledge*（1998）一书中首次提出了企业内部知识市场的概念，认为企业内部的知识流动很大程度上是在市场的作用下进行的，在企业内部存在一个“知识市场”，这个市场与有形商品的市场一样，也存在知识的买方和卖方，知识交易的市场机制像作用于有形商品一样推动着企业内部知识市场的运行。

之后国外有部分文献开始对企业内部的知识市场及知识交易问题进行研究。Ba 等（2001）分析了知识作为公共品在组织中的交易特性，并运用拍卖理论建立了知识投资优化数学模型；美国伊利诺伊州大学信息管理学教授 Desouza 是 Davenport 教授“知识市场”的主要支持者，发表了多篇有关企业内部知识市场的文献（2003—2005），认为企业内部知识市场是解决知识管理技术问题和社会问题的理想平台，对企业内部知识市场的构成、建立知识市场需要克服的因素进行了比较深入的研究，并进行了相关案例研究，用数学模型证明了价格机制在知识管理中所起的关键作用；Matson 等（2003）分析了知识市场的作用机制和可能造成知识市场失灵的因素，并对如何使知识市场可行等问题进行了研究；Brydon 和 Vining（2006）对知识商品进行了分类，并对影响内部知识市场管理效果的因素进行了分析，提出了七种应对措施。

企业内部知识市场及知识交易问题的研究也引起了国内学者的关注。如应力和钱省三（2001）将企业内部的知识交易划分为管理不参与交易、管理直接交易和管理参与交易三种方式，并运用 Holstrom 和 Milgrom 委托代理模型对三种交易方式进行了分析；郭强（2002）对企业内部知识市场的主体构成、价格系统、知识市场信号及失灵要素等问题进行了研究；戴俊和盛昭瀚（2004）在应力（2001）的研究基础上，引入知识交易意愿度的概念，构建了需求拉动式和供给推动式的两种知识交易模型并对两种模型进行了比较；唐炎华和石金涛（2005）对企业内部知识市场的主体构成、价格系统、市场信号进行了描述，建立了交易优化模型，对企业内部知识市场交易的影响因素进行了研究；陈搏和张喜征（2006）通过建立组织内部的知识市场交易博弈模型分析得出：掌握知识的员工只有在对价交换的条件下才愿意长期供应知识，组织是内部知识交易的最大受益者，组织应该作为第三方对知识供应者进行支付；吴泗宗（2006）重点研究了企业内部知识市场的知识产品、价格体系、市场参与者和运营平台等四大要素，并对导师制度、知识社区等知识市场制度对于知识转移的促进作用进行了比较；乔梅和王颖（2009）以市场机制为视角，构建了第三方知识市场模式，指出通过知识市场的督导与协调，可以促进知识的正向传递，从而提升企业知识利用效率与创新水平；王兆玲和崔凯峰（2009）针对管理咨询公司的特点区分了管理咨询公司中的三种知识类型，详细探讨在企业内部知识市场的框架下，管理咨询公司内部各种知识之间的相互转化过程，并构建管理咨询公司内部知识市场中的知识共享机制；陆克斌和郭伟（2010）分析了产业集群形成机理，给出了知识市场与产业集群内全要素协同技术创新概念模型，并以陕西纺织产业为例，揭示了产业集群技术创新与集群内知识市场存在着显著的协同关系。关健和周文娇（2010）在供应链企业间知识市场背景下，引入了吸收能力这一参数，改进了知识交易模型，运用新得到的模型进行分析得到知识需求方吸收能力的大小与知识市场上买卖双方的交易积极性之间的关系，同时将模型应用于现实问题中，验证了结论的可信性。总体来看，国内关于企业内部知识市场的研究以对国外相关研究的消化和吸收为主。

随着对企业内部知识市场研究的开展，开始有少量关于企业间知识市场的研究。这里所说的“企业间”，是指有合作关系的企业，其知识市场的价格系统以合作关系的互惠为主、传统市场中的金钱为辅。如 Eschenfelder 等（1998）研究了文化因素对于减少组织间知识流动障碍、保障知识市场顺利运行的作用；Bell 等（2002）采用参与式行动研究（PAR）的方法，对三个大型跨国公司之间的过程知识共享行为进行研究，其中一个公司提供三种过程知识给其他两个没有竞争关系的公司，研究结果验证了作者事前的假设：市场和团体是企业间知识交换的两大特征。

关于供应链企业间知识市场及知识交易的研究还不多，主要研究者及研究内容如下：张旭梅等（2006）对供应链中知识市场的构成进行了研究，指出知识市场主要涉及参与者、交易场域、交易规则、货币体系等要素，另外还对这些要素进行了仔细的分析；以张旭梅等（2006）的研究为基础，张慧涛和张旭梅（2007）分析了建立供应链中知识市场的原因，研究了基于知识市场的知识共享过程，并指出了通过知识市场实现供应链知识共享存在的一些问题；张旭梅等（2008）以委托代理理论为定量分析工具，综合考虑知识出售企业出售知识的积极性、各企业对于知识交易的风险偏好、知识交易的中介成本以及外部环境等影响知识跨企业边界交易的多种因素，构建了分别以核心企业、第三方知识服务公司作为管理方的知识交易模型；许有志等（2008）在供应链中引入知识交易机制，详细分析了供应链中知识供给者和需求者之间发生的交易行为，另外，重点依据知识的不同分类从显性知识和隐性知识两个角度对定价模型进行研究，从交易机制的角度一定程度上完善了供应链中的知识市场框架；张玉蓉等（2009）在分析了供应链中知识市场成因及内涵的基础上，从主体层面、客体层面和环境层面对其建立的影响因素及其知识交易方式进行了较为系统的研究；张敏和王道平（2010）从知识市场入手，利用博弈论对供应链中的知识市场进行了研究，在此基础上提出了基于知识市场的敏捷供应链知识服务模式，并对其主体功能进行了阐述；陈伟和张旭梅（2013）通过引入关系质量这一中介变量，构建了供应链伙伴特性、关系质量对跨企业知识交易影响的概念模型，其中供应链伙伴特性包括文化相容、资源依赖和知识距离三个方面的内容，并利用结构方程模型结合供应链上下游企业的调查数据对上述概念模型进行了实证研究；陈伟等（2014）基于关系交易理论和交易成本理论，构建了关系机制与市场契约对供应链企业间知识交易影响的概念模型，其中关系机制分为间接关系机制和直接关系机制，间接关系机制主要通过知识中介体现，直接关系机制包括共同目标和信任两个方面内容，知识交易主要从显性知识交易和隐性知识交易两个角度考虑，并通过问卷调查数据对上述概念模型进行了实证检验；陈伟等（2015）从供应链合作创新视角下的知识交易关系出发，针对知识交易过程中交易双方投入要素无法验证的双边道德风险问题，运用委托代理理论设计了双边道德风险下供应链企业间知识交易的市场合约及关系合约激励机制并进行了比较分析；陈伟等（2015）考虑知识的显性属性和隐性属性，运用委托——代理理论设计了供应链企业间显性知识和隐性知识交易的多任务激励契约机制。

四 国内外研究评述

综上所述，在供应链企业间知识共享的研究领域，具有以下特点和不足：

1. 供应链的知识共享问题已引起国内外学者的广泛关注和高度重视，其中国外学者主要以案例研究和实证研究为主，还没有给出供应链企业间知识共享与转移的机制和有效办法。国内近几年开始陆续有一些关于供应链知识共享的文献，但以讲概念、重要性和初步思路为主，研究范围较广，但研究还不深入。

2. 供应链企业间知识共享最终目的是为了供应链合作创新，但目前关于供应链知识共享创新效应的实证检验，特别是基于我国企业数据的实证研究尚未出现，由于缺乏足够的证据支持，导致我国企业知识共享的动力不足。

3. 关系和信任作为减少不确定性和复杂性的机制，不仅是供应链伙伴关系形成的基础，也是双方知识共享行为发生的前提和保证。国内外的相关研究更多考虑的是知识共享问题本身，较少考虑上述两种背景下（特别是“关系”背景下）的研究，而我国恰恰是一个注重关系、讲究信誉的国家，研究关系和信任导向下的供应链企业间知识共享正是符合我国国情，也是目前研究所缺乏的。

第三节 本章小结

结合本书研究内容，本章首先对本书研究所涉及和使用的相关基础理论进行了梳理和展示，主要包括供应链知识管理理论、委托代理理论、交易成本理论、关系合约理论和机制设计理论；然后对本书所涉及的相关研究领域进行了文献综述，其中本书主要涉及供应链知识管理、供应链企业间知识共享与转移等研究领域，上述工作将为后续的研究提供有价值的参考。

第二章

供应链企业间知识共享的理论模型

第一节　供应链企业间知识共享的需求模型

一　引言

知识共享与转移是知识管理的过程，而在进行这个过程之前明确哪些知识应该共享与转移非常重要，即很有必要描述清楚供应链企业间的知识需求。供应链中各企业都拥有大量的知识，其中很多知识都是互补性的，有些非核心的知识对于企业自己可能用处不大但对于其他企业却非常有用。因此，供应链中各节点企业只有清楚了解自身的知识需求和其他企业能够提供的知识才能有效地进行知识管理，进而提高整条供应链的绩效。如以制造商为核心的供应链中各节点企业之间存在产品设计、库存水平、生产计划等方面的知识需求，对这些知识进行共享可以提高产品的质量和供应链的柔性；以大型零售商为核心的供应链中各节点企业之间存在物流配送和客户需求等方面的知识需求，对这些知识进行共享可以提高供应链运营的效率和提高客户对产品的满意度；逆向供应链中集中退货与回收中心与各节点企业存在技术、客户等各方面的知识需求，对这些知识进行共享可以降低逆向物流的不确定性和产品回收的成本；服务供应链中服务提供商、服务集成商和客户之间对各自需求的知识进行共享可以提高服务供应链的效益和客户的满意度。

二　以制造商为核心的供应链企业间的知识需求模型

目前所研究的供应链大部分是以制造商为核心的供应链，如丰田供应链就是以制造商为核心的供应链的代表之一。以制造商为核心的供应链主要存在以下特点：

1. 供应链的各成员企业不再是“单打独斗”，而应围绕整条供应链的共同目标而安排生产与服务，制造商作为供应链的核心企业，在制订供应链发展计划中起着领导作用。

2. 供应链围绕制造商的生产而服务，因此准确的市场预测对于以制造商为核心的供应链来说至为重要，能否获取客户对产品的具体需求和期望决定了市场预测的准确性，因此供应链中的各节点企业尤其是作为核心企业的制造商应努力从供应链下游如分销商、零售商乃至客户处获取客户对产品的需求知识和客户使用产品后的使用意见反馈。

3. 强调供应链协同设计以提高整条供应链的效益，即供应链的所有其他企业都应该参与到制造商的产品设计环节中，尤其是下游的零售商，因为他们相对于上游企业更加接近客户，能够较为轻松地获取客户对产品的需求，而上游的供应商在协同设计中可为制造商提供相关技术支持，也能使供应链获得互补性技术资源，缩短改造周期，节约技术创新的成本。

4. 由于产品需求的不确定性，供应链要努力提高柔性以应对不确定的需求，规避不确定性给供应链各企业带来的损失。

针对上述特点，本研究构建了由多个供应商、一个制造商、多个销售商、客户及物流商组成的以制造商为核心的供应链，建立了以制造商为核心的供应链企业间的知识需求模型（如图 3－1 所示）。其中，销售商节点代表了制造商下游负责销售产品的企业或企业群，他既可能是分销商或者零售商，也可能包括他们全部；物流商代表了负责整条供应链物流配送工作的实体，它既可能是专业的物流公司，也可能是供应链中某企业的物流部门。

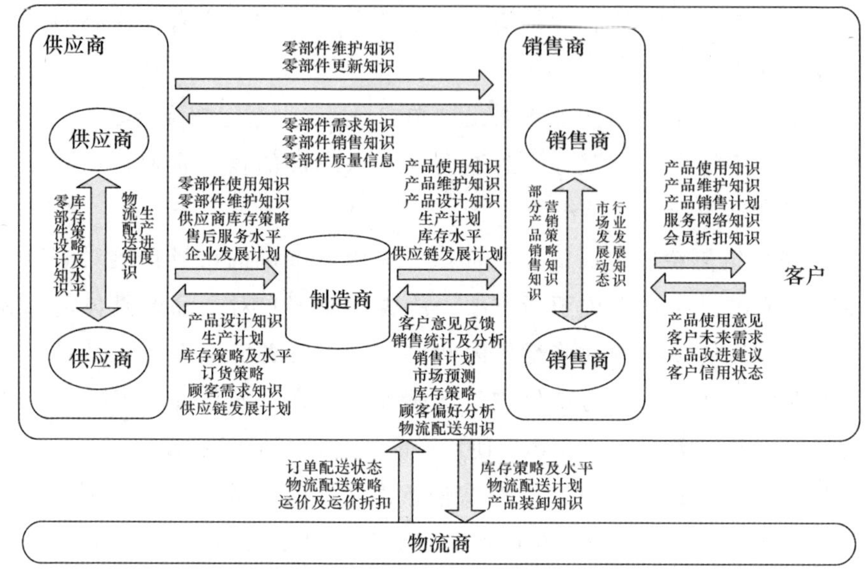

图 3－1　以制造商为核心的供应链企业间知识需求模型

如图 3－1 所示，该模型描述了制造商对供应商的主要知识需求、供应商对制造商的主要知识需求、制造商对销售商的主要知识需求、销售商对制造商的主要知识需求、销售商对客户的知识主要需求、客户对销售商的主要知识需求、供应商之间的主要知识需求、销售商之间的主要知识需求、各节点企业对物流商的主要知识需求和物流企业对各节点企业的主要知识需求。

1. 制造商对供应商的主要知识需求。首先，制造商从供应商处获得产品的零部件，相应地也需求供应商零部件的使用知识和维护知识，同时制造商也关心供应商对其零部件的售后服务水平。其次，由于供应链产品的不确定性，制造商为了应对不确定的生产订单，需要了解供应商的库存策略。另外，制造商作为供应链的核心企业，在选择供应链合作伙伴及制订供应链发展计划时，也需要了解供应商企业对未来的发展计划。

2. 供应商对制造商的主要知识需求。首先，让供应商参与产品协同设计，使其全面掌握产品的开发信息，不仅能使产品更好地满足客户需求，还能使供应商能够按期、按质、按量交货，并主动关心供应链的管理，提高信息共享的程度，因此供应商需要获得制造商的产品设计知识及客户需求知识。其次，为了提高供应链业务协同能力，供应商需要了解制造商的生产计划、库存策略及库存水平，以使制造商和供应商的平均库存降低，使供应商的订单预测更为准确，从而更有利于供应商生产决策。另外，作为供应链中的一员，供应商需要从核心企业制造商处获得供应链发展计划。

3. 制造商对销售商的主要知识需求。首先，制造商在进行产品设计和制订生产计划时，从销售商处获取客户对产品的意见反馈和销售商的客户偏好分析，有助于其开发新产品、提高技术的独特性并降低销售成本，从而增强核心竞争力。其次，制造商在进行市场预测时，需要从销售商处获取产品的销售统计和相应的分析。再次，制造商在制订生产计划时，需要参考销售商对产品的市场预测、销售商的销售计划和销售商的库存策略。最后，制造商需要了解销售商的物流配送知识，诸如 HP、IBM 等制造商就要求他们的经销商共享物流配送中心仓库的进出库的数据信息，这样能够使企业保持较高的服务水平，减少库存，同时又有较高的订单供给率。

4. 销售商对制造商的主要知识需求。首先，销售商的产品从制造商处获得，相应地也需求制造商的产品使用知识和产品维护知识。其次，供应链下游的销售商更加了解客户的需求，在供应链协同设计时，销售商的意见也尤为重要，因此，销售商也需求制造商的产品设计知识。最后，销售商在制订销售计划和销售产品时，需要参考制造商的生产计划及库存水平。另外，作为供应链中的一员，销售商需要从核心企业制造商处获得供应链发展计划。

5. 销售商对客户的主要知识需求。首先，为了向上游企业尤其是制造商传递精确的客户需求知识，销售商必须努力获取客户对产品的需求知识，如产品使用意见、客户未来的需求、客户对产品的改进建议等。其次，很多大型制造商的产品都是大宗商品，这种产品在价格方面一般都比较高，而现代社会越来越流行信用支付，如轿车、电脑、大型设备的分期付款等，所以销售商在销售产品时必然会关心客户的信用状态。

6. 客户对销售商的主要知识需求。首先，客户在销售商处购买产品，必然会需求产品的使用知识如产品使用说明书、产品使用技巧和产品的维护知识如汽车、电脑的养护知识。其次，对于销售商的老客户来说，销售商的未来销售计划和会员的折扣知识也是很重要的。最后，客户购买产品后，为了保证产品的售后服务，必然会关心销售商的服务网络知识。

7. 供应商之间的主要知识需求。首先，当制造商采用供应商管理库存策略时，供应商之间的生产进度信息共享一般能减少供应商的缺货和存货持有成本。其次，在给制造商配送零部件时，供应商之间共享物流配送知识、库存策略和库存水平也能减少供应链的缺货和存货持有成本。另外，在供应链协同设计时，供应商之间适当地共享彼此的零部件设计知识也能够提高产品的质量。

8. 销售商之间的主要知识需求。因为同一条供应链中的销售商销售的是相同的产品，他们之间可以对行业发展知识、市场发展动态和营销策略知识等进行交流。另外，销售商之间共享部分产品的销售知识，可以在偶尔库存不足时进行库存协调，而又不影响销售商的核心竞争力。

9. 各节点企业对物流商的主要知识需求。供应链中各节点企业都存在货物的物流配送，因此，他们都需求物流商在配送货物时的运价及运价折扣和物流配送策略如配送路线，配送时间等。而当物流商在配送各企业的货物时，各企业都需求其产品的配送状态，如货物到达什么地点，什么时候能到货等。

10. 物流商对各节点企业的主要知识需求。首先，物流商在配送各企业的货物时，需要了解各种货物的装卸知识如产品能否挤压，装卸时有什么注意事项等。另外，物流商作为供应链各节点企业的合作伙伴，为了加快供应链库存的周转，必须了解各企业的库存策略、库存水平和物流配送策略，以做到该送货的时候送货，该到货的时候到货。

三 以大型零售商为核心的供应链企业间的知识需求模型

供应链的核心企业除了是制造商外，还可以是大型零售商，如沃尔玛供应链就是以大型零售商为核心的供应链的代表之一。以大型零售商为核心的供应链具有一些不同于以制造商为核心的供应链的特点，如：

1. 大型零售商凭借其资金、信息、渠道等优势，对整个供应链的运营和管理拥有主导权，成为整个供应链网络的协调中心。

2. 物流是供应链中至关重要的环节之一。如有人将沃尔玛成功的关键要素归结为其独具特色的“跨码头”（cross-docking）存货和运输系统。此系统为沃尔玛带来了其他零售企业难以匹敌的竞争优势，使沃尔玛的销售成本比行业平均水平低2%到3% ，可以实行“天天都是低价格”的竞争战略。

3. 大型零售商的产品大多数是日用品，其边际利润较低，越来越强调通过物流来加快库存周转，从而提高供应链整体的效益。

4. 随着革新性产品越来越多地出现在零售商的产品清单中，如家电产品、通信产品、服装等，大型零售商必须努力提高供应链的柔性并努力搜集客户的需求知识传递给供应商。

5. 大型零售商在各地拥有大量的连锁店，零售商的总部在衔接供应商和连锁店时起着至关重要的作用，如连锁店向供应商订货时往往通过总部统一汇总后向供应商订货，供应商需求自己产品的销售数据时也是通过零售商总部来查询。

基于以上分析，本研究构建了由多个供应商、一个大型零售商、多个连锁店、客户及物流商组成的以大型零售商为核心的供应链，建立了以大型零售商为核心的供应链企业间的知识需求模型（如图 3 – 2 所示）。其中，这里的大型零售商是各个连锁店的总部，如沃尔玛、家乐福这种零售企业的控制中心；随着大型零售商地位越来越高，很多大型零售商都组建了自己的配送中心来负责整条供应链的物流工作，因此，这里的物流商既可能是独立的物流公司，也可能是大型零售商的物流部门。

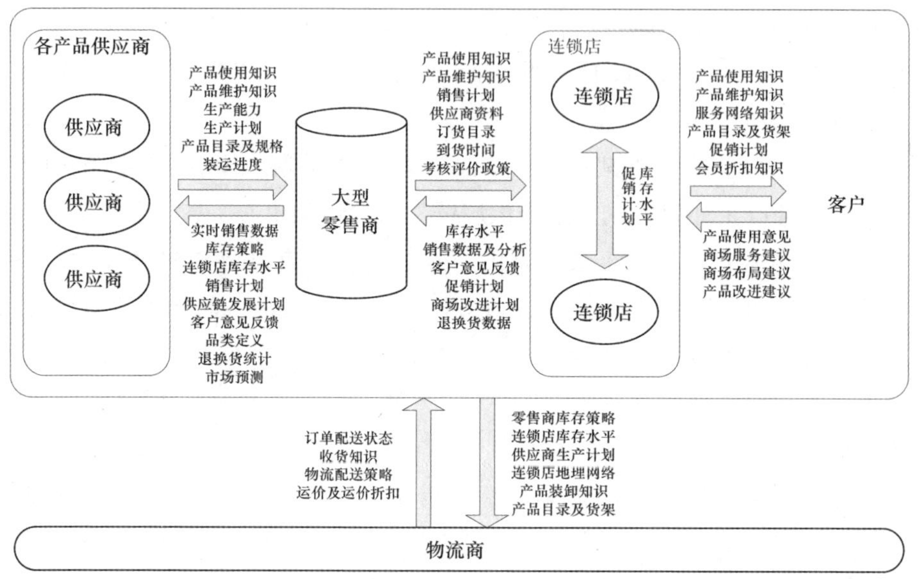

图 3－2 以大型零售商为核心的供应链企业间知识需求模型

如图 3－2 所示，该模型描述了大型零售商对供应商的主要知识需求、供应商对大型零售商的主要知识需求、大型零售商对连锁店的主要知识需求、连锁店对大型零售商的主要知识需求、连锁店对客户的主要知识主要需求、客户对连锁店的主要知识需求、连锁店之间的主要知识需求、各节点企业对物流商的主要知识需求和物流企业对各节点企业的主要知识需求。

1. 大型零售商对供应商的主要知识需求。首先，大型零售商在购买供应商的各种产品时，必然会需求相应的产品使用知识和产品维护知识。其次，大型零售商对各产品进行市场预测后制订销售计划时，需要了解各供应商的生产能力和生产计划，如果某供应商达不到零售商的供货要求，零售商就必须寻找其他供应商，而大型零售商在选择供应商时，供应商必须提供其产品目录和规格给零售商。最后，大型零售商向供应商下订单后，需要了解供应商货物的装运进度，以保证零售商在最短的时间内能得到市场所需的商品。

2. 供应商对大型零售商的主要知识需求。首先，大型零售商把产品的实时销售数据、连锁店库存水平、零售商的销售计划以及零售商对产品的市场预测与供应商共享，使供应商能够实时地把握产品的销售情况，最大程度地使生产与市场保持同步，提高整个供应链的反应速度，最终满足消费者期望。如在沃尔玛的 CPFR（Collaborative Planning Forecasting and Replenishment，联合计划预测补货系统）中，沃尔玛与供应商共同对商品做出预测，大大降低了预测的偏差及风险，提高了补货反应速度和效率，提升了供应链的竞争力。其次，对于革新性产品的供应商来说，大型零售商需要将客户对产品的意见反馈传递给供应商，使供应商能对客户需求做出快速反应，结合产品的销售数据，规划出更具效率的生产安排，如宝洁公司和沃尔玛建立了相互紧密协作的关系，宝洁公司能及时准确地获得市场信息，而沃尔玛又能满足用户的需要。再次，供应商需要从作为核心企业的大型零售商处获取供应链发展计划，以便更好地融入供应链。最后，如果连锁店遇到退换货的情况时，连锁店会将退换货数据上报给零售商总部，总部再将这些数据传递给相应的供应商。另外，品类定义是零售商的价值所在，因为每一个详尽的定义中，都包含着零售商对于客户店内消费行为的理解和把握，把握了品类定义中的每一类商品的组合就是掌握了客户的真实需求，因此，大型零售商将品类定义共享给供应商，可以使供应商在开发产品时更加贴近客户的需求。

3. 大型零售商对连锁店的主要知识需求。首先，零售商总部作为衔接销售产品的连锁店和生产产品供应商之间的中间节点，需要从连锁店那里获取部分知识并传递给供应商，如将各连锁店的库存水平统计传递给供应商以便及时供货，将连锁店对产品的销售数据及分析、客户意见反馈和退换货数据传递给供应商。其次，各连锁店在制订促销计划时，也需要请示零售商总部，因此大型零售商需求连锁店的促销计划。另外，各连锁店如果对商场有什么改进计划，也需要将改进计划上报给总部审批。

4. 连锁店对大型零售商的主要知识需求。首先，供应商将产品使用知识和产品维护知识传递给大型零售商，连锁店也需要从大型零售商处获取产品使用知识和产品维护知识。其次，连锁店需要从零售商总部获取总部安排的销售计划，以便连锁店制定自己的销售策略。再次，大型零售商往往拥有数千家供应商，零售商往往会对供应商实行分类管理，如家乐福的“大卖场”会将其数千家供应商分为A、B、C三类，不同类别的区分意味着其在新商品的申报政策，优先付款政策，陈列方式与陈列位置，促销安排上的倾斜等方面获得的待遇和政策是不一样的，因此，大型零售商需要将这些供应商的资料如供应商等级，供应商评价等传递给连锁店。最后，大型零售商统一向供应商订货后，需要将各连锁店的订货目录和到货时间发送给连锁店以便连锁店及时收货。另外，连锁店作为零售商总部的下属单位，零售商需要将各种考核政策传递给连锁店以起到对连锁店员工的激励作用。

5. 连锁店对客户的主要知识需求。连锁店作为直接与客户接触的节点单位，在产品方面和卖场方面都需要关注客户的需求，实现以低成本向消费者提供更高价值服务的目标，在此基础上实现双方的利益最大化。因此，连锁店在产品方面需求客户的产品使用意见、产品改进意见等；在卖场方面需求客户对商场的服务建议和商场的布局建议，如沃尔玛每周都进行对客户期望和反映的调查，管理人员根据计算机信息系统收集的信息，以及通过直接调查收集到的客户期望及时更新商品的信息，组织采购，改进商品陈列摆放，营造舒适的购物环境。

6. 客户对连锁店的主要知识需求。首先，客户从连锁店处购买产品，必然会需求产品的使用知识如产品使用说明书、产品使用技巧和产品的维护知识如家电、服装等的养护知识。其次，连锁店拥有成百上千的商品，商品陈列摆放对于客户的重要性是毋庸置疑的，因此，客户会需求商场的产品目录及货架。再次，连锁店的会员及老客户会很关心连锁店的促销计划和会员折扣计划，以便能够在合适的时间买到既便宜又实惠的商品。最后，客户购买产品后，为了保证产品的售后服务，必然会关心连锁店的服务网络知识。

7. 连锁店之间的主要知识需求。连锁店作为零售商的下属单位，它们之间并不存在激烈的竞争关系，它们之间共享库存水平可以在偶尔紧急缺货时互相协调；它们之间共享促销计划可以根据彼此地域和客户群制订最优促销方案，避免促销出现“撞车”现象。

8. 各节点企业对物流商的主要知识需求。以零售商为核心的供应链的物流配送相对于其他类型的供应链显得更加重要，供应链中各节点企业在物流配送时都需求物流商在配送货物时的运价及运价折扣和物流配送策略如配送路线，配送时间等。而当物流商在配送各企业的货物时，各企业都需求其产品的配送状态和收获知识，如货物达到什么地点，什么时候能到货、怎样收货等。

9. 物流商对各节点企业的主要知识需求。首先，既然物流环节对于以零售商为核心的供应链如此重要，那么物流商就必须尽可能地与各节点企业在业务流程上紧密地集成。因此，物流商需要获得零售商的库存策略和连锁店的库存水平以便能够及时地补货；需要获得供应商的生产计划以便及时地发货；需要获得连锁店的地理网络和产品目录及货架以便更好安排配送策略；需要获得各企业产品的装卸知识以便保质保量地将货物送到。

四　逆向供应链企业间的知识需求模型

逆向供应链是从用户手中回收产品，对回收产品进行分类、检测，直到最终处置或者再利用一些企业或企业部门构成的网络。参与逆向供应链的基本实体主要有制造商、供应商、零售商、回收商、集中退货及回收中心和客户，其中，集中退货及回收中心可能是制造商或零售商的回收部门，也可能是一个专业的第三方回收公司。逆向供应链既是面对环保采取的一种措施也是一种新的市场盈利策略，如沃尔玛、Universal等，它们通过返品中心对返品进行集中处理，节约了成本，提高了效益，同样一些国际知名企业，像 IBM、HP、柯达相机公司等也都通过实施和加强逆向供应链管理而取得了较好的经济和社会效益。逆向供应链管理主要有三种活动：产品回收、产品退货及产品全生命周期支持，产品回收是把最终客户所持有的废旧物品或他们不需要的物品回收到供应链各节点；产品退货即下游客户将不符合订单要求的产品或不满意的产品退回给上游节点；产品全生命周期支持是把早期产品设计时没发现问题的瑕疵产品进行召回和一些大型高价值产品的定期升级和维护。

逆向物流的不确定性和复杂性决定了逆向供应链在管理上要比正向供应链复杂得多，因此逆向供应链各节点企业之间也存在着大量的知识共享与知识转移的需求，描述清楚这些具体的知识需求并进行共享与转移可以缩短回收品的处理时间、降低供应链的回收及处理成本和提高供应链的收益。逆向供应链主要有以下特点：

1. 逆向供应链中成员关系不仅仅局限于产品、物料或者服务的转移，更为基础的是技术的授权和使用关系，注重知识的传递，如复杂废旧产品的鉴定技术、引导消费者使用有效回收途径、分解和组装材料配件技术、翻新技术、材料循环回收技术、产品标准以及循环材料等。

2. 集中退货及回收中心成为整条供应链的核心，系统回收的产品和退货的产品从诸多分散点向少数检测中心汇聚，并在此进行分拣处理，表现为产品的聚集，回收产品、零部件和原材料的分类、鉴定、分拆等工作都由集中退货及回收中心来完成，各节点企业也将相应的技术知识授权给集中退货及回收中心。

3. 整条供应链系统具有高度的复杂性和不确定性。从终端市场回收的物品在地点、时间、数量、质量、处理方法上具有高度不确定性，而且回收成本以及修复/再制造后产品的需求也存在很大的不确定性，增加了系统的复杂性。

4. 避免了信息失真与放大效应，产品的回收过程实际上也是一种信息的捕捉过程。由于是面对用户回收产品，信息的交流是直接的。回收产品中所隐含的使用信息包括客户库存信息、产品实际使用寿命统计信息、产品质量反馈信息等。根据这些信息可以准确地预测市场需求，从而可以避免在供应链管理中遇到的信息失真与放大效应。

5. 供应链系统的供需失衡性，回收产品/部件的供应常在制造商的生产排程计划之外，致使回收处理后的产品/部件供应常与制造商计划冲突，且再制造产品的市场需求也较不确定，因而系统的供需上存在失衡，从而需要供应链各节点在库存、生产等方面具备充分的柔性。

根据以上分析，本研究构建了由供应商、制造商、零售商、集中退货及回收中心、回收商和客户组成的逆向供应链网络，其中，集中退货及回收中心可能是制造商或零售商的回收部门，也可能是一个专业的第三方回收公司。在回收方面，由分散的回收商从客户处回收产品并统一配送到集中退货及回收中心，集中退货及回收中心对产品进行鉴定和分拆，再将可再用的产品、零部件和原材料配送到供应链中相应的企业；在退货方面，客户将不满意或不符合要求的产品退回给零售商，零售商再将客户退回的货物交给集中退货及回收中心，集中退货及回收中心再将退货统一配送给制造商。在此供应链结构基础上，本书建立了逆向供应链企业间的知识需求模型（如图 3－3 所示）。

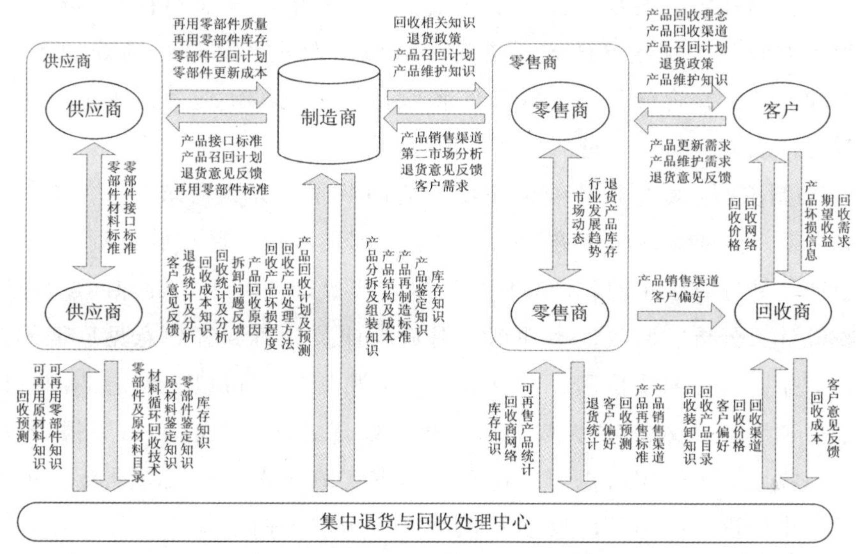

图 3－3　逆向供应链企业间知识需求模型

如图 3－3 所示，该模型描述了供应商与集中退货及回收中心之间的主要知识需求、制造商与集中退货及回收中心之间的主要知识需求、零售商与集中退货及回收中心之间的主要知识需求、回收商与集中退货及回收中心之间的主要知识需求、供应商与制造商之间的主要知识需求、制造商与零售商之间的主要知识需求、零售商与客户之间的主要知识需求、供应商之间的主要知识需求、零售商之间的主要知识需求、客户与回收商之间的主要知识需求和回收商对零售商的主要知识需求。

1. 供应商与集中退货及回收中心之间的主要知识需求。一方面，供应商需要了解集中退货及回收中心的可再用零部件知识和可再用原材料知识，如零部件和原材料的回收数量、零部件和原材料回收后的处理方式、零部件的坏损程度等，根据这些知识供应商可以分析自己零部件存在的质量问题；供应商还可以根据集中退货及回收中心所做出的回收预测安排库存和零部件的生产计划。另一方面，集中退货及回收中心需要了解各供应商的零部件和所需原材料的目录以便将正确的零部件和原材料运送给正确的节点企业；供应商的库存知识也是集中退货及回收中心在制订回收计划时的参考依据之一；在鉴定及分拆回收产品时，集中退货及回收中心需要在零部件鉴定知识、原材料鉴定知识和材料循环回收知识等方面获得供应商的技术支持，从而对回收产品进行精确的鉴定、分类和处理，并将可再用的零部件和原材料回收给供应商，将不可再用的零部件或原材料以合理的途径处理掉。

2. 制造商与集中退货及回收中心之间的主要知识需求。一方面，对于制造商，它需要从集中退货及回收中心那里获取产品回收计划及预测、回收产品处理方法、回收产品坏损程度、产品回收原因、拆卸问题反馈、回收统计及分析、回收成本知识、退货统计及分析和客户意见反馈等知识，产品回收计划及预测、回收统计及分析等知识可以为制造商制订库存水平和生产计划提供参考；回收产品处理方法、回收产品坏损程度、产品回收原因等知识可以帮助制造商挖掘客户需求和产品在质量上的不足并做出改进；拆卸问题反馈知识可以帮助制造商了解产品设计中零部件接口、产品分拆和安装的不合理之处；回收统计及分析和回收成本知识可以帮助制造商精确地跟踪整个回流过程并计算处理成本，并为客户提供及时的服务，为企业赢得信用，也是制造商与集中退货及回收中心进行收益分配时最重要的参考依据之一；退货统计及分析可以帮助制造商发现其产品的品质问题，从而在生产制造时期就不断加强品质管理，可以最大限度地降低退货率；客户意见反馈是制造商了解客户实时需求和产品改进的重要依据。另一方面，对于集中退货及回收中心，它需要获得制造商的库存知识、产品鉴定知识、产品再制造标准、产品结构及成本、产品分拆及组装知识。由于回收品的损坏程度、损坏方式、使用时间也各不相同，只有通过专业检测才能确定其质量，因此集中退货及回收中心需要在产品鉴定知识和产品分拆及组装知识方面获得制造商的技术支持，从而对回收的产品进行合理的鉴定、分类和分拆；集中退货及回收中心还需求制造商的产品结构及成本、产品再制造标准以决定回收产品是否有必要进行翻新制造；制造商的库存知识是集中退货及回收中心制定回收计划的重要依据之一。

3. 零售商与集中退货及回收中心之间的主要知识需求。一方面，零售商需求集中退货及回收中心的库存知识和回收产品中可再售产品的统计，从而为制订库存水平、物流配送计划和销售计划提供参考；零售商还需求集中退货及回收中心的回收商网络，以便在引导客户使用有效回收途径的时候把回收渠道提供给客户。另一方面，集中退货及回收中心需要从零售商那里获取产品的销售渠道，从而安排它的回收网络，如在客户群体比较多的地方设立固定回收点，在客户群里比较少的地方由回收商定期上门或通过其他渠道与客户沟通；集中退货及回收中心根据零售商提供的客户偏好可以根据不同的客户采取不同的沟通和回收方式，从而提高回收的效率；零售商提供的回收预测可以成为集中退货及回收中心制订回收计划的参考；在产品回收后，集中退货及回收中心需要零售商提供的产品再售标准将回收产品分类，将其中可以再次销售的产品配送给零售商；产品的退货是由零售商统一交给集中退货及回收中心物流配送，因此，集中退货及回收中心需求各零售商的退货统计知识。

4. 回收商与集中退货及回收中心之间的主要知识需求。一方面，分散各地的大量回收商作为集中退货及回收中心的下游组织，他们需要集中退货及回收中心提供回收产品的目录和各产品的回收价格，他们还需要零售商提供回收产品的装卸知识和客户的偏好从而保证回收产品在装卸过程中不会出现问题并且在回收过程中提高客户的满意度。另一方面，集中退货及回收中心需要了解回收商的回收成本从而为制定收益的分配提供参考标准；集中退货及回收中心还需要通过回收商了解客户在回收过程中的意见反馈，从而了解客户的实时需求并对产品进行改进。

5. 供应商与制造商之间的主要知识需求。对于制造商而言，需要了解供应商提供的再用零部件的质量以保证产品的质量不会出问题；需要了解供应商再用零部件的库存知识，以安排再制造产品的生产计划；如果供应商发现了零部件的早期设计问题，如果不更换会对客户造成比较大的影响，从而影响供应链的信誉质量时，供应商需要将产品召回更换零部件，这时供应商也需要将零部件召回计划和零部件更新成本等知识传递给制造商安排产品召回计划。对于供应商而言，制造商需要将产品的接口标准知识提供给供应商，供应商再根据产品的接口设计零部件的结构，在回收产品时为产品的分拆组装和零部件分类提供统一的标准；供应商在给制造商提供再用零部件时，需要制造商提供再用零部件标准如质量、使用时间等，从而挑选符合标准的零部件提供给制造商；制造商在发现了产品的设计存在问题需要将产品召回时，也需要将产品召回计划通知给供应商；制造商从零售商那里获取的退货意见反馈也要传递给供应商，供应商可以根据退货意见反馈分析零部件的设计是否存在瑕疵。

6. 供应商之间的主要知识需求。同一条供应链中的各个供应商分别是不同零部件的提供者，他们之间可以共享各零部件接口标准和零部件材料标准，不但可以提高产品可再造性，还可使多个厂家的产品有利于集中加工，并便于回收零部件的互相调配和再制造设备利用率的提高。

7. 制造商与零售商之间的主要知识需求。对于零售商而言，它需要从制造商处获取产品的退货政策和产品维护知识，并在销售产品时将这部分知识传递给客户；制造商还需要将产品召回计划和回收相关知识如如何引导消费者有效使用回收途径、逆向供应链的回收网络等传递给零售商，零售商再进一步将这些知识传递给客户。对于制造商而言，它首先需要零售商提供退货意见的反馈和客户需求等知识，通过这些知识制造商才能准确了解客户的真实需求，从而安排生产计划并对产品设计、产品质量、售后服务等进行改进，进而降低退货率；由于零售商直接面对客户，对于客户的需求最为了解，因此，制造商需要零售商的产品销售渠道和第二市场分析，所谓第二市场是指制造商将回收的产品和零部件进行翻新后再出售的潜在用户，通过零售商的第二市场分析，制造商可以考虑是否有必要创建一个新市场，不仅包括原来的老客户，而且包括不同市场的新客户，例如，可以将无能力购买新产品，但愿意以较低价格购买回收产品的用户，作为自己的目标客户群。

8. 零售商之间的主要知识需求。零售商之间可以共享客户的退货库存知识，在进行物流配送时他们可以相互协调以降低物流和库存成本；

零售商之间还可以共享行业发展趋势和市场动态，如老市场的持续性、第二市场的可行性等，为制造商制订发展计划提供参考。

9. 零售商与客户之间的主要知识需求。对于零售商而言，它需要在销售产品时将产品回收的理念传达给客户，让客户形成环保回收的意识，同时需要将产品回收的渠道告知客户，以便客户在有回收需求的时候能够及时找到回收商；在销售产品时，客户需要从零售商那里获取产品维护知识，而很多零售商都承诺退货，因此零售商需要将退货政策告知客户；当制造商需要召回产品时，零售商要将产品召回计划通知给客户。对于客户而言，在退货时，他会将退货意见反馈给零售商；客户在使用产品时，如果有产品更新和产品维护的需求，也要将这些知识传递给零售商。

10. 客户与回收商之间的主要知识需求。产品回收时由回收商直接面对客户，他们之间存在着彼此的知识需求。客户对于回收商的知识需求主要有产品的回收网络和回收价格，通过回收网络客户可以及时将废旧产品提供给回收商，客户愿意将产品进行回收就是希望从中获得收益，因此客户必然很关心回收产品的价格。回收商对于客户的知识需求主要有客户的回收需求、客户的期望收益和产品的坏损信息等知识，根据客户的期望收益和产品的坏损情况回收商就能和客户在价格上进行博弈。

11. 回收商对零售商的主要知识需求。零售商作为与客户接触最直接最频繁的供应链节点企业，很多关于客户的知识都比其他节点企业了解的清楚，如产品销售渠道、客户偏好等，如果回收商可以获得这些知识，对于他们的回收工作无疑是非常有帮助的。

五　服务供应链企业间的知识需求模型

近年来随着互联网的发展和全球制造的出现，客户服务日益成为企业供应链管理领域的重要因素，供应链管理在服务业中也得到了快速发展，通过提供满足客户需求的各种服务性活动，企业不仅能有效地提升自身的竞争能力，而且还能获得良好的客户满意度、客户忠诚和企业业绩。旅行社通过整合航空公司、酒店等服务资源形成服务供应链以提高效率、降低成本就是供应链管理模式在服务行业应用的典型范例。

本研究将服务供应链理解为：当客户向一个服务集成商提出服务请求后，他立刻响应客户请求，向客户提供系统集成化服务，并且在需要的时候分解客户服务请求，向其他服务提供者外包部分服务性活动。这样从客户的服务请求出发，通过处于不同服务地位的服务提供者对客户请求逐级分解并彼此合作，于是就构成了一种供应关系，同时服务集成商承担各种服务要素、环节的整合和全程管理，称为服务供应链。服务供应链是相对于产品供应链而言的，一定意义上，服务供应链延续了现代供应链管理中以客户为中心的理念，以资源整合和服务集成为主导，用服务拉动整条供应链的管理和运作，通过服务的整合满足客户多样化的需求。如旅游服务业中旅行社通过采购相关的服务项目，形成满足旅游者多方需求的整体性组合服务产品，再把组合产品销售给客户；如物流服务业中物流服务集成商整合运输服务供应商、仓储服务供应商、配送服务供应商、其他服务供应商的服务资源，再将这些整合的服务产品全部或部分销售给客户。

服务产品具有不同于制造产品的 6 个特征，即客户影响（Customer Influence）、不可触摸（Intangibility）、不可分割性（Inseparability）、异质性（Heterogeneity）、易逝性（Perish-ability）、劳动密集性（Labor Intensity）等。这就决定了服务供应链在知识需求方面与制造供应链存在着一些差异，描述清楚服务供应链的知识需求可以有效提高服务供应链的质量、效益和客户的满意度。服务供应链具有以下特点：

1. 服务是无形的，其评价和绩效指标是主观的，服务的品质也不容易分类，客户较难对服务提供者的技能、经验和能力进行准确和合理的测定，因此服务集成商和服务提供商需要随时关注客户的意见和反馈，从而改进服务的设计和提高服务的质量。

2. 服务的交付是一个过程。在获得服务的时候，交易就开始进入一个全新的执行和管理状态。要保证服务的最终交付，服务供应商和服务集成商甚至客户必须参与服务的全过程。

3. 服务是不一致的和较容易受情境影响的，服务质量在很大程度上取决于服务交付的环境和客户的态度。因此，在给客户提供服务时要针对不同的情景采用不同的服务方式。

4. 服务集成商是整条服务供应链的主导，通过对客户需求的预测和客户关系管理，把握客户需求的变动和更新，通过对服务提供商绩效的评价和供应链关系管理，整合间接和直接服务提供商的资源与能力，向客户提供完善的一体化服务。

根据以上分析，本研究构建了由服务提供商、服务集成商和客户组成的服务供应链网络。其中，客户又分为大众客户、群体客户、重点客户，针对这三种客户分别推出一般服务、模块式选择服务和定制化设计服务，一般服务即面向广泛客户群，客户只能被动接受服务，模块式选择服务即针对某一类客户群，客户可以自由地选择感兴趣模块的服务，定制化设计服务即针对少量重点客户推出的个性化定制的服务。在此供应链结构基础上，本研究建立了服务供应链企业间的知识需求模型（如图 3－4所示）。

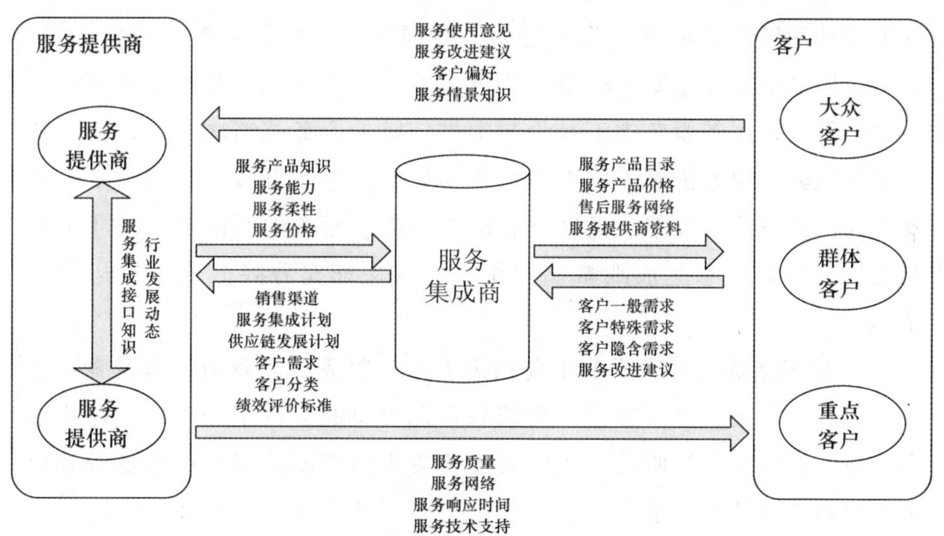

图 3－4 服务供应链企业间知识需求模型

图 3－4 的模型描述了服务提供商对服务集成商的主要知识需求、服务集成商对服务提供商的主要知识需求、服务集成商对客户的主要知识需求、客户对服务集成商的主要知识需求、服务提供商对客户的主要知

识需求、客户对服务提供商的主要知识需求、服务提供商之间的主要知识需求。

1. 服务提供商对服务集成商的主要知识需求。首先，服务集成商将服务产品销售之后，可能需要各服务提供商对客户进行直接的服务，此时，服务提供商需要获得服务集成商的销售渠道；其次，服务提供商在加入该服务供应链之后，需要了解作为主导企业的服务集成商在未来的服务集成计划和供应链发展计划，从而为自己的长远发展进行定位；最后，服务提供商需要通过服务集成商了解客户需求、客户分类等知识，从而对自己的服务产品进行各方面的改进。此外，服务集成商无论在供应链构建之前还是供应链运营过程中都会考察服务提供商各方面的能力，对其服务评价打分，因此服务提供商需要获得服务提供商的绩效评价标准等知识。

2. 服务集成商对服务提供商的主要知识需求。服务集成商在服务产品的设计和服务供应链类型确定后，要进行功能型服务提供商的选择，此时，服务集成商需要了解服务提供商的服务产品知识如产品类型、产品数量等以识别其服务类型是否与本供应链的服务战略吻合；还要了解其服务能力、服务价格、服务柔性等知识，从而了解服务提供商是否具有较大的服务能力配置、是否具有成本优势、服务的时间和服务质量的稳定性、是否愿意达成战略性协作等，以保证充分降低供应链运作的成本。

3. 服务集成商对客户的主要知识需求。服务集成商为了满足客户多样化服务的需要，需要推出三种服务产品分别是：一般服务、模块式选择服务、定制化设计服务，相应的服务集成商需要从客户那里挖掘客户的一般需求、特殊需求和隐含需求。另外，客户对服务产品的改进意见对于制造商也是十分重要的。

4. 客户对服务集成商的主要知识需求。客户在购买服务产品之前，需要从服务集成商那里获取服务产品目录和服务产品价格等知识；客户在购买产品后，需要从服务集成商那里获取售后服务网络及各服务提供商的资料，以便客户在需要服务的时候能够找到相应的服务商。

5. 服务提供商对客户的主要知识需求。首先，服务提供商在为客户提供服务时，需要从客户那里了解客户对服务的使用意见和改进建议等知识，从而改进自己的服务质量。其次，服务提供商在为客户服务之前，需要了解客户的偏好和服务情景等知识，从而针对不同的客户采用不同的服务方式以提高客户的满意度。

6. 客户对服务提供商的主要知识需求。客户在购买服务产品之前需要从服务提供商那里了解相应服务产品的服务质量、服务网络、服务响应时间、服务技术支持等知识，从而确保在购买产品后能够得到及时的高质量的服务。

7. 服务提供商之间的主要知识需求。服务提供商之间可以在服务集成接口知识方面进行共享，为服务集成商集成各种服务产品提供高质量的保证；另外，服务提供商可以在行业发展动态等知识方面进行交流。

第二节　供应链企业间知识共享的层次模型

一　引言

供应链中知识共享与转移的主体可分为员工、部门和企业三个层次，结合知识共享与转移是否跨越企业边界及跨越何种边界将供应链中知识共享与转移分为部门内部员工之间的知识共享与转移、同企业不同部门员工之间的知识共享与转移、不同企业员工之间的知识共享与转移、员工与本部门之间的知识共享与转移、员工与本企业其他部门之间的知识共享与转移、员工与其他企业部门之间的知识共享与转移、员工与本企业之间的知识共享与转移、本企业部门之间的知识共享与转移、部门与本企业之间的知识共享与转移、不同企业部门之间的知识共享与转移和企业之间的知识共享与转移。基于以上分析，本研究构建了供应链企业间知识共享与转移层次模型（如图 3－5 所示）。

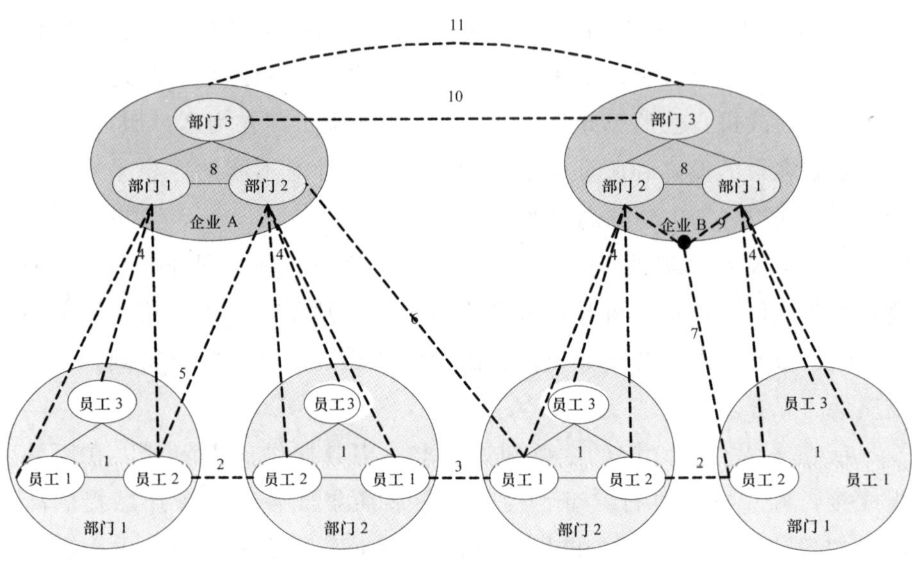

1：部门内部员工之间的知识交易
2：同企业不同部门员工之间的知识交易
3：不同企业员工之间的知识交易
4：员工与本部门之间的知识交易
5：员工与本企业其他部门之间的知识交易
6：员工与其他企业部门之间的知识交易
7：员工与本企业之间的知识交易
8：本企业部门之间的知识交易
9：部门与本企业之间的知识交易
10：不同企业部门之间的知识交易
11：企业之间的知识交易

图 3－5　供应链企业间知识共享的层次模型

二　供应链各层次主体知识特性及其关系研究

供应链中的知识主体可分为员工层、部门层和企业层，而任何层次的知识一般又可分为显性知识和隐性知识，从而组成供应链中的六种基本知识类型：员工显性知识、员工隐性知识、部门显性知识、部门隐性知识、企业显性知识、企业隐性知识。通过供应链网络，这六种基本知识可实现跨层次的知识流动，如图 3－6 所示。

企业 A	显性知识	隐性知识
企业层	企业显性知识	企业隐性知识
部门层	部门显性知识	部门隐性知识
员工层	员工显性知识	员工隐性知识

企业 B	显性知识	隐性知识
企业层	企业显性知识	企业隐性知识
部门层	部门显性知识	部门隐性知识
员工层	员工显性知识	员工隐性知识

图 3－6　供应链中知识类型

1. 员工层知识。员工知识即个体知识，指员工所拥有的学识、技能、经验、思想等依附于员工个体的、很难或不被其他个体掌握的高度个性化的知识，其存在于员工的头脑中，可以独立应用于特定任务和问题的解决，并随着员工个体的迁移而转移。员工不仅是知识的积累者，也是知识的应用者，当员工在工作和学习中取得了进步时，其应用新知识处理问题的能力也就得到了提高。员工个体的知识丰富复杂，员工往往无法将自己的知识全部厘清或编制成目录，只有在需要时才会搜索、利用并创新其个体知识。因此，员工知识一般可分为员工显性知识和员工隐性知识，但以隐性知识为主。员工显性知识主要是指可以“言传”的关于个人的技术、技巧和处事方法等，是员工在理解规则、程序过程中形成的知识。员工隐性知识既包括直觉、信念、洞察力等难以言明的知识，还包括专门技能这种只能依靠行动来进行共享和转移的知识，具有高度个体化、不易言传和模仿的特点。但是个体知识总是首先产生于个体的头脑中，在没有用规范的语言或者符号表达出来之前，其更多地表现为隐性知识。因此，员工的显隐性知识之间的转化一般是以员工隐性知识为起点，当隐性知识需要被表达时，员工才会将可以显性化的隐性知识进行挖掘、整理和总结，从而使部分隐性知识显性化。

2. 部门层知识。部门知识就是一个部门所拥有的文化、经验以及处理问题的能力等，它是部门在长期实践中形成的并被员工所共享的知识，并不随某个员工的离开或迁移而改变。部门知识也存在显性和隐性知识两种类型。部门显性知识是指部门内部的一些规则、工作实践、数据库和资料集等。部门隐性知识是指部门内形成的价值体系、信仰、认知要素、团队默契、文化氛围和相互协作的习惯性技能等，是由部门内员工彼此紧密的互动和直接沟通，通过模仿与练习、感悟和领会，形成彼此能够会意却不易言传的隐性知识，主要特点是它表现为群体所掌握的技艺、操作过程以及群体成员的默契、协作能力等。部门隐性知识也是部门显性知识产生、发展的前提条件。部门层次的显隐性知识之间的转化是指部门内员工对各自不同的隐性知识进行有效的加工处理、整理、概括和总结，形成可以明示的操作规范、管理制度和业务指南等文件形式，并对彼此的观点见解不断地进行再解释，直至形成新的想法进而转化成部门的显性知识，从而使部门隐性知识转化的显性知识。

3. 企业层知识。企业层知识主要体现为企业的规则、程序、管理和文化，包括企业的规章制度、技术、流程、数据库、共同愿景、品牌、商标、专利和管理模式等。企业知识既不能脱离企业中员工或部门的知识而独立存在，但又不是员工知识或部门知识的简单加和，而是在对员工个体、部门和从企业外部获取的各种知识有效转化、整合和长期实践的基础上形成的，它表现出单个个体或群体所无法具有的知识特质。企业层知识往往是复杂的且长期处于变化之中，它随着产品、服务、工序、技术、结构、地位等的变化而变化，即围绕企业的生产经营目标而改变。与员工和部门知识一样，企业知识仍然可以分为显性和隐性知识两类。企业显性知识有两层含义：一是非人格化的企业规章、制度、流程和技术等，如企业的发展目标、组织战略和结构，二是企业员工所共同拥有的显性知识；企业隐性知识也有两层含义：一是群体协作能力和企业的心智模式、价值观、企业文化和共同愿景，二是企业员工共同拥有的隐性知识，如难以表述的技能、诀窍、经验等。企业员工长期以来通过相互交流和相互协作所形成共识和默契，所共同经历的生产过程、事件、心理和认知体验构成了企业隐性知识的共同基础，是企业隐性知识中最深层次的东西。随着企业隐性和显性知识的不断高效流动、转化和整合，对某些可显性化的企业隐性知识可根据企业发展需要进行显性化和编码化，形成各种操作规范、资料、情报和文件等新的显性知识，通过外部化方式传递给相关的部门或机构，转化为企业显性知识，从而实现企业知识的集成并最终转化成产品和服务，转化为企业的利润和市场价值，并对组织绩效产生较大的影响。

4. 各层次知识之间的关系。员工层的知识是部门层和企业层知识的基础和资源库，部门层和企业层的知识创新依赖于员工知识，如果企业中的员工知识没有更新，部门和企业层的知识创新也无从谈起，而且组织知识的创新还依赖于将分散在员工头脑中的个体知识进行整合，只要每个员工被安排在企业业务流程中的合适岗位上，发挥他们各自的特长，就能保证整个生产流程技术的创新，就能制造出新产品。而部门和组织层次的显隐性知识是员工个体知识的升华，也为员工隐性知识显性化提供更大可能，对员工知识的完善与丰富起到促进作用。

部门层的知识是员工层知识和企业层知识进行转化的中介。对于员工层来说，部门层知识始于员工层知识，部门通过整合各种员工知识最终形成部门知识，部门知识也是员工知识进行共享的归宿，只有员工知识升华为部门知识，任何员工个体不再“垄断”该知识，知识在部门内自由流动，部门中的任何成员都可以了解、学习、掌握和应用这些知识，这样才能创造出不同于个人建立在合作基础上的部门知识。对于企业层来说，部门层知识是企业层知识的基础和源泉，由于组织结构的限制，企业知识不可能直接来源于员工，企业是由各个部门组成的组织，企业的许多任务和活动都是以部门为单位来完成的，在这些过程中形成的知识往往以部门为载体，企业只能通过搜集、整理各部门的知识并将其转化为文档、手册等显性知识存入企业知识库中。

企业层知识是员工层知识和部门层的知识的最终归宿，无论是员工知识还是部门知识都会直接或间接地转化为企业层知识，因为企业各层次的知识活动最终目的都是使企业知识更新并转化为企业的利润。企业层的知识为员工层和部门层的知识活动提供保障，企业知识库中的显性知识如专利技术、流程规范等可以为员工和部门获取、学习和利用，从而进行螺旋式的知识创新，企业层的隐性知识也会为影响员工层和部门层的知识活动，如良好的知识共享文化会促进各层次的知识流动。

从组织学习的视角来看，可以更清晰地表达出各层次知识之间的关系。组织学习中存在两种形态：探索式学习与挖掘式学习。其中，探索式学习包括搜寻、变异、承担风险、试验、尝试、灵活性、发现、创新等活动，而挖掘式学习则包括选择、精练、生产、效率与执行等活动。当企业需要知识更新时，企业会将对知识的需求从组织层传递到部门层，进而传送到员工层，部门层的任务主要是让员工去完成新知识的探索即知识创新，并通过合适的机制将其转移为部门的新知识；企业层则进一步开发和利用在部门内部已形成的已知知识，它会将已存在部门内的新知识转移到企业活动中来完成价值创造。因此，员工层知识向部门层知识的转化活动本质是探索式学习，而部门层知识向企业层知识的转化活动本质是挖掘式学习，如图 3－7 所示。

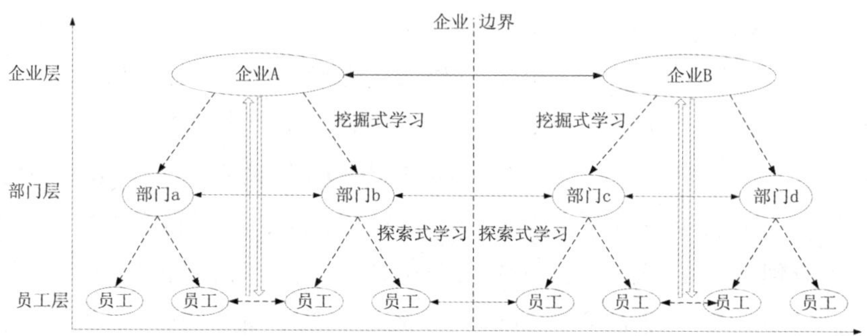

图 3－7　供应链各主体层次知识之间的关系

三　员工层次知识共享与转移模型研究

员工层次的知识共享与转移可分为三种情况（如图 3－8 所示），分别是：部门内员工之间的知识共享与转移、企业跨部门员工之间的知识共享与转移、不同企业员工之间的知识共享与转移。

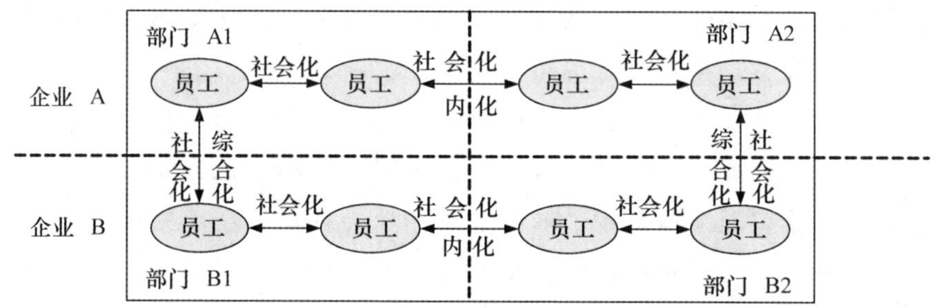

图 3－8　员工层次知识共享与转移模型

1. 部门内员工之间的知识共享与转移。部门内员工之间的知识共享与转移是最常见也是最基础的一种知识共享与转移方式，它一般发生在某部门内部员工之间的日常工作和交流中，通常表现为员工之间隐性知识的共享与转移，该过程处于 SECI 模型中的社会化阶段，即某员工的隐性知识转移为另一员工的隐性知识。这个转移过程往往是通过员工之间的共同活动来实现的，经验共享是这个转移过程的关键。如老师傅带徒弟、老员工带新员工的过程，由于许多经验或技巧不能明示，只能通过"手把手"的教导方式来实现隐性知识的转移，作为知识接收方的徒弟（新员工）则应勤观察，多思考，细钻研，虚心请教，通过模仿、实践来获得隐性知识，这是一个典型的分享经验、形成共有思维模式和技能的过程。

同一部门的员工往往从事着相同或相似的业务，因而他们的知识背景一般是相同或相似的，他们之间的知识转移相对来说认知障碍比较低，转移起来也比较容易。但是同部门的员工之间也存在着利益冲突障碍，从经济学的角度看，如果在知识转移和共享过程中，只有一方能得到较大程度的知识提高，而对另外一方的知识没有什么作用的情况下，一般的经济报酬方式只会对获得知识的一方有利，但对于知识没有变化的一方，它的经济报酬很有可能降低。在日常工作中，拥有知识的员工为了自身团体的利益，可能会有意识地封锁自身的知识，不愿与其他员工进行共享，因为这样，就可以减少外部的威胁，增加他们的不可或缺性。因此，为了促进部门内员工之间的知识共享与转移，企业应当建立刺激员工进行知识共享的机制，如巩固贡献知识的员工的地位并对其进行奖励。

2. 企业跨部门员工之间的知识共享与转移。企业内跨部门员工自己的知识共享与转移往往发生在企业不同部门在业务流程上有交集时或企业组建了由不同部门员工构成的团队时，不同部门员工之间显性知识和隐性知识的共享与转移。该过程既有 SECI 模型中的社会化阶段也有内化阶段。当两个部门需要经常性地协同合作时，它们的员工往往打交道的时间比较多，在他们长期的接触中，首先会潜移默化地进行着隐性知识的共享与转移，即完成了知识的社会化，同时由于业务需要，他们之间必然会有很多如文件、看法之类的显性知识的交流，而由于不同部门员工知识背景的差异，很可能某些知识对于知识转移方是显性知识，而知识接收方却没有能力解码只能内化于自己心中，即知识的内化。现在企业内部也越来越多地通过任务导向的项目团队来完成相应的知识活动，不同部门的员工交流的机会越来越多，企业内跨部门员工之间的知识共享与转移也越来越常见。

一般企业内的不同部门从事着不同的工作，企业往往也将不同的部门在地域上隔离开来，如不同的部门分布在不同的楼层或办公室，这就造成了不同部门员工交流的不方便性。为了降低这种阻碍，企业要创造出沟通和协作的良好环境，如可尝试集体办公的工作形式，增加成员在一起的时间，使其能充分及时地沟通；也可多组织些非正式交流的活动，如工作聚餐、企业内部论坛等，让员工能轻松、主动地贡献工作经验和教训。

3. 不同企业员工之间的知识共享与转移。在供应链环境下，不同企业的员工之间的知识共享与转移是比较常见的，供应链的基本活动就是协同合作，不同企业往往会为了共同的目标或任务组建项目小组或者互派员工到对方的企业中，这就为不同员工的知识跨越组织边界提供了条件，通过这种对等接触和互动，不同企业员工不仅会互相传递显性知识如各种纸质文件，而且更多地会进行隐性知识如经验、技巧的相互交流，该过程既有 SECI 模型中的社会化阶段也有综合化阶段。如供应链企业间联盟合作的典型例子，沃尔玛和宝洁之间的联盟合作，它们之间的初次合作即是互派经理层级的项目小组进驻对方企业，在信息管理系统、物流仓储体系、客户关系管理、供应链预测与合作体系、零售商联系平台以及人员培训等方面实现业务合作和知识共享。而在整个活动中的具体实践操作则通过个体的观察、交流、感悟和思考来完成。

企业文化在很大程度上决定了知识共享能否顺利开展，对供应链而言更是如此，因为供应链中一个企业的知识及知识共享状况将决定整个供应链的效率和水平（这一点正如木桶原理所揭示的一样，木桶能盛的水是由最短的那块木板所决定的）。在供应链中建立一种鼓励员工参与知识共享的文化，让知识共享成为供应链中受大家尊重的行为，让知识的提供方获得心灵上的满足感和荣誉感，并以此作为对知识提供方的一种补偿，在这样的文化氛围中个人才有积极性与他人共享知识，跨企业的知识共享才能够顺利实现。

四 部门层次知识共享与转移模型研究

部门层次的知识共享与转移可分为两种情况（如图 3 - 9 所示），分别是：本企业部门之间的知识共享与转移和跨企业部门之间的知识共享与转移。

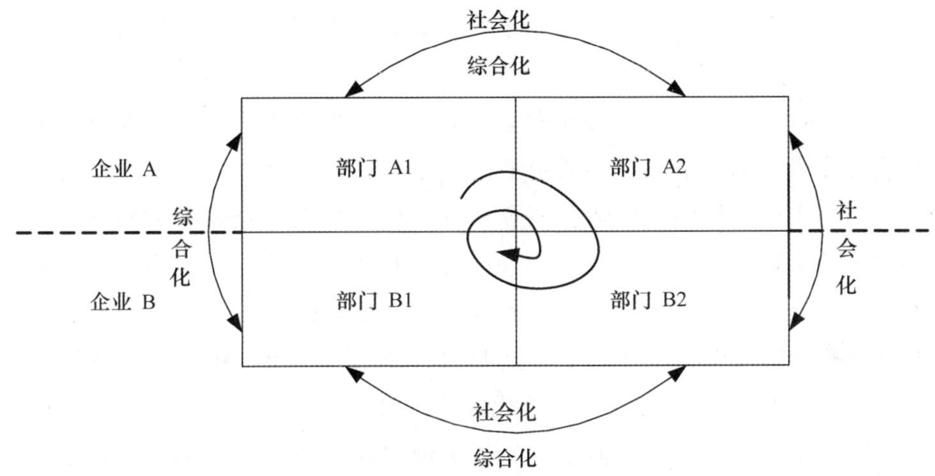

图 3-9 部门层次知识共享与转移模型

1. 本企业部门之间的知识共享与转移。本企业部门之间的知识共享与转移有两种情况：一是不同部门间显性资料等的互相传递，即 SECI 模型中综合化阶段，二是不同部门在长期的协作中隐性知识的共享与转移，即 SECI 模型中的社会化阶段。第一种情况是显而易见的，企业中的各部门不可能完全独立，总会时不时从其他部门获取文件资料等显性知识；第二种情况确是对企业十分重要的，不同部门的群体（员工）在长期的协作中通过模仿与练习、感悟和领会，形成彼此能够意会却不易言传的隐性知识，逐渐会演变为只为两部门所掌握的一些技艺、操作过程以及部门之间的默契和协作能力，而这种技艺、操作过程、默契和协作能力确是企业工作效率和创新能力的关键因素，也直接会影响企业的核心竞争力。

不同部门间显性知识的共享是比较容易实现的，往往是通过部门成员之间的直接沟通或者通过信息系统等 IT 技术来实现，因此只需加强部门成员之间的沟通和提升企业的 IT 技术就足够了。而对于不同部门间隐性知识的转移来说，首先各部门员工的知识水平对其有较大的影响，较高的员工知识水平无疑会使合作和交流过程更流畅，也更能从对方部门的工作方式和流程中吸收对方的隐性知识，所以要改变员工传统的思维方式，不再局限于学习自己岗位的知识；其次企业文化也对其有影响，良好的企业文化会使不同部门合作的机会和频率更高，从而提高隐性知识跨部门的共享和转移。

2. 跨企业部门之间的知识共享与转移。供应链中各节点企业有很多的业务往来，尤其是核心企业与上下游企业之间，这些业务活动往往是以部门为主体进行的，伴随着业务往来不仅有物流、资金流的转移，而且更多的是知识流的共享和转移。不同企业部门之间的知识共享与转移有两种情况：一是两个部门因业务需要在打交道的过程中互相交流各种显性知识和隐性知识，如上下游企业相关部门共享市场供需知识和用户需求知识，即 SECI 模型中的综合化阶段和社会化阶段，这与同企业部门之间的知识共享与转移类似；二是两个部门在业务上有相似性，彼此分享各种经验，即 SECI 模型中的社会化阶段，如果两个部门相似度较高，就可以将一部门的最佳实践复制到另一部门，如两部门开展经验交流会，实现显隐性知识的共享，减少供应链的重复性错误，这类知识共享对于供应链中的同类企业如供应商之间尤为重要，因为同类不仅在业务上具有很大的相似性，而且往往同类企业在地域方面也相近，并且员工之间有相似的知识背景，这都为同类企业进行部门间的知识共享与转移提供了有利条件。

对于由于业务往来而进行的部门间知识共享，供应链首先应建立顺畅的知识转移渠道，如引进覆盖整条供应链的 ERP 系统或者供应链所有企业采用相同接口的数据库，其次核心企业应起到领导的作用，多组织不同企业部门间的协同合作。对于复制相似性经验而进行的部门间知识共享，供应链核心企业可组织成立专门的知识审核与分析委员会，同专家、技术骨干和知识提供者一起对有效的知识和经验进行分析和提炼，经过整理的知识可录入供应链数据库提供给各个企业使用。

五 企业层次知识共享与转移模型研究

为了快速响应客户的需求，供应链各节点企业必须进行有效的知识共享，从而提高生产柔性和协调性。供应链企业层的知识共享与转移有多种情况：一是因供应链需要，彼此共享企业的发展目标、组织战略、专利技术等显性知识，即SECI模型中的综合化阶段，这类知识活动的特点是通过供应链正式渠道形成知识共享活动，有着组织制度的保障，是供应链进行知识共享的主要途径；二是供应链企业间在企业文化、价值观念、行为准则等隐性知识上的共享与转移，即SECI模型中的社会化阶段，各企业经常性地对这类知识进行交流，各企业的文化和价值观则会逐渐互相融合，供应链各企业在企业文化、价值观、行为惯例方式越融合，各企业对事物的看法越相似，它们在合作的时候就越紧密，越不容易产生分歧；三是某企业的员工或部门去另一企业进行学习考察时，将对方企业的隐性知识转化为自己企业的隐性知识的过程，即SECI模型中的社会化阶段，这类知识活动也很常见，供应链联盟由于合作的需要以及加深彼此的关系，通常会指派员工或者部门去另一企业参观学习，比如去参观别人先进的生产线、先进的管理方式，而这个学习的过程一般都是隐性知识的转移，因为一条生产线或者管理方式往往都不易明示，只能通过自身的体会转化只有自己能理解的隐性知识。

为了加深企业层次知识共享与转移的深度，供应链可以采取以下措施：首先，制定完善的知识共享机制，一是合理的利润分配机制，在供应链中，任何组织参与知识共享都会受到成本的约束，他们愿意进行知识共享在于预期共享知识比其独占知识能够获取更大的利益，如果没有对知识共享所得利润的合理分配机制，供应链知识共享就难以长期实现；二是完善的风险防范机制，组织知识对任何一个企业来说都是一种稀缺的资源，是企业的核心竞争力所在，在企业层次实施知识共享往往会涉及企业的核心知识，供应链任何环节的共享知识被泄露都将对整个供应链造成不可挽回的损失。其次，供应链要规范组织知识共享的程序，创造更多有利于组织知识共享的渠道和途径，供应链是由独立法人组成的联盟，其企业文化、价值取向、决策方式常常不相同，对哪些是重要知识的认识也不尽相同，组织知识共享虽有制度的保障，但在具体实施过程中却存在着诸多的差异，这些差异妨碍了知识共享的效率，影响了知识转化为产品的速度，降低了供应链快速反应的能力。通过规范组织知识共享程序可以消除这种差异，在具体实现上有多种途径，比如可以在需要知识共享的组织之间组成知识共享团队，以团队形式实现知识的传播、共享和创新。三是核心企业要起到领袖作用，核心企业往往规模较大，企业文化比较成熟，应带头推广自己的企业文化，核心企业还应多组织各节点的知识交流，如举行定期和不定期的会议、提供人员培训等。

六　不同层次主体之间的知识共享与转移模型研究

（一）员工与本部门之间的知识共享与转移

员工与本部门之间的知识共享与转移最为紧密，在部门内部无时无刻地发生着，主要体现为个人隐性知识上升为部门显性知识和部门显性知识内化为个人隐性知识，即SECI模型中的外化阶段和内化阶段。

个人隐性知识上升为部门显性知识的外化阶段对于部门来说，这是一个将感性知识提升为理性知识的过程，这项工作在知识管理中难度是最大的，也是具有决定性意义的一步。部门知识的形成始于个人知识，部门的员工具有不同的学习背景和工作经验，每个成员都有独特的、不同的隐性知识，在这一阶段，员工将自己的隐性知识与所有或部分组织成员共享，同时部门成员利用集体智慧，通过比较、隐喻、模型、演绎、归纳等手段和方法将隐性知识明示化为语言可以描述和表达的内容，与群体中的成员达到一种知识的共享，属于个人的隐性知识不再被“垄断”而在部门内自由流动，所有成员都可以了解、学习、掌握和应用这些知识，至此个人隐性知识完成了上升为部门显性知识的转化。在这个外化过程中，由于部门成员的经验和知识都参与进来，所以这个过程往往伴随着知识创新，并且增加了组织显性知识的存量。个人隐性外化的一种特殊情况是，企业核心人员，特别是高层管理人员将自己的隐性知识直接转化为非人格化的部门规章、制度等，并在部门内贯彻实施和执行。

部门显性知识内化为个人隐性知识的过程也是一个知识质变的过程。尽管部门显性知识在一定程度上都属于企业显性知识，但部门在长期的运作过程中产生了大量的显性知识成果，而企业层次往往会进行筛选，将比较成熟的、有较大价值的知识成果吸收进企业的知识库，于是未被吸收的知识成果则依旧滞留在部门内。这些部门显性知识是“前辈们”

在实践中逐渐归纳总结出来的成果，对部门员工具有较强的借鉴意义，员工们按照自己的理解结合自身的知识状况对这些知识进行学习，内化为各自不同的隐性知识，可以减少员工所走的弯路，提高部门的工作效率。企业知识库中的知识很多是单独针对某一部门的，如果将这些知识也看作部门知识，部门显性知识的内化过程则范围更广、意义更大。

个人隐性知识外化的过程其实是部门部分或所有员工互相学习的过程，不同个体间充分地交流能够加快他们隐性知识的转化，这就跟员工层部门内员工之间的知识共享与转移一样，因此如何促进个人隐性知识的外化可以参考员工层部门内员工之间的知识共享与转移。而部门显性知识内化则完全不同，因为部门是一个非人格化的集体组织，部门知识的转化只能通过接受个体即员工的有效学习才能完成，因而合适的学习方法非常重要，这些学习方法包括参观、访问、座谈、研讨等。

（二）员工与本企业其他部门之间的知识共享与转移

员工与本企业其他部门之间的知识共享与转移通常发生在企业不同部门在业务流程上有交集时，某部门的员工从其他部门获取他所需要的显性资料或者某部门的某个项目任务需要其他部门的员工进行配合从而取得员工的显性知识，这都属于 SECI 模型中的综合化阶段。当员工从另一部门获取显性资料时，员工通过正式渠道告知另一部门其知识需求，部门准备好相关材料后员工即可获取其需求知识，于是完成了显性知识到显性知识的转移。当某部门需要其他部门的员工配合工作时，员工既可能提供显性知识也可能提供隐性知识，显性知识可直接进入部门的知识库从而转化为部门层次的显性知识，而隐性知识往往只能被部门的员工吸收，将这些隐性知识转化为部门层次的隐性知识的过程则属于员工与本部门知识共享与转移中的外化过程。

可以看出，由于企业内不同部门所从事工作内容的不同，员工与其他部门的知识交流相对比较少且深度较低。但是现代企业越来越偏向于扁平化管理，企业中部门间横向的业务交流越来越频繁，员工与其他部门之间的知识共享与转移也变得更加重要。为了促进这类知识共享，企业首先应该加强部门间的协同，为员工与其他部门接触提供更多的机会；其次，企业要营造鼓励知识共享的企业文化，使员工在与其他部门接触过程中更愿意贡献自己的知识。

（三）员工与其他企业部门之间的知识共享与转移

员工与其他企业的部门之间的知识共享与转移一般有三种方式：员工与其他企业的部门之间显性知识的互相转移、员工与其他企业的部门之间隐性知识转化为隐性知识、员工与其他企业的部门之间显性知识转化为隐性知识，即分别是SECI模型中的综合化、社会化和内化阶段。

首先，综合化阶段主要是指员工所属部门与其他企业的部门有业务往来，他们之间互相传递文件、资料等显性知识，该过程与员工与本企业其他部门的知识共享与转移过程类似。其次，社会化阶段是指当员工去其他企业的部门进行参观学习或因供应链需要进驻其他企业某部门时，员工或部门的隐性知识被对方吸收转化为自身的隐性知识，在供应链环境下，企业间的协同越来越紧密，这种知识转移是非常常见的。如当员工参观某企业生产部门的生产流水线或者管理模式时，他将体会到群体协作能力所产生的效果，他就将部门的隐性知识吸收为自己的隐性知识；如当供应链上下游企业紧密合作时，可能会互派自己的员工进驻到对方企业的某部门中指导和学习，这种进驻行为往往时间较长，指派来的员工在与部门内的员工长期接触中必然存在着隐性知识的转移。最后，内化阶段是指员工去其他企业的部门展现显性知识，而该部门的员工将其内化为隐性知识的过程，如员工为其他企业的部门提供培训或员工访问某企业时进行演讲时，员工将自己单位先进的管理模式或者工作流程以语言的方式描述出来，而其他企业部门的每个员工按自己的理解内化为隐性知识，并以自己的方式在部门内行动，员工这种按自我理解进行的行动方式组合起来就成为了部门的隐性知识。

由于供应链上下游会经常性地有数据往来，综合化阶段知识转移发生的频率很高，因此供应链应通过信息系统建设等方式改造知识流动的渠道以促进这种知识转移。对于社会化阶段的知识转移，由于群体协作能力、心智模式和核心价值观的转化在很大程度上依赖于知识接收个体，因而个体的挖掘能力和学习方法就显得非常重要，所以供应链各企业应努力培养员工的洞察力，优化员工的学习方法。对于内化阶段的知识转移，就像老师给学生讲课一样，讲的是同样的东西，但是不同的学生吸收的程度却不一样，因而这个过程员工个体的吸收意识、吸收能力显得非常重要，所以供应链各企业应努力提高员工的知识水平，因为往往知识水平高的人吸收意识和吸收能力也较强。

（四）员工与本企业之间的知识共享与转移

员工与本企业的知识关系是相辅相成的，员工将个人的显性知识贡献到企业知识库中，实现个体知识的共享，即 SECI 模型中的综合化阶段。反之，企业知识库也为员工提供有效的知识源，员工对知识库中的知识进行学习后转化为自身的显性知识或隐性知识，即 SECI 模型中的综合化阶段和内化阶段。

员工个体的显隐性知识都会向企业层流动转化，但员工的隐性知识往往不能直接转化为企业层知识，而需要先转化为部门层知识，部门层知识再转移为企业层知识。而企业中大量的员工个体拥有着零散的、不系统的显性知识，企业通过信息技术对这些零散混乱的显性知识进行系统化整理，形成系统的、具有内在联系的且为所有员工所掌握的显性知识，这些知识进入企业知识库并得到集中管理，由此完成了员工知识到企业知识的综合化过程。这一过程虽然没有增加组织的知识总量，但却改变了显性知识的存在结构、位置并增加了知识拥有者的数量。

企业显性知识内化为个人隐性知识的过程也是一个知识质变的过程。每个企业必然存在一些制度化的、约定俗成的显性知识，这些知识大多是成熟的、具有较大使用价值的知识，如企业的规章制度、工作流程、操作方法、专利技术等。每个员工都可以从企业知识库中学习这些知识，有些显性化的或者交易显性化的知识可直接转化为个体员工的显性知识，而对于一些较难显性化的制度、方法则内化为员工心中的“诀窍”并在实践中进行应用，这种综合化和内化过程都会提高员工的知识水平并进一步提高企业的效率。在这个阶段，企业层知识实现了内部的共享，并拓宽和改变了个体的思维方式，使知识逐渐变为可根植于实践行动、流程和战略创新之中的隐性知识。一旦知识内化为思维方式或创新源地时，它就变成了组织最有价值的资产。

对于员工显性知识综合化为企业显性知识，首先企业可以通过提升信息技术水平，改善知识转移渠道来促进这种转化过程；其次，该综合化过程是一个集中整理零散知识的过程，设置专门的知识管理人员无疑会提高整合的效率，而且知识整合人员的知识水平越高，整合效率也越高。对于企业显性知识内化或综合化为员工知识来说，首先企业应该营造良好的知识共享基础设施，如完善企业的知识库和知识地图，或可以建立电子社区 E-learning 系统来协助知识内化过程；其次，企业还可以通过员工培训等方式促进企业知识的内化。

（五）部门与本企业之间的知识共享与转移

部门与本企业之间的知识关系也是相辅相成的，一是不同部门长期的协作将部门隐性知识上升为企业显性知识，即 SECI 模型中的外化阶段；二是各部门显性知识进入企业的知识库，即 SECI 模型中的综合化阶段；三是企业的知识库为各部门提供各种资源、技术和知识，即 SECI 模型中的内化和综合化阶段。

部门隐性知识外化为企业显性知识是一个知识质变的过程，企业内各部门之间是相互联系和相互协作的，久而久之部门之间也会形成配合默契、处事理念之类的隐性知识，随着这类隐性知识在企业内实践和普及，企业往往会将这种默契或者处事方式制度化，形成正式的文件和工作流程，从而完成部门隐性知识到企业显性知识的外化。部门显性知识综合化为企业显性知识实际上是一个搜集并整合显性知识的过程，知识在这一过程中通过文档、会议和交流等形式在部门之间进行交换和再造，数据库中的大规模数据分析与采集系统就是这个过程的一个例子，该阶段知识转移的实质就是将部门层次的显性知识筛选、精练为企业的显性知识，并在组织范围内进行广泛传递和应用。企业显性知识内化或综合化为部门显隐性知识的过程其实是各部门的学习过程，各部门定位自身的需求，在企业知识库中搜寻目标知识，并进一步解码和学习，将企业的显性知识吸收为部门的显性知识或隐性知识。

为了促使部门隐性知识转化为企业显性知识，企业可以通过优化工作流程如业务流程重组等方式使各部门的工作紧密衔接，各部门的协作也更加深入和频繁，进而促使隐性知识在部门之间快速流动并升华为企业显性知识。对于部门显性知识转化为企业显性知识，企业首先应该建立起知识整合机制，使各部门自觉或不自觉地将显性知识录入企业知识库，此时，完善的知识存储路径就非常重要，此外，为了避免企业出现“知识爆炸”、部门面对海量的知识难以定位自己所需求的知识的情况，企业还应有高效的数据分析和数据挖掘能力，如引进高级的数据分析和挖掘软件，使企业可以从大量的部门知识中选取和精练出最重要和最典型的知识。对于企业显性知识内化或综合化为部门知识，企业首先应使其显性知识易于被下层吸收和转化，如提搞企业知识整理和知识发布人员的知识表达能力，使供应的企业知识更加明示化。

第三节　本章小结

本章首先建立了供应链企业间知识共享的需求模型，分析了各成员企业间的知识需求，以此清楚刻画了供应链成员企业间的知识需求；其次，建立了供应链企业间知识共享的层次模型，进一步明晰了各层次间（个人层次、部门层次与企业层次）知识交易的渠道和特点。研究结果将为供应链成员企业间知识共享的创新绩效评价和实现机制设计奠定了理论基础。

第四章

供应链企业间知识共享的绩效评价

第一节　关系和信任导向下供应链企业间知识共享的创新绩效评价

一　引言

供应链合作过程中的不确定性和复杂性往往也会阻碍知识共享的进行，而关系和信任作为减少不确定性和复杂性的机制，不仅是供应链伙伴关系形成的基础，也是双方知识共享行为发生的前提和保证。正如Moorman等（1992）指出信任是相信并依赖合作伙伴的一种意愿，是维持伙伴关系连续性的关键；Morgan和Hunt（1994）指出关系有利于伙伴间的合作意愿的延续。基于此，本节引入“关系”和“信任”两个情境变量评价供应链企业间知识共享的绩效，其中绩效用“创新绩效”衡量，由于我国是一个注重关系、讲究信誉的国家，在中国目前的市场条件下，引入上述两个变量正符合我国国情。

在研究过程中，该节将首先通过理论分析建立关系和信任导向下供应链企业间知识共享对创新绩效影响的概念模型，之后结合我国供应链上下游企业的数据对上述概念模型进行实证检验，拟探索出关系与信任导向下供应链企业间知识共享对创新绩效的影响路径及作用机理，以期为我国企业进行供应链知识管理提供理论依据与指导。

二　理论基础与研究假设

（一）关系与供应链企业间知识共享

对于供应链背景下成员企业之间关系的本质，社会交换理论、资源依赖理论和交易成本理论从不同视角给出了解释。其中社会交换理论认为供应链合作关系出自企业间相互提供令人满足利益回报的需要；资源依赖理论认为供应链合作关系是对企业间相互依赖性及不确定性的一种战略反映；交易成本理论则认为供应链企业间建立长期的合作关系是为了有效降低交易成本。由此可见，供应链企业间关系是通过成员企业间的交互实现的，其交互过程不仅包括诸如产品或服务交易、信息或知识共享的短期交易，还包括长期合作关系的维系，而且这种长期关系是供应链伙伴关系持续稳定推进的基础。鉴于此，供应链成员企业如果倾向长期合作，注重发展长期关系，合作双方必然不会只顾私利做出有损对方利益的事情，此时合作双方更愿意通过共享互补性知识资源，并通过知识吸收、整合与创新，最终实现提高供应链创新绩效和整体竞争力的目标；相反，如果供应链伙伴注重的是短期的交互，即短暂与临时性的"一锤子"买卖关系，为了避免"知识泄露"及"搭便车"等知识共享过程中出现的风险，知识拥有者往往会减少甚至选择不参与知识共享。基于此，我们将作如下理论假设：

H4.1.1：关系对供应链企业间知识共享具有显著的正向影响

（二）信任与供应链企业间知识共享

Delbufalo（2012）认为供应链企业间的信任即相信合作伙伴能够信守承诺，并认为合作伙伴对于整个供应链联盟的行为都是出于好的发展意愿，双方均不会因为私利而侵占对方利益。Wu 等（2014）认为在企业间的交易关系中，如交易双方相互依存或面临风险，信任即是交易双方没有任何一方会利用对方的弱点，而是自愿承担责任和义务，遵守交易约定。张霜等则认为在信息不对称情形下，信任是一种主观的信心，即对合作伙伴完成其在供应链中的期望交易充满自信，这是企业间绩效相互促进和提升的重要前提。综合上述系列观点，本文研究的供应链企业间信任是指供应链成员企业（供应商、制造商和分销商）彼此之间的一种信任，是一方对其合作伙伴愿意而且能够完成其责任和义务、遵守合作承诺的信心。供应链中，如成员企业间相互信任，合作伙伴就不必认为他们必须保护自身不受其他伙伴各种投机行为的影响，同时信任的合作氛围将有助于承诺共享知识的企业之间进行自由交换，此外，信任还有利于企业间交易成本的降低。由此可见，在相互信任的供应链环境中，各成员企业愿意共享更多的知识。基于此，我们将作如下理论假设：

H4.1.2：信任对供应链企业间知识共享具有显著的正向影响

（三）供应链企业间知识共享与创新绩效

Soo 等（2007）在研究企业外部知识获取对组织创新问题解决（creativity in organizational problem solving）的影响时，通过企业调研数据实证检验了外部知识获取对组织创新的正向影响作用。Li 等（2014）在研究高新技术企业产品创新时认为，新产品开发往往需要多个专业领域的知识，通过知识共享获取企业外部知识并加以吸收、整合对产品技术创新具有重要的意义。由此可见，企业通过知识共享获取企业外部知识加以有效吸收、整合可以提高组织的知识水平，进而有利于其创新绩效的提高。而在供应链环境下，基于不同成员企业所具有的互补性知识资源，知识共享其本质就是为了推动互补性知识资源在企业间的有效流动，使知识资源在供应链中能够达到合理的配置和优化，然后通过知识的吸收、整合与创新，最后达到增强供应链整体竞争优势，提高供应链创新产出（创新绩效）的目的。基于此，我们将作如下理论假设：

H4.1.3：供应链企业间知识共享对创新绩效具有显著的正向影响

另外，根据知识的特性，知识可以分为隐性知识（Tacit Knowledge）和显性知识（Explicit Knowledge），其中隐性知识主要以个人、团队、组织的技术诀窍、组织文化、经验、印象、风俗等形式存在，其不易用文字、语言、图像等形式清楚地表达；而显性知识则主要表现为说明书、产品外观、数据库、文件、公式和计算机程序等形式，指的是有形的、客观的知识，并且像文字、语言一样有一定的存在形式。正因为如此，不同类型知识的表达、价值认定、共享和转移难度均存在较大差别，本文界定的供应链企业间的知识共享将从显性知识共享（Explicit Knowledge Sharing）和隐性知识共享（Tacit Knowledge Sharing）两个角度进行考虑，相应地，前文的研究假设将与知识共享的两个角度相对应（假设用 a 与 b 以示区别），即：

H4. 1. 1a：关系对显性知识共享具有显著的正向影响
H4. 1. 1b：关系对隐性知识共享具有显著的正向影响
H4. 1. 2a：信任对显性知识共享具有显著的正向影响
H4. 1. 2b：信任对隐性知识共享具有显著的正向影响
H4. 1. 3a：显性知识共享对创新绩效具有显著的正向影响
H4. 1. 3b：隐性知识共享对创新绩效具有显著的正向影响

基于上述分析，本文建立了研究的概念模型，具体如图 4－1 所示：

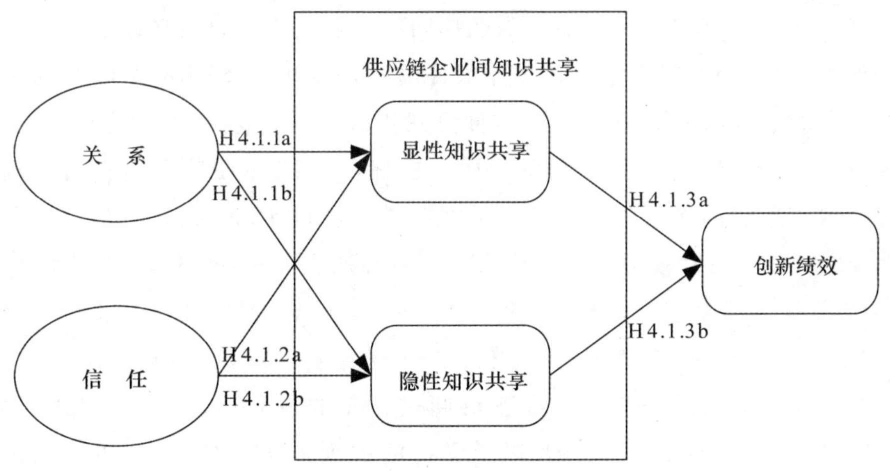

图 4－1　研究的概念模型

三　研究变量设计与样本

（一）研究样本介绍

本节探讨的是关系和信任导向下供应链企业间知识共享的创新效应，为保证样本更具代表性，我们选择以制造业供应链为研究对象，原因在于制造行业企业云集、产品替代程度较高，市场竞争相对激烈，企业为提高自身竞争力，大多期望通过知识共享掌握上下游合作伙伴的发展趋势、各类信息以及获取与核心企业匹配的各类知识以提高自己的创新水平和竞争优势，以期建立持续稳定的供应链伙伴关系。问卷调查（具体问卷详见本报告附录部分）对象主要涉及金属和机械工程、化工、电子电器、食品饮料等制造业领域中供应链上下游企业的关键员工。

问卷调查分两步进行。第一步是预调查，即小样本测试，在根据以往相关文献和作者相关研究成果完成初始调查问卷之后，我们随机选择了200位在职的MBA、EMBA学员进行预测试，获取有效问卷134份，然后对问卷预测试的结果进行了分析，对一些不理想的题项作删除处理，并对最后保留下来的问卷题项进行修正和完善，最终形成正式问卷。第二步是正式的问卷数据收集，我们通过两种方式进行，其一，对于西南地区（重庆、成都、贵阳、昆明）与课题组有合作关系的企业，我们采取上门访谈、邮寄或E-mail的方式获取问卷数据；其二，在武汉、广州、北京和上海等地分别选择四所重点高校，直接在课堂上委托任课教师简介调查目的，请符合条件的在职MBA、EMBA学员现场填写问卷并当场收回。通过上述两种方式正式调研，共发放问卷600份，回收问卷387份，回收率为64.5%，在删除一些存在缺失、有明显规律性或有矛盾的无效问卷之后，最终获得有效问卷256份，有效回收率为42.67%。在有效问卷中，国有及国有控股企业占36.33%（93份），集体合作企业占15.23%（39份），私营/民营企业占17.58%（45份），合资企业占22.27%（57份），外资企业占8.59%（22份）。就直接受访者的情况来看，企业工龄超过5年的占77.15%，年龄30岁以上的占92.13%，而本科及以上学历的占到了95.76%，可见，无论就工作经验、企业经历或学历而言，受访者均应对问卷所涉及的题项具有较好的敏感性和熟悉度。

（二）研究变量设计

本研究采用Likert五点尺度法设计关系、信任、显性知识共享、隐性知识共享和创新绩效等变量的量表，分数越高表示对问项认同程度越高。关于各变量指标体系设计的具体情况如表4-1所示。

表 4－1　　变量设计

变量	问项	参考文献
关　系	我们非常愿意与供应链中其他合作企业保持良好的伙伴关系（RE1）；我们不会因为私利去破坏良好的合作伙伴关系（RE2）；我们会尽力维持合作企业间的伙伴关系（RE3）	Kaufmann 和 O'Neill（2007）；叶飞和徐学军（2009）
信任	我们的供应链合作企业是可靠并值得信赖的（TR1）；我们的供应链合作企业会严格遵守承诺（TR2）；我们的供应链合作企业在进行重大决策时也会考虑我们的利益（TR3）；我们的供应链合作企业对我们的经营业绩也非常关心（TR4）	Seppanen（2007）；Hou 等（2014）
显性知识共享	我们非常愿意将一些可以结构化成文件的知识（如管理制度）拿出来进行共享（EK1）；我们与供应链合作伙伴会经常共享这类可以结构化成文件的知识（EK2）；通过知识共享我们获取了很多这类可以结构化成文件的知识（EK3）	Dhanaraj 等（2004）；Ma 等（2008）；张旭梅等（2009）
隐性知识共享	对于一些难以表述的知识（如管理经验），我们也非常愿意拿出来进行共享（TK1）；我们与供应链合作伙伴会经常地通过沟通、交流或相互培训员工的方式进行这类隐性化知识的共享（TK2）；通过知识共享我们获取了很多这类隐性化的知识（TK3）	
创新绩效	相比于市场上的同类产品，我们所开发产品的新颖程度更高（PE1）；我们所开发产品的竞争优势明显（如已申请专利或拥有技术秘密）（PE2）；我们所开发的产品能够迅速开拓新市场（PE3）；我们所开发产品的市场占有率高于事前预期（PE4）；客户对我们所开发产品具有较高的满意度（PE5）	Jantunen（2005）；Alegre 等（2013）

（三）样本信度与效度

样本信度（Reliability）测验的是问卷数据的可信程度，其主要考察测验结果是否具有一致性，实证研究中通常用 Cronbach's α 系数来衡量。基于此，本研究也采用 Cronbach's α 系数来检验问卷信度，通过 SPSS 18.0 软件对问卷数据进行统计分析，结果显示各变量的 Cronbach's α 系数均达到 0.7 以上，具体如表 4－2 所示，说明本文所涉及的研究变量具有较好的信度。

表 4－2　　信度与效度分析结果

变量	问项	均值	方差	因子载荷	Cronbach's α	累积解释度（%）
关　系	Re1	3.938	0.345	0.651	0.739	67.291
	Re2	3.751	0.467	0.678		
	Re3	3.286	0.371	0.609		
信　任	TR1	3.457	0.465	0.683	0.854	63.981
	TR2	3.468	0.632	0.691		
	TR3	3.159	0.544	0.714		
	TR4	3.016	0.705	0.882		
显性知识共享	EK1	3.695	0.570	0.787	0.773	66.326
	EK2	3.724	0.585	0.803		
	EK3	3.577	0.493	0.829		
隐性知识共享	TK1	3.297	0.471	0.805	0.756	66.434
	TK2	3.321	0.487	0.812		
	TK3	3.278	0.513	0.792		
创新绩效	PE1	3.695	0.570	0.787	0.879	64.326
	PE2	3.724	0.585	0.803		
	PE3	3.577	0.493	0.829		
	PE4	3.691	0.417	0.861		
	PE5	3.432	0.379	0.763		

样本效度（Validity）即有效性，它是指所测量到的结果反映所想要考察内容的程度，其包括内容效度和结构效度。对于内容效度，由于本文研究所涉及变量的问卷题项是以国内外相关研究成果为理论基础，并经过预测试和相关领域专家修改完善而成，故其内容效度良好。对于结

构效度，我们将采用验证性因子分析法来考察每个因子对其相应变量的因子载荷量（Factor Loading）。社会科学研究中，如果因子载荷量的绝对值大于0.4往往就被认为是有效的。通过表4－2我们可以看出，本研究所涉变量的因子载荷量均在0.6以上，由此可见各因子对于相应的潜变量具有较强的解释力，即结构效度较好，问卷质量较高，可以开展进一步的研究。

四 结构方程模型拟合与评价

我们将通过绝对拟合指标、增量拟合指标和简约拟合指标等三个方面的指标来评价结构方程模型的拟合效果，各项拟合指标结果具体如表4－3所示。由表4－3可知，所有指标除调整拟合优度指数AGFI稍低于参考值外，其他各项拟合指标均达到参考值要求，结果表明本研究所建立的概念模型整体拟合程度较好。

表4－3 模型整体拟合情况

拟合指标		拟合值	说明
绝对拟合指标	$\chi 2$ 统计量（P值）	0.263	当大于0.05时，模型拟合较好
	平方平均残差的平方根 RMR	0.015	当小于0.05时，模型拟合较好
	调整拟合优度指数 AGFI	0.895	当大于0.90时，模型拟合较好
	拟合优度指数 GFI	0.955	当大于0.90时，模型拟合较好
	近似均方根误差 RMSEA	0.022	当小于0.05时，模型拟合较好
增值拟合指标	标准拟合指数 NFI	0.952	当大于0.90时，模型拟合较好
	相对拟合指数 CFI	0.961	当大于0.90时，模型拟合较好
	递增拟合指数 IFI	0.995	当大于0.90时，模型拟合较好
	Tucker-Lewis 指数 TLI	0.991	当大于0.90时，模型拟合较好
简约拟合指标	简效规范拟合指数 PNFI	0.695	当大于0.50时，模型拟合较好
	简效比较拟合指数 PCFI	0.732	当大于0.50时，模型拟合较好
	简效拟合优度指数 PGFI	0.622	当大于0.50时，模型拟合较好
	C-min/df	1.315	当小于2.00时，模型拟合较好

五 研究假设检验

利用结构方程模型分析软件 AMOS 对前文概念模型进行分析，具体结果如下所示：图 4 – 2 为结构方程模型测量结果图；表 4 – 4 表示的是潜变量之间的标准化路径系数以及相应的P – Value值。在表 4 – 4 中，P – Value值主要用于检验变量之间关系的显著程度，一般认为 P < 0.05 表示变量之间相关性是显著的，P < 0.01 表示变量之间相关性是非常显著的。

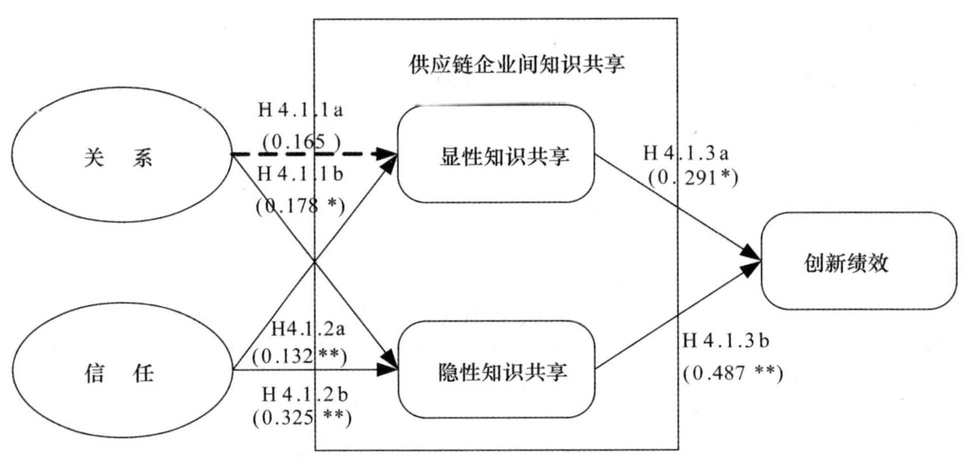

图 4 – 2 结构方程模型测量结果

注：实线代表在 P < 0.05 及以上水平显著的路径，虚线代表在 P > 0.05 以上水平显著（不显著）的路径。

上述实证分析表明，除假设 H4.1.1a 因其 P 值不显著未能通过检验外，其他假设（H4.1.1b、H4.1.2a、H4.1.2b、H4.1.3a 和 H4.1.3b）均得到验证，具体内容如表 4 – 4 所示。由此可见，关系对隐性知识共享的正向影响较为显著，但其对显性知识共享的正向影响不够显著；信任对显性知识共享、隐性知识共享的正向影响均较为显著；此外，显性、隐性知识共享对创新绩效均具有显著正向影响。

表 4-4　研究假设检验结果

假设	路径方向	路径系数	P-Value 值	结果
H4. 1. 1a	关系→显性知识共享	0. 165	0. 078	未通过
H4. 1. 1b	关系→隐性知识共享	0. 178	0. 017	通过
H4. 1. 2a	信任→显性知识共享	0. 132	0. 003	通过
H4. 1. 2b	信任→隐性知识共享	0. 325	0. 000	通过
H4. 1. 3a	显性知识共享→创新绩效	0. 291	0. 021	通过
H4. 1. 3b	隐性知识共享→创新绩效	0. 487	0. 000	通过

六　实证研究结果分析

本节首先建立了关系和信任导向下供应链企业间知识共享对创新绩效影响的概念模型，其中供应链企业间知识共享包括显性知识共享和隐性知识共享。之后结合 256 家供应链上下游企业的问卷数据，利用结构方程模型对上述概念模型进行了实证分析，其实证研究结论及管理意义如下。

1. 关系对隐性知识共享的正向影响较为显著，但其对显性知识共享的正向影响不够显著，即假设 H4. 1. 1b 得到支持，而假设 H4. 1. 1a 未通过验证。关系对显性知识共享影响不显著，其主要原因在于显性知识往往是一些不涉及企业关键技术、管理经验和技巧的非核心知识，对于这类知识，知识拥有企业不会仅局限于与伙伴关系最亲密的战略合作企业进行共享，其有时也会与其他相对比较信任的合作企业进行共享。由此可见，对于显性知识，知识拥有企业不会在知识共享时强制对方做出长期合作或建立战略合作伙伴的关系承诺。与之相反，隐性知识的价值往往大大高于一些显性知识，有些隐性知识资源甚至涉及企业“核心技术”，为了避免发生“知识泄露”的风险，企业必然会选择长期合作、关系稳定的合作伙伴进行知识共享。

2. 信任对显性知识共享、隐性知识共享的正向影响均较为显著，假设 H4. 1. 2a 和假设 H4. 1. 2b 均得到支持。供应链成员企业往往数量众多，知识共享经常会涉及两个或两个以上的成员企业，而这些企业都是独立经营的法人实体，有时还存在竞争关系，此外，供应链从根本上讲是一种不完全的合约关系，对成员彼此间的行为往往缺乏强制性的约束力，很难避免“搭便车”等一系列机会主义行为发生，在此背景下，如果合作伙伴间缺乏信任，知识拥有企业为了防止“知识泄露”的风险，必然会对其拥有的知识特别是隐性知识加以严密保护以防止不信任合作伙伴的投机行为，此时必将阻碍供应链企业间知识共享的顺利进行。因此，有效构建供应链成员企业间的相互信任机制，可以降低外部环境的不确定性风险，更好地促进企业间的知识共享。

3. 供应链企业间的显性知识共享、隐性知识共享对创新绩效均具有显著正向影响，假设 H4. 1. 3a 和假设 H4. 1. 3b 均得到支持。供应链中的成员企业因其互补性特征，每一个成员企业往往都有其优势知识或核心知识，有时一些知识对于其拥有者来说，是利用价值并不高的非核心知识，但对其他合作伙伴来说，却可能是“价值连城”的核心知识，显然，由这些异质而又互补的知识资源所汇集而成的“供应链知识库”比供应链中的任何一个成员企业所拥有的知识资源更加丰富。由此可见，供应链本身就是一个蕴藏丰富的“知识源”，成员企业间通过知识共享各取所需，互惠互利，使知识资源在供应链中能够达到合理的配置和优化，将会大大提高供应链创新绩效和整体竞争优势。

第二节　知识泄露影响下供应链企业间知识共享的创新绩效评价

一　引言

供应链企业间知识共享本身是一把“双刃剑”，由于供应链企业间在合作创新的各个环节中极易产生知识泄露风险，从而损害知识拥有企业的长远利益，知识提供企业在帮助合作伙伴提高创新绩效的同时，也给自身带来了一定的风险，这种情形势必会影响到成员企业的知识共享意愿。可见，供应链企业间的知识共享比企业内部的知识共享更难进行。因此，要促进供应链企业间知识共享活动的顺利进行首先需要明确这样两个问题：一是，知识共享对供应链合作创新效应的影响路径及影响程度的验证，这是成员企业关注的首要问题，只有实实在在认识到知识共享的创新效应，其才能有动力真正参与进来；二是，知识泄露对跨企业知识共享与创新绩效之间关系的影响路径及影响程度的验证，研究结果可以有助于企业更好地在跨企业知识共享的环境下调节知识资源供给以规避或减少知识泄露带来的风险。

基于此，为明晰知识泄露对跨企业知识共享与创新绩效的影响路径和作用机理，本节拟构建供应链跨企业知识共享、知识泄露与创新绩效之间关系的概念模型，在此基础上拟利用多元回归模型以制造业供应链中的成员企业为研究对象对上述概念模型进行实证研究，以期为供应链中成员企业的知识共享决策提供理论依据。

二　理论基础与研究假设

（一）供应链企业间知识共享与创新绩效

Jantunen 等（2008）在研究知识共享与创新绩效之间的关系时指出，随着技术创新的复杂化，单个企业一般难以拥有创新活动所需要的全部关键知识，它必须不断地从企业外部获取各类所需知识以满足创新活动的知识需求，一般来说，技术创新所需的新知识中，来源于企业内部的约占 2/3，另外 1/3 需要从企业外部获取。Kamasak 和 Bulutlar（2010）认为企业利用外部知识进行创新，从某种程度上不仅可以缓解企业内部资源有限的制约，降低研发成本并提高技术创新速度，同时还可以避免企业只在某个路径上积累知识而导致创新能力刚性的问题。Estrada 等（2015）从跨企业知识共享的情形来看，企业间在进行合作或交流的过程中，通过连结的渠道可以相互交流知识与资源，从中激荡出新的思想或创意，从而能进一步提高企业的创新绩效。简兆权等（2010）认为知识共享能为成员提供互相学习与合作的机会，并可以刺激知识的创造及增强组织的创新能力，从而提高企业的创新绩效。由此可见，在供应链中，基于不同成员企业所具有的互补性知识资源，跨企业知识共享其实质就是为了推动互补性知识资源在企业间的有效流动，使知识资源在供应链中能够达到有效的配置和优化，然后通过知识的吸收、整合与创新，最后达到增强供应链整体竞争优势，提高供应链创新产出（创新绩效）的目的。基于此，我们将作如下理论假设：

H4. 2. 1：供应链企业间知识共享对创新绩效有显著的正向影响

（二）知识泄露与创新绩效

供应链中，跨企业知识共享是一种有利于合作创新的跨组织边界的知识流动，但是，知识在跨组织流动的过程中有一些不必要甚至有害的流动方式，我们将这种现象称为知识泄露。知识泄露会对企业造成各种负面影响，例如收益损失、名誉受损、竞争力降低和交易成本提高等，如果员工所泄露的知识是稀有且难以模仿，那么要弥补知识泄露所带来的负面影响将极其困难。知识泄露根据其行为主体的意图不一样可以分为意外知识泄露（Accidental Knowledge Leakage）和主动知识泄露（Intentional Knowledge Leakage）。意外知识泄露主要是指员工在正式交流中（供应链企业间的项目合作等）将知识不小心泄露给合作伙伴，其主要包括以下三种情况：第一种，员工不清楚他们是否透露给合作人重要信息（知识）；第二种，在缺乏企业控制的供应链协作环境中，员工不假思索地向合作伙伴提供了详尽的产品设计和生产信息，可能发生在专业交易会，展览会，或其他正式或非正式场合；第三种，充分信任合作人，对某个想法和创新点子过度兴奋引起短暂忽略保护机密的责任。主动知识泄露则是员工的故意行为，即员工主动将企业的关键知识（信息）泄露给供应链中的合作伙伴，在一定程度上，主动知识泄露是员工的一种行为不端，甚至是对企业的一种背叛。从长远来看，将企业自身的知识（特别是涉及核心技术或关键市场信息的知识）泄露给合作伙伴或其他第三方，将可能使企业所拥有知识的创新价值降低甚至丧失，并使企业在激烈的市场竞争环境中处于不利的局面。基于此，我们将作如下理论假设：

H4.2.2：知识泄露对创新绩效有显著的负向影响

H4.2.2a：意外知识泄露对创新绩效有显著的负向影响

H4.2.2b：主动知识泄露对创新绩效有显著的负向影响

（三）知识泄露的调节作用

知识经济时代，企业创新绩效的高低很大程度上取决于知识本身的价值，供应链跨企业知识共享过程中产生的知识泄露在一定程度上会降低知识的价值，由此必然会削弱跨企业知识共享对创新绩效的影响，即知识泄露会反作用于知识共享的创新绩效产出。例如：对于一个以科技创新为主导的企业来说，泄露其即将发布的产品知识，特别是与产品相关的知识很容易阐明，在这种情况之下，潜在的竞争对手或模仿者就很快能够复制或创新破解该产品技术，从而使企业原有的技术创新失去价值。此外，由于知识泄露的潜在影响，供应链成员企业在跨企业知识共享过程中会对自身知识资源有所保留，即很多技术知识特别是涉及关键技术参数或产品信息的核心知识会有所隐藏，不愿意拿出来与其他企业共享，而有时候这些知识恰恰是合作创新的关键资源，这将直接影响创新绩效产出效果。基于此，我们将作如下理论假设：

H4.2.3：知识泄露对供应链企业间知识共享与创新绩效之间的关系有显著的负向影响

H4.2.3a：意外知识泄露对供应链企业间知识共享与创新绩效之间的关系有显著的负向影响

H4.2.3b：主动知识泄露对供应链企业间知识共享与创新绩效之间的关系有显著的负向影响

基于上述分析，本节建立了实证研究的概念模型，具体如图4－3所示：

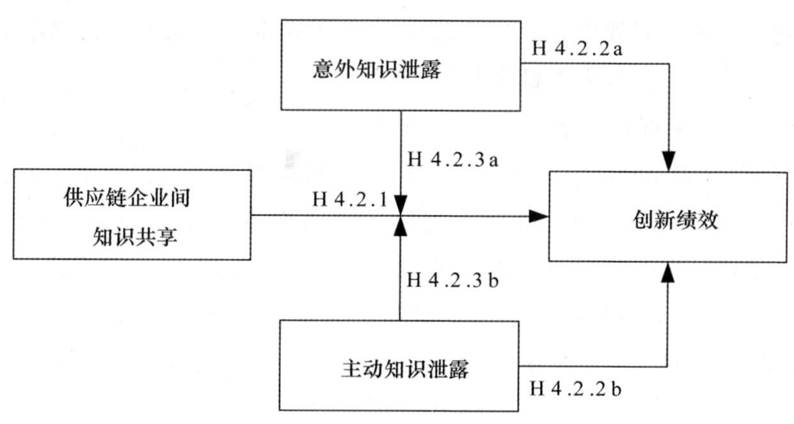

图4－3　研究的概念模型

三 研究变量设计与样本

（一）研究样本

本节研究旨在探寻供应链环境下知识泄露对跨企业知识共享、创新绩效的影响路径和作用机理，为保证研究样本更具代表性，我们选择以制造业供应链作为研究对象，其主要原因在于制造行业中，产品可替代程度较高，市场竞争也相对激烈，成员企业大多期望通过上下游跨企业间的知识共享掌握合作伙伴的发展趋势、各类信息以及获取与核心企业匹配的各类知识以提高自己的创新水平和竞争优势，从而建立起持续稳定的供应链伙伴关系。基于此，问卷调查的对象主要涉及金属和机械工程、化工、电子电器、食品饮料等制造业领域中供应链上下游企业的关键员工。因此，本部分的问卷调查与上节一并进行，即采用同一份问卷涵盖所研究需要的变量（具体调查问卷详见研究报告附录部分）。

（二）变量设计

本研究采用 Likert 五点尺度法设计跨企业知识共享、知识泄露和创新绩效等变量的量表，其中知识泄露包括意外知识泄露和主动知识泄露两个方面内容，量表分数越高表示对问项认同程度越高。关于各变量指标体系设计的具体情况如表 4 – 5 所示。此外，为控制问卷样本的潜在异质性，本研究将以企业成立年限、企业经营规模和供应链合作年限作为控制变量，在调查问卷中，我们将以年数来计算企业年限和供应链合作年限，以企业员工数量来衡量企业规模。

（三）信度与效度分析

信度（Reliability）又称为可靠性，指的是测验的可信程度，其主要考察检验结果的一贯性、一致性，最常用的检测指标为 Cronbach's α 系数。基于此，本研究的问卷信度采用 Cronbach's α 系数进行检验。采用 SPSS 18.0 统计软件对问卷数据的分析结果显示，各潜变量的 Cronbach's α 系数均大于 0.7（如表 4 – 5 所示），说明本研究的变量均具有较好的信度。

表 4-5　　　　变量设计

变量	问项	参考文献	Cronbach's α	累积解释度（%）
跨企业知识共享	我们的员工经常与供应链合作伙伴就各自企业的一些信息进行交流与共享（如企业管理制度、运营状况等）（KS1）；我们的员工经常与供应链合作伙伴交流与共享自己的日常工作心得和工作方法（如工作报告、工作手册等）（KS2）；我们的员工经常与供应链合作伙伴共享自己积累的工作经验和技术诀窍（KS3）	Dhanaraj 等（2004）；Ma 等（2008）；张旭梅等（2009）	0.84	67.21
意外知识泄露	我们的员工经常将企业产品技术相关知识意外地（偶然，不经意）泄露给供应链合作伙伴（AL1），我们的员工经常将企业产品市场相关知识意外地（偶然，不经意）泄露给供应链合作伙伴（AL2），我们的员工经常将企业管理相关知识意外地（偶然，不经意）泄露给供应链合作伙伴（AL3）	Jiang 等（2013）；Ahmad 等（2014）；Kianto 等（2014）	0.82	66.27
主动知识泄露	我们的员工经常将企业产品技术相关知识主动地（有目的）泄露给供应链合作伙伴（IL1），我们的员工经常将企业产品市场相关知识主动地（有目的）泄露给供应链合作伙伴（IL2），我们的员工经常将企业管理相关知识主动地（有目的）泄露给供应链合作伙伴（IL3）		0.74	68.38

续表

变量	问项	参考文献	Cronbach's α	累积解释度（%）
创新绩效	相比于市场上的同类产品，我们所开发产品的新颖程度更高（IP1）；我们所开发产品的竞争优势明显（如已申请专利或拥有技术秘密）（IP2）；我们所开发的产品能够迅速开拓新市场（IP3）；我们所开发产品的市场占有率高于事前预期（IP4）；客户对我们所开发产品具有较高的满意度（IP5）	Jantunen（2005）；Alegre 等（2013）	0.88	64.33

效度分析包括内容效度和结构效度。其中，本研究各变量的题项内容以国内外学者的研究为基础，并经过相关领域专家仔细检查修改而形成，因此具有良好的内容效度。对于结构效度，本研究采用验证性因子分析法，考察每个因子对相应潜变量的因子载荷量（Factor Loading）。在社会科学研究中，因子载荷量的绝对值大于 0.4 往往就被认为是有效的。本问卷各观测变量的因子载荷均大于 0.6，且对潜变量的累计解释度均达到 60% 以上，因此各因子对于潜变量具有较强的解释力，即本研究的变量具有较好的结构效度，问卷质量较高，有条件开展进一步的深入研究。

四　变量相关性分析

利用 SPSS 18.0 对跨企业知识共享、意外知识泄露、主动知识泄露、创新绩效以及控制变量企业年限、企业规模和供应链合作年限进行了统计描述及相关性分析，具体分析结果如表 4－6 所示。

从表 4－6 可以看出，供应链跨企业的知识共享与创新绩效具有正向并且统计上显著的相关关系，意外知识泄露、主动知识泄露与跨企业知识共享具有负向并且统计上显著的相关关系，但其与创新绩效之间的相关关系并不显著，由此可见，知识泄露从某种程度上可以降低供应链成员企业的知识共享意愿。此外，意外知识泄露与主动知识泄露之间的相关关系也是正向并显著的。另外，控制变量中企业年限与供应链跨企业的知识共享具有正向并且统计上显著的相关关系，其与其他变量之间的相关关系并不显著。企业规模分别与意外知识泄露、主动知识泄露具有正向且显著的相关关系，其与其他变量之间的相关关系并不显著，这一结果初步说明了供应链中企业的规模越大，发生知识泄露的可能性越大。供应链合作年限分别与创新绩效、跨企业知识共享和意外知识泄露具有正向且显著的相关关系，与主动知识泄露并不显著，这一结果初步说明了供应链合作年限越长，双方的信任程度可能越高，合作双方的防范意识也会随之降低，由此会增加意外知识泄露。

表 4－6　　统计描述及变量相关性分析

	平均值	标准差	1	2	3	4	5	6	7
1. 创新绩效	4.37	0.93	1	—	—	—	—	—	
2. 跨企业知识共享	3.57	1.54	0.36**	1	—	—	—	—	
3. 意外知识泄露	2.51	1.37	－0.13	－0.11*	1	—	—	—	
4. 主动知识泄露	1.74	1.25	－0.05	－0.04*	0.55**	1	—	—	
5. 企业年限	8.75	4.13	－0.03	0.05*	0.11	0.14	1	—	
6. 企业规模	5.34	1.15	0.11	0.08*	0.01*	0.02	0.01	1	
7. 供应链合作年限	4.95	3.59	0.22*	0.43**	0.17*	0.09	0.34**	0.05	1

注：＊＊表示显著性水平 P<0.01，＊表示显著性水平 P<0.05。

五　多元回归模型分析

根据之前建立的概念模型，我们旨在研究知识泄露对跨企业知识共享与创新绩效的影响路径和作用机理，其中知识泄露包括意外知识泄露和主动知识泄露两个方面内容。基于此，为了分析上述变量潜在的相关关系，本文将分以下三个步骤进行实证研究。

第一步，以企业年限（Firm Age）、企业规模（Firm Size）与供应链合作年限（Cooperation Age）为控制变量，以创新绩效（Innovation Performance）为被解释变量建立如下回归模型，如方程（4.2.1）（即表4－7中的模型1）。

$$\mathit{Innovation\ Performance} = \beta_0 + \beta_1(\mathrm{FA}) + \beta_2(\mathrm{FS}) + \beta_3(\mathrm{CA}) + e \quad (4.2.1)$$

第二步，在第一步基础上分别引入解释变量跨企业知识共享（Cross－enterprise Knowledge Sharing）、意外知识泄露（Accidental Knowledge Leaking）和主动知识泄露（Intentional Knowledge Leaking），以创新绩效（Innovation Performance）为被解释变量建立如下回归模型，如方程（4.2.2）和方程（4.2.3）（即表4－7中的模型2和模型4）。

$$\mathit{Innovation\ Performance} = \beta_0 + \beta_1(\mathrm{FA}) + \beta_2(\mathrm{FS}) + \beta_3(\mathrm{CA}) + \beta_4(\mathrm{CKS}) + \beta_5(AKL) + e \quad (4.2.2)$$

$$\mathit{Innovation\ Performance} = \beta_0 + \beta_1(\mathrm{FA}) + \beta_2(\mathrm{FS}) + \beta_3(\mathrm{CA}) + \beta_4(\mathrm{CKS}) + \beta_6(\mathrm{IKL}) + e \quad (4.2.3)$$

第三步，在第二步基础考虑意外知识泄露（Accidental Knowledge Leaking）和主动知识泄露（Intentional Knowledge Leaking）的调节作用，如方程（4.2.4）和方程（4.2.5）（即表4－7中的模型3和模型5）。

$$\mathit{Innovation\ Performance} = \beta_0 + \beta_1(\mathrm{FA}) + \beta_2(\mathrm{FS}) + \beta_3(\mathrm{CA}) + \beta_4(\mathrm{CKS}) + \beta_5(\mathrm{AKL}) + \beta_7(\mathrm{CKS} \times \mathrm{AKL}) + e \quad (4.2.4)$$

$$\mathit{Innovation\ Performance} = \beta_0 + \beta_1(\mathrm{FA}) + \beta_2(\mathrm{FS}) + \beta_3(\mathrm{CA}) + \beta_4(\mathrm{CKS}) + \beta_5(\mathrm{IKL}) + \beta_8(\mathrm{CKS} \times \mathrm{IKL}) + e \quad (4.2.5)$$

为了检查上述模型中研究变量之间的共线性问题，我们运用变异膨胀系数（*VIF*）进行衡量，通常情况下 *VIF* 的临界值为10，当 *VIF* 大于10时，表明模型中各变量之间存在严重的共线性问题，而在表4－7中各模

型的 *VIF* 值均在 1.217 到 1.985 之间，均值为 1.546，均远小于临界值 10，说明上述 5 个回归模型中各变量不存在严重的共线性问题，可以进行多元回归分析，其分析结果具体如表 4-7 所示。

表 4-7　　　　概念模型的多元回归分析

变量	创新绩效				
	模型 1	模型 2	模型 3	模型 4	模型 5
控制变量					
企业年限（FA）	-0.05 (0.09)	-0.04 (0.10)	-0.06 (0.10)	-0.05 (0.09)	-0.04 (0.08)
企业规模（FS）	0.12* (0.06)	0.14 (0.08)	0.16* (0.10)	0.13 (0.08)	0.14 (0.09)
合作年限（CA）	0.15* (0.05)	0.12 (0.07)	0.16 (0.09)	0.13 (0.06)	0.16 (0.10)
解释变量					
跨企业知识共享（CKS）		0.29** (0.08)	0.27** (0.09)	0.31** (0.08)	0.29** (0.09)
意外知识泄露（AKL）		-0.11 (0.09)	-0.15 (0.10)		
主动知识泄露（IKL）				-0.13 (0.10)	-0.12 (0.08)
调节作用					
CKS × AKL			-0.21** (0.08)		
CKS × IKL					-0.19** (0.07)
R^2	0.10	0.18	0.22	0.19	0.24
Model F	2.35	3.27**	3.85**	3.43**	3.78**
Change in F		5.87**	6.95**	6.64**	5.45**

注：① ** 表示显著性水平 P<0.01，* 表示显著性水平 P<0.05；

② 单元格中第一行数字为回归系数，第二行括号中的数字为标准误。

从表 4 - 7 的模型 3 和模型 5 可以看出，供应链跨企业知识共享对创新绩效有显著的正向影响（$\beta = 0.27$，$p < 0.01$；$\beta = 0.29$，$p < 0.01$），假设 H4. 2. 1 得到支持；意外知识泄露和主动知识泄露对创新绩效负向影响并不显著（$\beta = -0.15$，$p > 0.05$；$\beta = -0.12$，$p > 0.05$），假设 H4. 2. 2a、假设 H4. 2. 2b 未得到支持；意外知识泄露和主动知识泄露对跨企业知识共享与创新绩效之间关系具有显著的负向调节作用（$\beta = -0.21$，$p < 0.01$；$\beta = -0.19$，$p < 0.01$），假设 H4. 2. 3a、H4. 2. 3b 得到支持。

六　实证研究结果分析

共享知识资源进行合作创新成为供应链中各企业创造新价值、节约创新成本、深度挖掘利润的一个重要战略，但由此引发的知识泄露风险成为影响成员企业参与知识共享的主要障碍。为明晰知识泄露对跨企业知识共享与创新绩效的影响路径和作用机理，本研究构建了供应链跨企业知识共享、知识泄露与创新绩效之间关系的概念模型，其中知识泄露包括意外知识泄露和主动知识泄露两个方面内容。在此基础上利用多元回归模型结合 256 家供应链上下游企业的问卷数据对上述概念模型进行实证研究，其具体实证研究结果及管理意义如下：

1. 跨企业知识共享对创新绩效有显著的正向影响，假设 4. 2. 1 得到支持。供应链是围绕核心企业，通过对商流、信息流、物流、资金流的控制，从采购原材料开始，制成中间产品以及最终产品，最后由销售网络把产品送到消费者手中的将供应商、制造商、分销商、零售商，直到最终用户连成一个整体的功能网链结构。可见，在供应链中，每一个成员企业所拥有的知识资源是异质且互补的，有一些知识对其拥有者来说，是价值不高的非核心知识，但对其他成员企业来说，却恰恰是“价值连城”的核心知识。随着社会分工的不断细化以及知识的日益复杂化和综合化，企业技术创新往往需要不同企业投入不同类型的各类知识开展合作创新，单个企业越来越难以完成整个产品的技术创新活动。因此，通过供应链跨企业的知识共享，可以降低供应链成员企业获取、创造知识的成本和风险，提高知识的运用效率，协调和优化供应链成员企业的知识水平，从而降低产品和服务的创新周期和成本。

2. 意外知识泄露和主动知识泄露对创新绩效负向影响并不显著，假设 H4. 2. 2a、H4. 2. 2b 未得到支持。意外知识泄露和主动知识泄露对创新绩效影响不显著的主要原因有以下几个方面：第一，就意外知识泄露而言，往往通过该途径泄露出去的知识都不是企业的“核心”技术知识，因而，对企业的创新不会造成显著的影响；第二，在一定市场条件下，知识泄露（包括意外知识泄露和主动知识泄露）可能为企业创造收益，或者有可能是企业的一种战略，例如：在企业新产品即将推出市场之前，不管是意外或主动泄露新产品相关的信息（知识），都可以从某种程度上增强产品的宣传效果或提高消费者对新产品的预期，在此情形之下，知识泄露会抵消一些其对创新绩效的负面影响；第三，本文选择的样本为制造业供应链，其产品可替代程度较高，市场竞争也相对激烈，企业对知识的保护意识强烈，因而，供应链中的成员企业在开展跨企业知识共享活动之前，可能就制定了一系列的措施或预案来应对知识泄露带来的不利影响，这在一定程度上也降低了知识泄露对创新绩效的影响。

3. 意外知识泄露和主动知识泄露对跨企业知识共享与创新绩效之间关系具有显著的负向调节作用，假设 H4. 2. 3a、H4. 2. 3b 得到支持。供应链中跨企业的知识共享涉及两个或两个以上彼此独立的成员企业，这些企业之间往往存在竞合关系，同时，供应链中各成员企业本质上是一种不完全的合约关系，对彼此间的行为缺乏强制性的约束力。因而，供应链中跨企业的知识共享是一把“双刃剑”，在帮助企业提高创新绩效和供应链整体竞争优势的同时，也给知识拥有企业带来了众多风险，特别是在开展供应链中核心技术合作创新时，成员企业共享的知识大多涉及其最核心的知识资源，而在知识转移、整合、吸收和应用的各个环节中都极易产业泄露风险（包括意外知识泄露和主动知识泄露），从而损害知识拥有企业的长远利益。可见，知识泄露会极大地影响成员企业知识共享的意愿，使成员企业在参与知识共享活动时必然会隐藏涉及其关键技术参数或产品信息的核心知识，这也将直接负向影响合作创新的产出效果。因此，供应链各成员企业在开展知识共享活动之前，需要认真制定防范知识泄露的相关措施和知识泄露之后的应对预案，以此减少或消除成员企业对知识泄露的顾忌，有效促进供应链中跨企业的知识共享，以此提升供应链的合作创新绩效和竞争力。

第三节 本章小结

基于关系交易理论、资源依赖理论和交易成本理论，以及对国内外现有供应链知识共享相关文献的梳理和分析，本章首先建立了关系和信任导向下供应链企业间知识共享对创新绩效影响的概念模型，其中供应链企业间知识共享包括显性知识共享和隐性知识共享。结合256家供应链上下游企业的问卷数据，利用结构方程模型对上述概念模型进行了实证分析。实证分析结果表明，关系对隐性知识共享的正向影响较为显著，但其对显性知识共享的正向影响不够显著；信任对显性知识共享、隐性知识共享的正向影响均较为显著；此外，显性、隐性知识共享对创新绩效均具有显著正向影响。研究成果客观论证了关系与信任导向下供应链企业间知识共享对创新绩效的影响路径及作用机理。

之后，考虑到知识泄露作为影响供应链成员企业参与知识共享的重要因素，为明晰知识泄露对跨企业知识共享与创新绩效的影响路径和作用机理，本章第二节构建了供应链企业间知识共享、知识泄露与创新绩效之间关系的概念模型，其中知识泄露包括意外知识泄露和主动知识泄露两个方面内容。利用多元回归模型结合256家供应链上下游企业的问卷数据对上述概念模型进行了实证研究。研究结果表明，跨企业知识共享对创新绩效有显著的正向影响，意外知识泄露和主动知识泄露对创新绩效的负向影响并不显著，但其对跨企业知识共享与创新绩效之间的关系具有显著的负向调节作用。

第五章

供应链企业间知识共享的实现机制

第一节　供应链企业间知识共享实现机制的理论研究

一　引言

众所周知，企业及其员工通常把知识视为自己的核心竞争力，不轻易把知识拿出来共享。如果通过市场机制来进行知识共享与转移，知识的提供方可以得到经济、互惠或名望、地位、合作关系加强等方面的回报，知识吸收方为得到知识所给予的付出也物有所值，知识共享与转移就容易进行得多。本节主要借鉴知识管理研究领域著名学者达文波特教授（1998）提出的企业内部知识市场思想，将知识市场的理念植入供应链企业间的知识共享与转移活动中，分析了在供应链知识市场中，供应链企业间知识交易所涉及的要素及其相互关系，并在此基础上明确了供应链企业间知识交易的关键问题，即不同情形下供应链企业间知识交易的机制设计问题，该节的研究将为本章后续供应链企业间知识交易的机制设计以及机制的比较分析奠定理论基础。

二　供应链企业间知识市场思想的提出

知识通常被认为是一种资源和资产，只有占有了知识才能在竞争中处于优势地位，而一旦自己的知识被共享，相应的优势地位就会丧失，自身的利益就会受到损害，因而，知识拥有者一般不愿意把自己的知识拿出来与人共享。在有关企业内部知识共享问题的研究中，知识管理研究领域的著名学者达文波特教授（1998）提出了企业内部知识市场的概念，认为在企业内部存在一个与有形商品市场和服务市场相类似的“知识市场”，这个市场里的“买方”通常是那些为了解决问题而寻找知识的成员，“卖方”是企业内掌握了某些方面知识的人，这些人主要用他们所拥有的知识来换取薪水；知识市场还有“中介”，他们把需要知识和拥有知识的人联系在一起；企业从外部购买知识往往要支付现金，而企业内部的知识交换却很少用现金，其“货币”主要是互惠、名望和利他主义；市场机制象作用于有形商品一样推动着知识市场的运行。

供应链的成员企业是不同的利益主体和行为主体，没有具有行政约束力的组织机构来推动知识共享活动的进行，供应链企业间的知识共享显然比企业内部的知识共享更难进行，更需要提供一个知识市场来引导供应链企业间的知识共享。供应链又不同于战略联盟、虚拟企业、产学研合作等其他“弱联系”的组织，供应链成员企业之间的关系比上述几种类型的组织间关系紧密，是一种“强联系”的企业联盟，因而在供应链中构建知识市场又比在其他几种类型的组织间构建知识市场可行。在供应链中建立知识市场，以合理的交易机制来引导、鼓励、刺激、督促和规范供应链企业间的知识交易行为是实现供应链中跨企业知识共享的有效途径。通过知识交易，知识提供方可以得到经济、互惠或名望、地位、合作关系加强等方面的回报，知识获取方为得到知识所给予的付出也会物有所值，知识共享与转移就容易进行。由此可见，把市场机制引入供应链的知识管理，将为供应链企业间的知识共享与知识转移提供一种有效的新思路和新方法。

三 基于知识市场的供应链企业间知识交易

市场是买卖双方聚集以交换商品与服务的场所。买卖双方相互作用形成市场，市场是通过相互作用决定一种或一系列商品价格的买卖双方集合。Desouza 教授（2003—2005）认为知识市场是买卖双方在一定的定价机制和交易规则下进行知识交易的环境体系。如果将知识交易比作一场博弈，那么该博弈可以看作是知识市场的参与者在特定的空间里和预先设定的规则的约束下围绕知识共享和相关利益而采取的行为。因此，供应链企业间的知识交易指的就是在供应链知识市场中，知识提供企业通过“出售”一些非核心知识换取回报，知识需求企业通过付出一定代价获得需要的知识，从而实现交易双方的互惠互利，同时也可以提高供应链整体创新能力和竞争力。但是由于供应链是由很多具有独立法人资格的企业所组成的企业联盟，作为不同的利益主体，各成员企业必然会考虑各自不同的利益，因此，市场机制除了传统市场中的金钱、企业内部知识市场中的互惠、名望等，还包括订单数量、价格折扣、返利、员工培训等企业间合作的互惠。基于上述分析，图 5－1 给出了合作创新视角下供应链中知识交易的基本要素及其关系。从中不难看出，供应链企业间知识交易主要涉及参与主体、货币体系、交易场域、交易机制等要素。

（一）供应链企业间知识交易的参与主体

供应链中，当成员企业面对产品改进或创新等复杂问题时，如果仅凭自身的知识无法解决，就会转向外部寻求知识支持，成为知识的需求者。与此相对应，知识的提供者则必须是对该问题具有充分知识资源的个体或组织。与企业内部知识市场相似，在供应链知识市场中有时候需要一个类似于企业内部知识管理部门的机构或组织，本文称它为知识中介，它是服务于知识市场所有参与者的一个机构或组织，其一般由供应链中的核心企业担任，特殊情况下也可能由第三方知识服务公司担任。综上所述，供应链中知识市场的参与主体包括：知识需求方（即知识买方）、知识供给方（即知识卖方）和知识中介。

1. 知识需求方

供应链企业间知识市场的需求方通常是为了解决问题或进行知识创新而寻找知识的成员企业。所寻找的知识对他们具有独特的价值，能提高他们的技能技巧，帮助它们解决生产或销售中的瓶颈，有利于企业进行知识创新，提高企业的运作效率。在供应链中，具有知识差异的成员企业形成了潜在的供求关系。企业一旦面对自身知识无法解决的复杂问题，就会转向外部寻求支持，成为知识的需求方。基于理性经济人的假设，知识买方相信他们会在知识交易中得到某种形式的利益。知识买方付出一定代价（物质的或非物质的）学习和吸收所需要的知识，同时也要求获得一定的回报，如扩大生产量、提高敏捷性、增强竞争力等。但在知识市场不健全或不提倡知识共享的供应链中，知识买方的购买意愿可能被压抑和抵制，不能有效得以满足。同时，供应链战略伙伴关系的不稳定性和知识共享活动的低回报率也会影响知识买方的购买意愿。

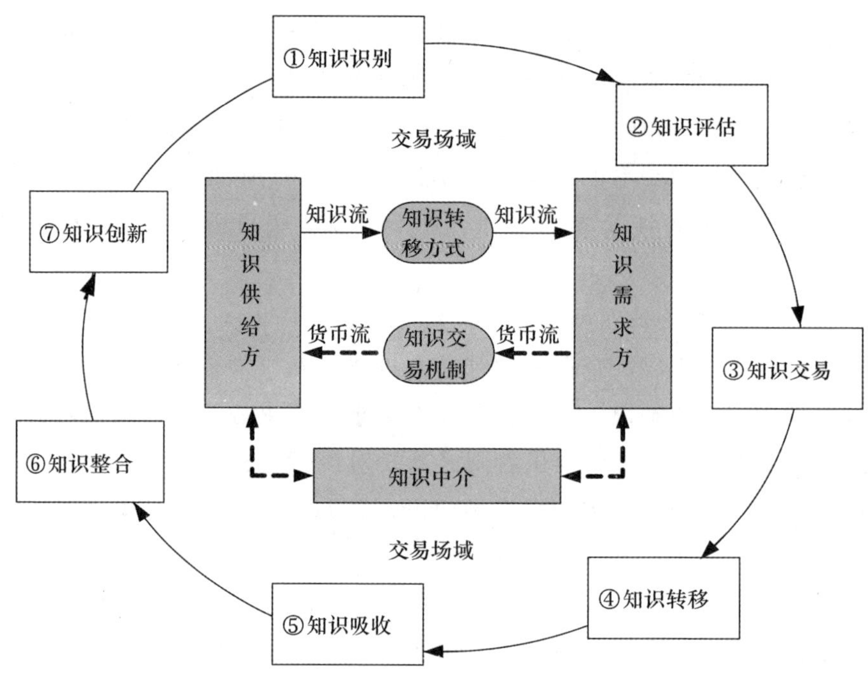

图5－1 供应链企业间的知识交易所涉及要素及其关系

2. 知识供给方

供应链企业间知识市场的供给方通常是在自己擅长的领域有所发现和创新且该知识不涉及核心竞争力的企业，他们用所拥有的知识换取经济报酬、行业声望或提高供应链的协作能力。由于供应链的管理是基于业务外包的思想，可供交易的互补性知识资源往往十分丰富。基于理性经济人的假设，知识卖方将自己拥有的知识（一般是非核心知识）与其他企业分享，籍以获得某种方式的回报，如获得更多的下游企业订单、得到一定经济奖励、提高企业在供应链中的声誉等。但是，在供应链战略伙伴关系不稳定、知识共享活动回报率低、供应链企业间知识市场不健全的情况下，知识卖方的意愿可能会受到压抑，从而影响知识市场的运行效率。

3. 知识交易中介

在供应链企业间知识市场中，知识的买卖双方分别是不同的企业，他们在空间分布上可能处于不同的地域中。在这种跨企业跨地域的知识市场中，如何让知识的需求者在合适的时间找到合适的知识供给者是进行知识交易的关键。因此，中介职能是管理方应具备的一个必不可少的职能。中介职能主要包含两个方面：一是在知识需求者和供给者之间进行及时有效的知识需求信息和供给信息的传递并帮助买卖双方增进了解；二是对知识交易及知识转移过程中出现的问题进行协调，包括统一知识编码规则、协调知识转移方式、各方责权利的分配等内容，帮助双方尽可能地达成交易并促使交易顺利有效地完成。

（二）供应链企业间知识市场的“货币体系”

所有市场都有用来充当一般等价物的“货币”以方便“价值”的交换，知识市场也不例外。一般情况下，一个企业从外部获得知识或其他商品往往需要通过支付一个国家的法定货币来进行交易，但在内部知识市场和供应链企业间的知识市场中却很少使用国家的法定货币。Davenport（1998）指出企业内部知识市场中用来进行交易的“货币”主要有互惠、名望和利他主义，但是由于供应链是由很多具有独立法人资格的企业所组成的企业联盟，作为不同的利益主体，各成员企业必然会考虑各自不同的利益，因此，“货币”除了传统市场中的金钱、企业内部知识市场中的互惠、名望等，还包括订单数量、价格折扣、返利、员工培训等企业间合作的互惠（包括物质的和非物质的）。可以看出，供应链企业间知识市场中的货币不是单一货币，而是一个“货币体系”。

（三）供应链企业间知识交易的场域

同其他实物商品市场一样，供应链中的知识市场也需要交易的场所。供应链中知识市场的场所有两种：物理场所和虚拟场所。物理场所指那些能够使各节点企业进行面对面交流的场所，如会议室、交流会、实验室以及其他公共场合。虚拟场所指利用现代信息技术建立起来的知识交易平台，是供应链中知识管理系统的一个子系统，它主要由知识仓库、知识搜索引擎、知识传递系统及虚拟交流社区等部分组成。随着信息技术的发展及供应链企业的国际化，虚拟场所应是进行知识交易的主要场所。

四 供应链企业间知识交易的关键问题

要使知识市场能够顺利稳定地运行就必须建立一套有利于知识交易的市场机制。供应链企业间的知识交易市场机制包括组织管理机制、合约机制、风险控制机制等企业层面的市场机制，也包括个体间以及个体与企业间等不同知识交易层次的市场机制。由于知识的无形性、外部性以及难以度量性等自然特性，知识交易具有信息不对称性、外部性和产权转移不完全性，使知识交易比普通商品交易更为复杂，交易机制更难以制定。交易机制是建立知识交易平台的重要基础，应该在知识市场建立之前就制定，并在知识交易的过程中不断加以完善。可以说，合理、规范的交易机制是满足企业知识共享需求和最大化知识价值的重要保证。

第二节 知识水平影响下供应链企业间知识交易的伙伴选择机制

一 引言

供应链中，基于不同成员企业间的互补性知识资源，通过企业间的知识共享积极开展跨企业的合作创新是供应链创造新价值、进一步挖掘利润的一个重要手段。基于此背景，企业项目管理的理念被引入供应链管理中，项目导向型供应链（Project-based supply chain）的概念也被明确提出。项目导向型供应链即以供应链企业间开展合作创新的项目为核心，随着项目推进不断挖掘、获取和创造知识，形成围绕项目全生命周期进行知识投入、知识共享、知识转移、知识吸收和知识创新的无限循环过程，其实质即围绕合作创新项目而建立在企业合约关系上的知识价值链，项目本身的价值增值与合作伙伴的知识投入以及跨组织的合作创新密切相关。一般来说，跨组织的合作创新活动具有复杂性、动态性和不确定性等一些特征，但由于供应链是一种具有“强联系”特性的互补性企业联盟，其不同于其他类型战略联盟、虚拟企业、产学研合作等“弱联系”的组织，供应链企业间的合作创新因此更有利于项目全生命周期的演进，并能多阶段、多频次地促进合作创新项目价值增值的实现。然而，创新成功与否或创新程度的高低往往取决于知识的数量和质量，也就是说供应链合作伙伴的知识水平是影响合作创新项目成功与否的最关键因素。由于知识（特别是价值更高的隐性知识）具有无形性、外部性和难以度量性等自然属性，创新主导企业往往难以事先观测其潜在合作伙伴的真实知识水平，如果其选中的合作伙伴知识水平较低或不匹配将极大降低合作创新项目的成功概率。因而，如何设计相应的机制以选择知识水平高或匹配的合作伙伴参与跨企业的知识共享是项目导向型供应链合作创新过程中亟待解决的关键问题。

目前，国内外已有一些文献研究了项目导向型供应链的合作创新问题，如唐代中等（2011）基于公平偏好理论，在考虑项目导向型供应链中各成员企业平等合作的基础上，从项目价值增值最大化角度出发，建立了项目导向型供应链跨企业的双向激励模型，并通过模型定量分析了项目型组织的公平偏好程度、努力水平、分配系数和支付成本对项目价值增值的影响；在此基础上，唐代中等（2012）进一步考虑工期质量目标与努力成本之间的关系，构建并分析了工期质量协调均衡的项目导向型供应链跨企业激励模型；Wu（2013）考虑供应链跨企业知识流控制目标间的努力成本关系，构建并分析了基于知识流的项目导向型供应链跨企业合作激励模型；施建刚和吴光东（2013）构建了项目导向型供应链跨企业多阶段动态激励模型，并通过模型定量分析了项目导向型供应链奖惩结构对项目净收益、项目成功概率、成员各自努力水平等因素的影响；Wu（2014）、李明和吴光东（2014）则引入项目型组织的互惠性偏好，构建了项目导向型供应链跨企业合作创新的激励模型，并以此分析了项目型组织互惠性偏好对供应链跨企业合作创新的影响。上述研究主要从合作伙伴的努力水平、公平偏好程度、支付成本、分配系数、互惠性偏好等角度研究了项目导向型供应链在达成合作创新协议之后的合作行为激励问题，尚未发现从合作伙伴知识水平视角研究项目导向型供应链在合作创新协议达成之前的伙伴选择问题。鉴于此，本节针对合作伙伴知识水平事先无法观测所引起的逆向选择问题，拟运用委托代理理论进行供应链企业间知识共享伙伴选择的机制设计，以此激励合作伙伴显示其所具有的真实知识水平，为创新主导企业选择最合适的合作伙伴提供理论支持。

二 问题描述与模型假设

在某项目导向型供应链中，制造商为风险中性的核心企业，其作为合作创新的主导企业开展某项产品的技术创新活动，该项目需要具有一定知识水平的供应商积极参与知识共享并提供相应的知识支持，在该供应链中，有 n 个风险中性的供应商可供选择。另外，创新主导企业制造商选择合作伙伴考量的最关键指标是知识水平，在本节研究中，企业知识水平是一个综合性的指标，其主要表现在知识、技术、人力资源为代表的知识性生产要素存量上。在技术合作创新的过程中，知识的特有属性使制造商在签订正式的合作创新协议之前很难了解供应商的真实知识水平，因而供应商存在其宣称的知识水平偏离其真实知识水平的问题，迫使制造商不得不以较高的成本获取一些不匹配或质量不高的知识，以至于降低产品合作创新的成功概率，从而引发项目导向型供应链企业间合作创新的逆向选择问题。

针对上述问题，本节拟进行知识共享合作伙伴选择的机制设计以确保创新主导企业（制造商）选择最合适的合作伙伴（供应商）开展合作创新项目。合作伙伴选择的机制设计具体可以分为以下四个阶段：

1. 制造商作为产品合作创新的发起者，以招标的形式向供应链中 n 个潜在的供应商发布相应的合作创新招标信息。

2. 供应链中潜在的供应商 i（$i=1, 2, \cdots, n$）当其所获得的期望收益大于0时，将按照招标合同以合作创新的参与报酬 r_i（供应商因提供知识支持合作创新而向创新主导企业收取的报酬）及知识水平 k_i 的组合 (r_i, k_i) 参与投标。

3. 制造商根据供应商 i 所提交的参与报酬 r_i、知识水平 k_i 的组合 (r_i, k_i) 决定供应商 i 是否获得合作机会，用 $0-1$ 决策变量 $p_i(r,k)$ 表示，对任意的供应商来说，其都只存在获得或失去合同两种情况，即

$p_i(r,k)=1$ 或 $p_i(r,k)=0$ 者，其中 $r=(r_1,r_2,\cdots,r_n)$ 为各供应商提供的参与报酬所组成的向量，$k=(k_1,k_2,\cdots,k_n)$ 为各供应商所宣称的知识水平所组成的向量。

4. 制造商可以根据显示原理设计一个含合同选择及最终报酬支付的合作伙伴选择合同机制，该机制由合同菜单 $[p_i(r,k),t_i(r,k)]$ 表示，其中 $t_i(r,k)$ 表示制造商支付给供应商最终的报酬，从而达到选择最优合作伙伴的目的。

为便于建立模型进行定量分析，首先做如下假设：

假设 5.2.1：供应商参与合作创新的知识投入成本函数为 $c(k)$，其中 $c'(k)>0$，$c''(k)>0$。制造商的合作创新收益为 $V(k)$，其中 $V'(k)>0$，$V''(k)\leq 0$。

假设 5.2.2：制造商和供应商均清楚该成本函数的参数结构，即成本函数 $c(k)$ 为共同信息，但供应商自身的知识水平为其私人信息，制造商及其他的供应商只知道其知识水平的随机分布，即 $k_i\in[\underline{k},\bar{k}]$，另假设其知识水平随机分布函数为 $F(\cdot)$，密度为 $f(\cdot)$，且满足 $\frac{F(\cdot)}{f(\cdot)}$ 单调不减。

假设 5.2.3：制造商具有完全的讨价还价能力，其作为合作创新的主导者有权根据供应商 i 所提交的参与报酬 r_i、知识水平 k_i 的组合 (r_i,k_i) 决定供应商 i 是否获得合作创新的合同。

三　供应链知识交易的伙伴选择模型

根据决策变量 $p_i(r,k)$，如果供应商 i 获得制造商的合作创新合同，其从制造商处得到的期望报酬为 $t_i(r,k)$，制造商通过该合作创新项目所能获得的收益净值为 $V(k_i)-t_i(r,k)$，其中 $t_i(r,k)=r_ip_i(r,k)$。

由于制造商与供应商均为风险中性，因此期望收益与期望效用等价，制造商期望收益 Π 可表示为：

$$\Pi=E_k\sum_{i=1}^{n}[p_i(r,k)V(k_i)-t_i(r,k)]=E_k\sum_{i=1}^{n}p_i(r,k)[V(k_i)-r_i]\tag{5.2.1}$$

当供应商 i 以真实的知识水平 k_i 进行投标时，其所获得的期望收益 $U_i(r_i,k_i)$ 可表示为：

$$U_i(r_i,k_i) = E_{k_{-i}}[t_i(r,k) - p_i(r,k)c(k_i)] = E_{k_{-i}}\{p_i(r,k)(r_i - c[k_i]\} \quad (5.2.2)$$

当供应商的真实知识水平为 k_i，但其以知识水平 $\hat{k}_i$ 进行投标时，其所获得的期望收益 $U_i(r_i,\hat{k}_i,k_i)$ 可表示为：

$$U_i(r_i,\hat{k}_i,k_i) = E_{k_{-i}}[t_i(r,\hat{k}_i,k_{-i}) - p_i(r,\hat{k}_i,k_{-i})c(k_i)] = E_{k_{-i}}\{p_i(r,\hat{k}_i,k_{-i})[r_i - c(k_i)]\} \quad (5.2.3)$$

在式（5.2.2）和式（5.2.3）中，$k_{-i} = \{k_1,\cdots k_{i-1},k_{i+1},\cdots,k_n\}$ 为除供应商 i 外的其他供应商参与投标的知识水平所组成的向量；$t_i(r,\hat{k}_i,k_{-i}) = r_i p_i(r,\hat{k}_i,k_{-i})$，表示供应商 i 的真实知识水平为 k_i，但其对制造商报告知识水平为 $\hat{k}_i$ 时所获得的期望收益；$p_i(r,\hat{k}_i,k_{-i})$ 表示当供应商 i 的真实知识水平为 k_i，但其对制造商报告为 $\hat{k}_i$，且参与报酬为 r_i 时制造商的合同分配决策。

作为合作创新项目的主导企业，制造商的问题即如何通过有效地机制设计减少因信息劣势所带来的不利影响。不对称信息下，制造商将以自身期望收益最大化为目标设计伙伴选择合同，并且其所提供的合同必须满足两个条件：参与约束条件及激励相容约束条件。该合同可由如下委托代理模型 P5.2.1 表示：

P5.2.1 $$\max_{p_i(r,k),t_i(r,k)} \Pi = E_k \sum_{i=1}^{n} p_i(r,k)[V(k_i) - r_i] \quad (5.2.4)$$

S. t. (IR) $$E_{k_{-i}}\{p_i(r,k)(r_i - c[k_i]\} \geqslant 0 \quad \forall k_i \in [\underline{k},\bar{k}] \quad (5.2.5)$$

(IC) $$E_{k_{-i}}\{p_i(r,k_i,k_{-i})[r_i - c(k_i)]\} \geqslant E_{k_{-i}}\{p_i(r,\hat{k}_i,k_{-i})[r_i - c(k_i)]\} \quad \forall k_i \in [\underline{k},\bar{k}] \quad (5.2.6)$$

$$r_i \in \arg\max_{r_i} E_{k_{-i}}\{p_i(r,k)[r_i - c(k_i)]\} \quad \forall k_i \in [\underline{k},\bar{k}] \quad (5.2.7)$$

$$p_i(r,k) \in \{0,1\} \quad \forall k_i \in [\underline{k},\bar{k}] \quad (5.2.8)$$

$$\sum_{i=1}^{n} p_i(r,k) = 1 \qquad \forall k_i \in [\underline{k},\bar{k}] \tag{5.2.9}$$

模型 P5.2.1 中，$p_i(r,k_i,k_{-i})$ 表示当供应商 i 报告其真实的知识水平 k_i，并且参与报酬为 r_i 时制造商的合同分配决策；$p_i(r,\hat{k}_i,k_{-i})$ 表示当供应商 i 的真实知识水平为 k_i，但其对客户企业报告为 $\hat{k}_i$，且参与报酬为 r_i 时制造商的合同分配决策。另外，式（5.2.4）为制造商的目标函数，其中 $p_i(r,k)$ 及 $t_i(r,k)$ 分别为制造商以自身期望收益最大化为目标所给出的合同分配决策及期望支付。式（5.2.5）表示供应商 i 的参与约束。式（5.2.6）为激励相容约束。式（5.2.7）表示供应商 i 以期望收益最大化为目标决策其参与报酬。式（5.2.8）表示 $p_i(r,k)$ 为决策变量，只能取 0 或者 1。式（5.2.9）表示制造商只能从 n 个供应商中选择一个参与项目的合作创新。

四　模型求解与最优合约机制分析

制造商与供应商之间的博弈为两阶段博弈。第一阶段，供应商以知识水平及参与报酬的组合（r_i,k_i）进行投标；第二阶段，根据供应商的知识水平向量 $k=(k_1,k_2,\cdots,k_n)$、参与报酬向量 $r=(r_1,r_2,\cdots,r_n)$，制造商选择最合适的供应商作为合作创新的合作伙伴。上述逆向选择模型可以按照主从博弈进行逆向求解，即首先在给定 r 及 k 的基础上，制造商对决策变量 $p(r,k)$ 进行决策；然后在给定 $p(r,k)$ 的基础上，供应商对最优参与报酬 r^* 进行决策。

对于式（5.2.5），当供应商 i 向制造商宣称其所具有的知识水平为 $\bar{k}$ 时，根据假设 5.2.1 有 $c(k_i)\leqslant c(\bar{k})$，故不等式：$E_{k_{-i}}[t_i(r,\bar{k},k_{-i})-p_i(r,\bar{k},k_{-i})c(k_i)] > E_{k_{-i}}[t_i(r,\bar{k},k_{-i})-p_i(r,\bar{k},k_{-i})c(\bar{k})]$ 成立。

若式（5.2.6）成立，则不等式：

$E_{k_{-i}}[t_i(r,k_i,k_{-i})-p_i(r,k_i,k_{-i})c(k_i)] > E_{k_{-i}}[t_i(r,\bar{k},k_{-i})-p_i(r,\bar{k},k_{-i})c(k_i)]$ 成立

在式（5.2.6）成立时，只需 $E_{k_{-i}}[t_i(r,\bar{k},k_{-i})-p_i(r,\bar{k},k_{-i})c_i(\bar{k})]\geqslant$

0，就可以保证任意 $k_i \in [\underline{k}, \bar{k}]$ 使式（5.2.5）恒成立。

制造商在式（5.2.5）上一般不会对供应商产生激励，即制造商在参与约束上可采用紧约束，即参与约束式（5.2.5）可等价于：

$$U_i(r_i, \bar{k}) = 0 \tag{5.2.10}$$

式（5.2.10）表示的含义为如果能保证具有最高知识水平 $\bar{k}$ 的供应商参与合作创新就能够保证所有类型的供应商参与。

博弈第二阶段为最优选择机制中决策变量 $p(r,k)$ 的确定，进而可以明确项目合作创新伙伴选择的最优合同菜单 $(p_i(r,k), t_i(r,k))$。

在对模型 P5.2.1 求解之后，可以针对该最优伙伴选择合同的相关性质进行分析，得到如下命题：

命题 5.2.1：当供应商的知识水平事先无法观测时，制造商进行伙伴选择的原则是：当 $V(k_i) - B(k_i) > V(k_j) - B(k_j)$，$i \neq j$，供应商 i 获得合同，此时，$p_i(r,k) = 1$；当 $V(k_i) - B(k_i) < V(k_j) - B(k_j)$，$i \neq j$，供应商 i 不能获得合同，此时，$p_i(r,k) = 0$。其中，$B(k_i) = c(k_i) + c'(k_i)\dfrac{F(k_i)}{f(k_i)}$，$B(k_j) = c(k_j) + c'(k_j)\dfrac{F(k_j)}{f(k_j)}$。

证明：

由式（5.2.2）可得：

$$E_{k_{-i}}[t_i(r,k)] = U_i(r_i, k_i) + E_{k_{-i}}[p_i(r,k)c(k_i)] \tag{5.2.11}$$

则：

$$E_k[t_i(r,k)] = \int_{\underline{k}}^{\bar{k}} U_i(r_i, k_i) f(k_i) dk_i + E_k[p_i(r,k)c(k_i)] \tag{5.2.12}$$

由式（5.2.12）可知，制造商的期望收益式（5.2.1）可表示为：

$$\Pi = E_k \sum_{i=1}^{n} p_i(r,k)[V(k_i) - c(k_i)] - \sum_{i=1}^{n} \int_{\underline{k}}^{\bar{k}} U_i(r_i, k_i) f(k_i) dk_i \tag{5.2.13}$$

根据包络定理，由式（5.2.2）可得：

$$\frac{dU_i(r_i,k_i)}{dk_i} = -E_{k_{-i}}[p_i(r,k)c'(k_i)]$$

$$U_i(r_i,k_i) = U_i(r_i,\bar{k}) + \int_{k_i}^{\bar{k}} E_{k_{-i}}[p_i(r,\tilde{k}_i,k_{-i})c'(\tilde{k}_i)]d\tilde{k}_i \tag{5.2.14}$$

由式（5.2.14）可得：

$$\int_{\underline{k}}^{\bar{k}} U_i(r_i,k_i)f(k_i)dk_i = U_i(r_i,\bar{k}) + \int_{\underline{k}}^{\bar{k}}\int_{k_i}^{\bar{k}} E_{k_{-i}}p_i(r,\tilde{k}_i,k_{-i})c'(\tilde{k}_i)d\tilde{k}_i f(k_i)dk_i$$

$$= U_i(r_i,\bar{k}) + [F(k_i)\int_{k_i}^{\bar{k}} E_{k_{-i}}p_i(r,\tilde{k}_i,k_{-i})c'(\tilde{k}_i)d\tilde{k}_i]_{\underline{k}}^{\bar{k}} + \int_{\underline{k}}^{\bar{k}} E_{k_{-i}}p_i(r,k_i,k_{-i})c'(k_i)F(k_i)dk_i$$

$$= U_i(r_i,\bar{k}) + E_k[p_i(r,k_i,k_{-i})c'(k_i)\frac{F(k_i)}{f(k_i)}] \tag{5.2.15}$$

将式（5.2.15）代入式（5.2.13）可得：

$$\Pi = E_k\sum_i p_i(r,k)[V(k_i) - c(k_i) - c'(k_i)\frac{F(k_i)}{f(k_i)}] - \sum_i U_i(r_i,\bar{k}) \tag{5.2.16}$$

$$令\ B(k_i) = c(k_i) + c'(k_i)\frac{F(k_i)}{f(k_i)} \tag{5.2.17}$$

由式（5.2.10）可知 $U_i(r_i,\bar{k}) = 0$，故式（5.2.16）可转化为：

$$\Pi = E_k\sum_i p_i(r,k)[V(k_i) - B(k_i)] \tag{5.2.18}$$

由于制造商以期望收益最大化为目标选择供应商参与合作创新项目，即为最大化 $V(k_i) - B(k_i)$，因此，对于供应商 i，只要存在 $V(k_i) - B(k_i) > V(k_j) - B(k_j)$，且 $i \neq j$ 时，制造商必然选择供应商 i 为参与合作创新，即 $p_i(r,k) = 1$；当 $V(k_i) - B(k_i) < V(k_j) - B(k_j)$，且 $i \neq j$ 时，制造商不会选择供应商 i 参与合作创新，即 $p_i(r,k) = 0$。

综上所述，命题 5.2.1 得证。

命题 5.2.1 说明，制造商所设计的最优合作伙伴选择合同使得供应商宣称自己的知识水平时获得最大化收入，此时当供应商的知识水平满足 $V(k_i) - B_i(k_i) > V(k_j) - B_j(k_j)$ 时，供应商 i 才会被制造商选中。供应商的参与报酬并不影响制造商的伙伴选择，供应商主要通过知识水平之间的竞争以赢得合同。

命题 5.2.2：在供应商的知识水平无法事先观测的情况下，在最优伙伴选择合同中，制造商向供应商 i 支付的报酬可表示为：

$$t_i(r,k)=\begin{cases}c\{B^{-1}[V(k_i)-V(k_\lambda)+B(k_\lambda)]\}-c(k_i), & p_i(r,\tilde{k}_i,k_{-i})=1\\ 0, & p_i(r,\tilde{k}_i,k_{-i})=0\end{cases}$$

其中，$V(k_\lambda)-B(k_\lambda)=\max\limits_{j\neq i}V(k_j)-B(k_j)$。

证明：由式（5.2.14）及 $U_i(r_i,\bar{k})=0$ 可得：$U_i(r_i,k_i)=\int_{k_i}^{\bar{k}}E_{k_{-i}}[p_i(r,\tilde{k}_i,k_{-i})c'(\tilde{k}_i)]d\tilde{k}_i$

又由式（5.2.2）可知：

$$U_i(r_i,k_i)=E_{k_{-i}}[t_i(r,k)-p_i(r,k)c(k_i)]=E_{k_{-i}}\int_{k_i}^{\bar{k}}[p_i(r,\tilde{k}_i,k_{-i})c'(\tilde{k}_i)]d\tilde{k}_i \qquad (5.2.19)$$

因此，制造商向供应商 i 支付的报酬为：

$$t_i(r,k)=p_i(r,k)c(k_i)]+\int_{k_i}^{\bar{k}}[p_i(r,\tilde{k}_i,k_{-i})c'(\tilde{k}_i)]d\tilde{k}_i \qquad (5.2.20)$$

令 $V(k_\lambda)-B(k_\lambda)=\max\limits_{j\neq i}V(k_j)-B(k_j)$，

由命题 5.2.1，供应商 i 中标获得合同的条件即可写为 $V(k_i)-B(k_i)>V(k_\lambda)-B(k_\lambda)$，也即：

$$V(k_i)-V(k_\lambda)+B(k_\lambda)>B(k_i) \qquad (5.2.21)$$

又 $B(k_i)=c(k_i)+c'(k_i)\dfrac{F(k_i)}{f(k_i)}$，$B'(k_i)>0$，故可将供应商 i 赢得合同的条件式（5.2.21）可以写为：

$$k<B^{-1}[V(k_i)-V(k_\lambda)+B(k_\lambda)]$$

记 $z_i(k_{-i})$ 为使供应商 i 能够获得合同的知识水平 k_i 中的最大取值

故 $z_i(k_{-i})=\{\sup k_i|V(k_i)-B(k_i)>V(k_j)-B(k_j)\}=\{\inf k_i|B^{-1}[V(k_i)-V(k_\lambda)+B(k_\lambda)]\}$

若 $\underline{k} < z_i(k_{-i}) < \bar{k}$，则：

①当 $\tilde{k}_i > z_i(k_{-i})$ 时 $p_i(r,k) = 0$，$t_i(r,k) = 0$

则 $t_i(r,k) = c(k_i) + c(B^{-1}(V(k_i) - V(k_\lambda) + B(k_\lambda)))$

即制造商向供应商支付的服务报酬由知识投入成本及源自于不对称信息下的信息租金两部分组成。

②当 $\underline{k} < \tilde{k}_i < z_i(k_{-i})$ 时，$p_i(r,k) = 1$

因此，式（5.1.19）中 $\int_{k_i}^{\bar{k}} [p_i(r,\tilde{k}_i,k_{-i})c'(\tilde{k}_i)]d\tilde{k}_i$ 可以写为：

$$\int_{k_i}^{\bar{k}} [p_i(r,\tilde{k}_i,k_{-i})c'(\tilde{k}_i)]d\tilde{k}_i = \int_{k_i}^{z_i(k_{-i})} [p_i(r,\tilde{k}_i,k_{-i})c'(\tilde{k}_i)]d\tilde{k}_i = c[z_i(k_i)] - c(k_i)$$

综上所述，命题 5.2.2 得证。

命题 5.2.2 说明，具有高知识水平的供应商并不一定能够获得合作合同，其原因在于制造商向供应商支付的报酬由知识投入成本及信息租金两部分组成，知识水平越高意味着供应商投入知识的数量和质量越高，相应地知识投入成本就越高，从而制造商选择供应商参与项目的合作创新将付出较高的经济成本。因此，制造商在选择供应商时，应综合考虑其自身期望收益、供应商知识水平以及合作创新的经济成本，而不能盲目地选择具有高知识水平的供应商作为合作伙伴。

命题 5.2.3：不对称信息情形下，在最优伙伴选择合同中，供应商获得合同时要求所具备的知识水平不高于完全信息下获得合同时所要求的知识水平。

证明：在完全信息情形下，制造商对供应商 i 的知识水平完全了解，在决策模型中的报酬支付只需保证供应商 i 的参与即可，而激励相容约束完全不存在。完全信息下制造商的问题可如模型 P5.2.2 表示：

P5.2.2 $$\max_{p_i(r,k),t_i(r,k)} \Pi(p_i,t_i) = \sum_i [p_i(r,k)V(k_i) - t_i(r,k)] \tag{5.2.22}$$

S.t. $$U_i(r_i,k_i) = 0 \qquad \forall k_i \in [\underline{k},\bar{k}] \tag{5.2.23}$$

$$p_i(r,k) \in \{0,1\} \qquad \forall k_i \in [\underline{k},\bar{k}] \tag{5.2.24}$$

$$\sum_{i=1}^{n} p_i(r,k) = 1 \qquad \forall k_i \in [\underline{k},\bar{k}] \tag{5.2.25}$$

由参与约束式（5.2.23），$U_i(r_i,k_i) = t_i(r,k) - p_i(r,k)c(k_i) = 0$ 可知：

$$t_i(r,k) = p_i(r,k)c(\mu_i) \tag{5.2.26}$$

将式（5.2.26）代入式（5.2.22）可得：

$$\max_{p_i(r,k)} \Pi(p_i,t_i) = \sum_i \{p_i(r,k)[V(k_i) - c(k_i)]\} \tag{5.2.27}$$

可见，在完全信息情形下，供应商 i 赢得合同的条件即为：当 $V(k_i) - c(k_i) > V(k_j) - c(k_j)$ 时，供应商 i 会被选中，即此时 $p_i(r,k) = 1$。此时，供应商 i 在获得合同所要求具备的知识水平可由模型 P5.2.3 决策：

P5.2.3 $$\max_{k_i} V(k_i) - c(k_i) \tag{5.2.28}$$

S.t. 一阶条件：$V'(k_i) - c'(k_i) = 0$ （5.2.29）

二阶条件满足：$V''(k_i) - c''(k_i) < 0$ （5.2.30）

在不对称信息情形下，根据命题 5.2.1，供应商 i 获得合同的条件为 $V(k_i) - B_i(k_i) > V(k_j) - B_j(k_j)$，又 $B_i(k_i) = c(k_i) + c'(k_i)\dfrac{F(k_i)}{f(k_i)}$，$w(k_i) = c'(k_i)\dfrac{F(k_i)}{f(k_i)}$，不对称信息下，供应商 i 能获得合同所宣称的知识水平可由模型 P5.2.4 表示：

P5.2.4 $$\max_{k_i} V(k_i) - c(k_i) - c'(k_i)\frac{F(k_i)}{f(k_i)} \tag{5.2.31}$$

S.t. 一阶条件：$V'(k_i) - c'(k_i) - w'(k_i) = 0$ （5.2.32）

二阶条件满足：$V''(k_i) - c''(k_i) - w''(k_i) < 0$ （5.2.33）

令 $L(k_i) = V'(k_i) - c'(k_i) - w'(k_i)$，$L'(k_i) = V''(k_i) - c''(k_i) - w''(k_i)$，假设完全信息下供应商 i 获得合同所要求具备的最优知识水平为 k_i^*，不对称信息下供应商 i 获得合同所宣称的最优知识水平为 k_i^{**}，将 k_i^* 及 k_i^{**} 分别代入 $L(k_i)$，可得：

$$L(k_i^*) = V'(k_i^*) - c'(k_i^*) - w'(k_i^*) \quad (5.2.34)$$

$$L(k_i^{**}) = V'(k_i^{**}) - c'(k_i^{**}) - w'(k_i^{**}) = 0 \quad (5.2.35)$$

又 $w(k_i) = c'(k_i)\dfrac{F(k_i)}{f(k_i)}$，$w'(k_i) = c''(k_i)\dfrac{F(k_i)}{f(k_i)} + c'(k_i)\dfrac{d\dfrac{F(k_i)}{f(k_i)}}{dk_i}$，很明显 $w'(k_i) > 0$。

由式（5.2.29）及式（5.2.34）可知 $L(k_i^*) < 0$，故结合式（5.2.35）可知 $L(k_i^{**}) > L(k_i^*)$。

又由式（5.2.33）知 $L'(k_i) < 0$，可得 $k_i^* \geqslant k_i^{**}$，即是不对称信息下供应商 i 获得合同所要求具有的知识水平不高于完全信息下获得合同所要求具有的知识水平。

综上所述，命题 5.2.3 得证。

命题 5.2.3 说明，在知识水平无法事先观测的情形下，供应商获得合作创新合同所要求具有的知识水平要低于完全信息下所要求的知识水平，这有利于知识水平较低的供应商参与竞争。由此可见，在这种信息不对称情形之下，降低了企业参与合作创新的门槛，从而可使企业间的合作创新更加活跃。

五　结论

项目导向型供应链中，跨企业的项目合作创新更有利于项目全生命周期的演进，多阶段、多频次地促进项目价值增值的实现。然而，各类创新活动从本质上来说就是知识的创新，合作伙伴的知识水平恰恰是影响项目合作创新成功与否的最关键因素，如果选择的合作伙伴知识水平不高或不匹配将极大降低项目合作创新的成功概率。针对合作伙伴知识水平事先无法观测所引起的逆向选择问题，本研究建立了项目导向型供应链合作创新伙伴选择的委托代理模型，并通过模型求解得到伙伴选择的最优合同机制。研究表明，在知识水平事先无法观测的情形下，创新主导企业主要根据知识水平、合作创新成本选择合作伙伴；创新主导企业向合作伙伴支付的报酬主要由合作伙伴的知识投入成本以及信息租金两部分构成；创新主导企业所选中合作伙伴的知识水平低于完全信息下所选中合作伙伴的知识水平。

第三节 考虑学习能力影响下供应链企业间知识交易的市场机制

一 引言

由于供应链的成员企业是不同的利益主体和行为主体，没有具有行政约束力的组织机构来推动知识共享活动的进行，供应链企业间的知识共享显然比企业内部的知识共享更难进行，而在供应链中建立知识市场，以市场机制来引导、鼓励、刺激、督促和规范供应链企业间的知识交易是实现这一目标的有效途径。

达文波特（Davenport）在 *Working Knowledge* 一书中首次提出了企业内部知识市场的概念，其认为在企业内部存在一个与商品市场相类似的知识市场，市场机制可以像作用于有形商品一样推动知识的流动与共享；知识交易的“货币”主要是互惠、名望和利他主义；而那些认为知识无须货币激励就可以自由共享的想法是乌托邦式的。之后不少文献分别从定量和定性角度对企业内部知识市场及知识交易机制进行了研究，并从不同角度肯定了市场交易机制在企业内部知识共享中的推动作用。考虑到供应链成员企业往往具有“一损俱损、一荣俱荣”的合作关系，彼此之间的关系要比其他类型的组织联盟关系（如战略联盟、虚拟企业、产学研合作等）更加紧密，同时兼有商品市场交易机制为基础，在供应链中构建知识市场显然要比在其他几种类型的组织间构建知识市场更加可行，目前已有不少文献从实证角度对此进行了一些论证。但目前国内外将市场机制应用于供应链企业间知识共享的定量研究还比较少，少量的定量研究也主要从考虑知识交易的影响因素出发，运用委托代理理论建立知识交易模型分析这些影响因素对知识交易的影响，并且在建立知识交易模型时考虑知识买方将购买所得知识可以全部转化为收益，同时考虑按固定收益加知识收益提成的方式支付知识卖方报酬。而在现实中，鉴于知识买方学习能力的差异，其将知识转化为收益的效率也是存在差异的，在知识买方学习能力为其私人信息的情况下，由于交易双方存在信息不对称，知识买方（信息优势方）为了获取更多知识收益往往会隐瞒自身的学习能力类型，此举势必会影响知识卖方（信息劣势方）的知识交易报酬，进而影响其知识交易意愿，阻碍知识交易的顺利进行。正如 Brydon 和 Vining（2006）研究指出知识市场面临的主要障碍是知识交易中的不确定性及信息不对称。另外，以固定收益加知识收益提成的方式支付知识卖方报酬并没有体现供应链知识交易与其他联盟企业间知识交易的区别，并且在实际运作中可行性也受到一定限制，而在供应链中，以商品交易为基础，通过订单数量、价格折扣、返利和员工培训等形式支付知识卖方报酬在供应链知识交易中显得更具操作性、更能体现供应链知识交易的特点。

鉴于此，本节研究拟以商品价格折扣作为知识卖方的知识交易报酬机制，在考虑知识买方学习能力类型影响知识交易的情况下，从知识卖方角度设计知识交易量与折扣价格相结合的合约菜单并建立信息对称和信息不对称两种情形下的知识交易模型，通过求解得出最优合约并以此来甄别知识买方的学习能力类型，从而最优化自身收益，最后对两种情形下最优合约的相关性质进行分析并结合数值算例进行进一步说明，以期为供应链企业间的知识共享决策提供理论支持。

二　问题描述与模型假设

考虑在供应链环境下，核心企业制造商在制造产品时需要一批数量为 Q 的原材料产品，并且这些原材料产品均为其供应商生产供应，而核心企业制造商作为知识卖方在产品开发及生产过程中积累了大量关于供应商原材料产品方面的知识，这些知识对于知识买方供应商来说可以提高工作效率、降低生产成本。这类情况在汽车和医药制造行业比较常见，以汽车制造行业为例，1992 年，汽车制造商丰田公司作为核心企业在美国设立了丰田供应商支持中心（Toyota Supplier Support Center，TSSC），丰田公司根据供应商的具体情况将有价值的知识通过专家顾问指导的方式共享给供应商，特别在解决 TPS（Toyota Production System，即丰田的生产系统）方面的问题时，由于 TSSC 的参与，供应商履行丰田生产系统的效率明显提高，平均提高了 123% 的生产率，减少了 74% 的存货成本。

通过企业间的知识交易，供应商购买知识可以提高生产效率、降低产品生产成本；制造商出售知识可以获取报酬，其报酬供应商将以原材料产品的价格折扣形式进行支付，由于制造商在知识交易过程中也需要付出知识转移成本，其势必会选择最优的知识交易量以最大化自身收益。另外，供应商（知识买方）的学习能力类型作为其私人信息制造商（知识卖方）并不清楚，学习能力决定知识产出，因此制造商并不清楚供应商获取知识后其获利程度，在这种不确定情况下，制造商作为信息劣势方需要制定一个知识交易量与原材料产品折扣价格相结合的合约菜单以诱导供应商透露自己的学习能力类型，从而减少供应商的信息隐瞒或谎报以最大化自身收益。由于制造商在知识交易过程中希望通过投入最优的知识交易量以帮助供应商提高工作效率、降低生产成本，以达到自身降低原材料产品采购成本的目的，因此制造商的目标是在供应链知识交易情景下实现总成本最小化。

整个合约签订过程分为两个阶段：首先制造商作为知识卖方给出包含知识交易量和原材料产品折扣价格相结合的知识交易合约菜单；其次供应商根据制造商给出的知识量，确定其原材料产品生产成本的降低程度，若该折扣价格能使供应商获得保留效用，则供应商将接受合约，反之将拒绝合约。为定量分析整个合约的签订过程，先作如下假设。

假设 5. 3. 1：制造商愿意交易的知识量为 I , $0 \leqslant I \leqslant 1$ ，其中 I 为 0 表示制造商不与供应商进行知识交易，I 为 1 时表示制造商与供应商交易所有的知识。制造商在知识交易过程中的知识转移成本为 $K(I)$ ，且满足 $\frac{dK(I)}{dI} > 0, \frac{d^2K(I)}{dI^2} > 0$ ，表明随着知识交易量的增加，知识转移成本以递增的速度增加。

假设 5. 3. 2：供应商的生产成本受知识交易量和供应商学习能力类型的影响，假设供应商的生产成本与供应商的学习能力成线性关系，与知识交易量成非线性关系，即供应商的生产成本可以表示为 $LC(I)$ ，其中 L 表示供应商的学习能力类型系数，I 表示知识交易量。L 越大，同样知识交易量下供应商生产成本越高，则表示供应商学习能力越低。另外，知识交易量对供应商生产成本影响有一定限度，也就是说生产成本不会随着知识交易量的增加而无休止地降低，生产成本在知识交易量 I 的定义域内必然存在一最小值，即 $LC(I)$ 满足 $\frac{dLC(I)}{dI} < 0, \frac{d^2LC(I)}{dI^2} > 0$ 。

假设 5.3.3：知识交易过程中，供应商的学习能力类型系数 L 属于私人信息，制造商只知道供应商学习能力类型系数 $L \in [\underline{L}, \bar{L}]$ 的分布密度为 $f(L)$ $[f(L) > 0]$ ，分布函数为 $F(L)$ ，且 $F(\underline{\theta}) = 0, F(\bar{\theta}) = 1$ 。

假设 5.3.4：制造商作为供应链中的核心企业，其在知识交易过程中具有完全的讨价还价能力，其有权决定合约菜单 $(I(L), P(L))$ ，其中 $I(L)$ 、$P(L)$ 分别表示制造商愿意提供对 L 类型供应商的知识交易量和要求的原材料产品折扣价格。供应商的保留效用为 u ，供应商根据自己的类型选择合约菜单，以最大化其收益。

假设 5.3.5：制造商在短期内对原材料产品的需求量 Q 不变，制造商在供应链知识交易过程中的总成本由知识转移成本和原材料产品采购成本构成，总成本即为 $K(I(L)) + P(L)Q$ ，令 $W(L) = P(L)Q$ ，合约菜单 $(I(L), P(L))$ 可以改写为 $(I(L), W(L))$ ，其中 $W(L)$ 表示制造商对 L 类型供应商提供原材料产品的采购支付。

三　对称信息下考虑学习能力影响知识交易的合约机制

作为研究基准，首先对信息对称下的供应链知识交易模型进行研究。在该情形下，制造商能够直接观测到供应商的学习能力类型 L ，即供应商的学习能力类型为共同信息，因而制造商知道知识交易量对供应商生产成本的影响，即制造商清楚供应商生产成本的降低程度，其面临的问题是考虑供应商参与约束的前提下，确定合约 $(I(L), W(L))$ ，从而最小化其成本。上述问题可以用模型 P5.3.1 表示。

$$\text{P5.3.1}: \min_{I(L)} K(I(L)) + W(L) \tag{5.3.1}$$

$$\text{S.t.}: W(L) - LC(I(L)) \geqslant u \tag{5.3.2}$$

$$0 \leqslant I(L) \leqslant 1 \tag{5.3.3}$$

上述模型中式（5.3.1）为制造商期望成本最小化目标函数；式

(5.3.2）是供应商参与约束，其参与知识交易能获得的收益不小于保留效用；式（5.3.3）为知识交易量的限制。在对称信息情形下，制造商在参与约束上不会对供应商产生激励，将参与约束式（5.3.2）取等号并代入目标函数式（5.3.1），由于保留效用 u 为常数，不影响优化结果，实际上可以省略该项，即目标函数变为 $K(I(L))+LC(I(L))$ 。可见，在对称信息情形下，制造商的目标函数实际上是使整个供应链系统成本最低，此时的知识交易量使得整个供应链运行最优。制造商提供的最优知识交易量 $I^*(L)$ 满足以下一阶条件：

$$K'(I^*(L))+LC'(I^*(L))=0 \tag{5.3.4}$$

对该一阶条件式（5.2.4）中 L 求导并化简整理得 $dI^*(L)/dL=-C'(I^*(L))/[K''(I^*(L))+LC''(I^*(L))]$ ，由假设5.3.1，假设5.3.2可知 $K''(I(L))$ 与 $C''(I(L))$ 均大于0，而 $C'(I(L))<0$ ，所以 $dI^*(L)/dL>0$ ，即随着 L 增加，最优的 $I^*(L)$ 也增加。

假设制造商在对称信息情形下能对每种学习能力类型的供应商加以区分对待，即对任意 $L\in[\underline{L},\bar{L}]$ ，都有唯一的 $I^*(L)\in[0,1]$ 与之对应。由于随着 L 增加，满足系统最优的 $I^*(L)$ 也随之增加，所以只要 $0\leqslant I^*(\underline{L})\leqslant I^*(\bar{L})\leqslant 1$ 就能使得制造商在对称信息情形下对每种学习能力类型的供应商加以区分对待，而且此时的原材料采购支付为：

$$W^*(L)=LC(I^*(L))+u \tag{5.3.5}$$

四 不对称信息下考虑学习能力影响知识交易的合约机制

在不对称信息情形下，知识买方的学习能力为其私人信息，供应商试图利用信息优势进行获利，而制造商处于信息劣势，制造商就需要设计合约菜单 $(I(L),W(L))$ 以区分供应商类型，从而减少信息劣势带来的负面影响。由于在签订合约前，制造商就对供应商具有不对称信息，这是一个典型的逆向选择问题，由此可以建立如下优化模型P5.3.2：

$$\text{P5.3.2}: \min_{I(L),W(L)}\int_{\underline{L}}^{\bar{L}} f(L)[K(I(L))+W(L)]dL \tag{5.3.6}$$

$$\text{S. t.}: W(L) - LC(I(L)) \geqslant u \tag{5.3.7}$$

$$L \in \arg\max_{\hat{L}} W(\hat{L}) - LC(I(\hat{L})) \tag{5.3.8}$$

$$0 \leqslant I(L) \leqslant 1 \tag{5.3.9}$$

其中 $L \in [\underline{L}, \bar{L}]$ ，$\hat{L} \in [\underline{L}, \bar{L}]$

模型 P5.3.2 中式（5.3.6）为制造商期望成本最小化目标函数；式（5.3.7）是供应商参与约束，其参与知识交易能获得的收益不小于保留效用；式（5.3.8）为激励相容约束，等价于 $W(L) - LC(I(L)) \geqslant W(\hat{L}) - LC(I(\hat{L}))$ ，其保证了供应商只有签订与自身学习能力类型一致的合约菜单才能获得最大收益，从而达到真实揭露供应商学习能力类型的目的；式（5.3.9）为知识交易量的限制。

上述模型为带约束的极值问题，因此可首先分析约束条件，从而得到可行解。对于参与约束条件式（5.3.7）有如下命题 5.3.1。

命题 5.3.1：在激励相容约束式（5.3.8）成立下，参与约束等价于 $W(\bar{L}) - \bar{L}C(I(\bar{L})) \geqslant u$ 。

证明：在约束条件式（5.3.8）成立下，对学习能力类型为 $\bar{L}$ 的供应商有如下式（5.3.10）成立：

$$W(L) - LC(I(L)) \geqslant W(\bar{L}) - LC(I(\bar{L})) \tag{5.3.10}$$

由于 $L \leqslant \bar{L}$ ，对于 $\forall L \in [\underline{L}, \bar{L}]$ ，均有如下不等式成立：

$$W(\bar{L}) - LC(I(\bar{L})) \geqslant W(\bar{L}) - \bar{L}C(I(\bar{L})) \tag{5.3.11}$$

由式（5.3.10）和式（5.3.11）可知：

$$W(L) - LC(I(L)) \geqslant W(\bar{L}) - LC(I(\bar{L})) \geqslant W(\bar{L}) - \bar{L}C(I(\bar{L})) \tag{5.3.12}$$

因此对于参与约束式（5.3.7），只要 $W(\bar{L}) - \bar{L}C(I(\bar{L})) \geqslant u$ ，就能保证参与约束式恒成立，命题 5.3.1 得证。

制造商在参与约束上不会对供应商产生激励，因此制造商在参与约束上可采用紧约束，即参与约束式（5.3.7）等价于下式：

$$W(\bar{L})-\bar{L}C(I(\bar{L}))=u \tag{5.3.13}$$

式（5.3.13）的含义为，制造商给出的合约菜单只要能保证学习能力类型为 $\bar{L}$（最低学习能力类型）的供应商参与知识交易，即能保证所有类型的供应商参与知识交易。

下面分析激励相容约束式（5.3.8），对此有如下命题5.3.2。

命题5.3.2：在知识交易量 $I(L)$ 给定下，若 $dI(L)/dL>0$，则存在原材料产品采购支付 $W(L)$ 满足参与约束式（5.3.7）与激励相容约束式（5.3.8），且采购支付 $W(L)=u+\int_{L}^{\bar{L}}C(I(x))dx+LC(I(L))$。

证明：对激励相容式（5.3.8），令：

$$\omega(L)=\max_{\hat{L}}W(\hat{L})-LC(I(\hat{L}))=W(L)-LC(I(L)) \tag{5.3.14}$$

函数 $\omega(L)$ 度量了 L 类型供应商从合约中获得的收益，表示 L 类型供应商选择与自己类型相符的合约菜单 $(I(L),W(L))$ 才能获得最大的收益，由包络定理可知：

$$d\omega(L)/dL=-C(I(L)) \tag{5.3.15}$$

将 $\omega(L)$ 写成从 $\bar{L}$ 到 L 的积分，利用式（5.2.15）可得：

$$\omega(L)=\omega(\bar{L})+\int_{\bar{L}}^{L}\frac{d\omega(L)}{dL}dx=\omega(\bar{L})+\int_{L}^{\bar{L}}C(I(x))dx \tag{5.3.16}$$

由式（5.3.13）、式（5.3.14）得 $\omega(\bar{L})=u$，将其代入式（5.3.16），并结合式（5.3.14）可得：

$$\omega(L)=u+\int_{L}^{\bar{L}}C(I(x))dx=W(L)-LC(I(L)) \tag{5.3.17}$$

即：

$$W(L)=u+\int_{L}^{\bar{L}}C(I(x))dx+LC(I(L)) \tag{5.3.18}$$

上述包络定理只保证了激励相容约束关于 $\hat{L}$ 的一阶条件成立，即：

$$\left.\frac{d[W(\hat{L})-LC(I(\hat{L}))]}{d\hat{L}}\right|_{\hat{L}=L}=0 \tag{5.3.19}$$

化简可知：

$$W'(L)-LC'(I(L))\frac{dI(L)}{dL}=0 \tag{5.3.20}$$

而激励相容约束二阶条件要求：

$$\left.\frac{d^2[W(\hat{L})-LC(I(\hat{L}))]}{d\hat{L}^2}\right|_{\hat{L}=L}<0 \tag{5.3.21}$$

化简可知：

$$W''(L)-L\frac{d^2C(I(L))}{dI^2}\left(\frac{dI(L)}{dL}\right)^2-L\frac{dC(I(L))}{dI}\frac{d^2I(L)}{dL^2}<0 \tag{5.3.22}$$

对一阶条件（5.3.20）中 L 的求导得：

$$W''(L)-\frac{dC(I(L))}{dI}\frac{dI(L)}{dL}-L\frac{d^2C(I(L))}{dI^2}\left(\frac{dI(L)}{dL}\right)^2-L\frac{dC(I(L))}{dI}\frac{d^2I(L)}{dL^2}=0 \tag{5.3.23}$$

比较式（5.3.22）与式（5.3.23）可知，只要 $\frac{dC(I(L))}{dI}\frac{dI(L)}{dL}<0$ 成立，即可保证式（5.3.22）成立。

由假设可知 $\frac{dC(I(L))}{dI}<0$，所以激励相容二阶条件等价为：

$$dI(L)/dL>0 \tag{5.3.24}$$

综上，由式（5.3.18）和式（5.3.24）可知，命题 5.3.2 得证。

由命题 5.3.2 可知制造商的原材料采购支付由供应商保留效用 u，生产成本 $LC(I(L))$，信息租金 $\int_L^{\bar{L}}C(I(x))dx$ 组成。

将式（5.3.18）代入模型 P5.3.1 中的目标函数式（5.3.6）得：

$$\min_{I(L)}\int_{\underline{L}}^{\bar{L}}f(L)\left[K(I(L))+u+\int_L^{\bar{L}}C(I(x))dx+LC(I(L))\right]dL \tag{5.3.25}$$

对上式中信息租金项 $\int_L^{\bar{L}}C(I(x))dx$ 分步积分得：

$$\int_{\underline{L}}^{\bar{L}}f(L)\left(\int_L^{\bar{L}}C(I(x))dx\right)dL=\int_{\underline{L}}^{\bar{L}}f(L)\frac{F(L)C(I(L))}{f(L)}dL \tag{5.3.26}$$

由式（5.3.26）可知信息租金 $\int_{\underline{L}}^{\bar{L}} C(I(x))dx = \frac{F(L)C(I(L))}{f(L)}$，将其代入目标函数，优化模型 P5.3.2 可表示为如下优化模型 P5.3.3。

$$\text{P5.3.3}: \min_{I(L)} \int_{\underline{L}}^{\bar{L}} f(L)\left[K(I(L)) + u + \frac{F(L)C(I(L))}{f(L)} + LC(I(L))\right]dL \tag{5.3.27}$$

$$\text{S.t.}: dI(L)/dL > 0 \tag{5.3.28}$$

$$0 \leqslant I(L) \leqslant 1 \tag{5.3.29}$$

其中 $L \in [\underline{L}, \bar{L}]$

对上述优化问题求解首先假定约束条件式（5.3.28）、式（5.3.29）成立，将问题转化为无约束优化，然后对约束条件进行验证，求出满足约束的条件。由 Pontryagin 最优化原理，$I(L)$ 最优化一阶条件为：

$$K'(I^{**}(L)) + \frac{F(L)C'(I^{**}(L))}{f(L)} + LC'(I^{**}(L)) = 0 \tag{5.3.30}$$

命题 5.3.3：若供应商学习能力类型系数 L 的分布函数满足风险比率单调性假说（$\frac{d(F(L)/f(L))}{dL} \geqslant 0$），则约束条件 $dI(L)/dL > 0$ 恒成立。

证明：对式（5.3.30）中 L 求导并化简可知：

$$\left[K''(I(L)) + \frac{F(L)C''(I(L))}{f(L)} + LC''(I(L))\right]\frac{dI(L)}{dL}$$

$$= -\left(1 + \frac{d(F(L)/f(L))}{dL}\right)C'(I(L)) \tag{5.3.31}$$

由假设 5.3.1，假设 5.3.2 可知：$K''(I(L)) + \frac{F(L)C''(I(L))}{f(L)} + LC''(I(L)) > 0$，由于 $C'(I(L)) < 0$，所以则有 $\frac{d(F(L)/f(L))}{dL} \geqslant -1$ 时，$\frac{dI(L)}{dL} > 0$ 成立，显然满足风险比率单调性假说的要求（$\frac{d(F(L)/f(L))}{dL} \geqslant 0$）。命题 5.3.3 得证。

在委托代理分析中常常假设了风险比率单调性假说成立，因此在本节分析中同样假定其满足风险比率单调性假说，所以约束式（5.3.28）成立。

现考虑约束条件式（5.3.29），

令 $V(I(L)) = K'(I(L)) + F(L)C'(I(L))/f(L) + LC'(I(L))$，由假设5.3.1、假设5.3.2知 $V'(I(L)) > 0$，即 $V(I(L))$ 为增函数。因为 $F(\bar{L}) = 1$，所以 $F(\bar{L})C'(I(L))/f(\bar{L}) < 0$。如果 $V(1) = K'(1) + F(\bar{L})C'(1)/f(\bar{L}) + \bar{L}C'(1) < 0$，则对于 $\bar{L}$ 类型的供应商在 I 的定义域 $[0,1]$ 内，其一阶条件恒小于0。由于目标函数是求最小值，则应该取定义域的上限，即 $I(\bar{L}) = 1$。由命题5.3.3知 $dI(L)/dL > 0$，则 L 在 $[\underline{L},\bar{L}]$ 中存在一下确界：

$$L_{\inf} = \inf\{L \in [\underline{L},\bar{L}]: K'(1) + F(L)C'(1)/f(L) + LC'(1) \leqslant 0\} \tag{5.3.32}$$

当然，如果 $K'(1) + F(\bar{L})C'(1)/f(\bar{L}) + \bar{L}C'(1) > 0$，下确界 $L_{\inf}$ 将不存在，$I(\bar{L})$ 解将在定义域 $[0,1]$ 内。

同理，对于 $\underline{L}$ 类型的供应商，因为分布函数 $F(\underline{L}) = 0$，所以对于 $\underline{L}$ 类型供应商最优交易量的一阶条件为：$K'(I(\underline{L})) + \underline{L}C'(I(\underline{L})) = 0$。因为 $K''(I(\underline{L})) + \underline{L}C''(I(\underline{L})) > 0$，若 $K'(0) + \underline{L}C'(0) > 0$，则对 $\underline{L}$ 类型的供应商在在 I 的定义域 $[0,1]$ 内，其一阶条件 $K'(I(\underline{L})) + \underline{L}C'(I(\underline{L})) > 0$。由于目标函数为求最小值，则应取定义域的下限，即 $I(\underline{L}) = 0$。由命题5.3.3知 $dI(L)/dL > 0$，则 L 在 $[\underline{L},\bar{L}]$ 中存在一上确界：

$$L_{\sup} = \sup\{L \in [\underline{L},\bar{L}]: K'(0) + LC'(0) \geqslant 0\} \tag{5.3.33}$$

当然，如果 $K'(0) + LC'(0) < 0$，则上确界 $L_{\sup}$ 将不存在，$I(\underline{L})$ 解将在定义域 $[0,1]$ 内。

综合上述求解过程，逆向选择下制造商的最优合约菜单

$(I^{**}(L),W^{**}(L))$ 为：

$$\left.\begin{aligned} I^{**}(L)=0, &\quad L\in[\underline{L},L_{sup}] \\ 0\leqslant I^{**}(L)\leqslant 1, &\quad L\in[L_{sup},L_{inf}] \\ I^{**}(L)=1, &\quad L\in[L_{inf},\bar{L}] \end{aligned}\right\} \tag{5.3.34}$$

其中 $L\in[L_{sup},L_{inf}]$ 时，$I^{**}(L)$ 满足式（5.3.30），即 $K'(I^{**}(L))+\dfrac{F(L)C'(I^{**}(L))}{f(L)}+LC'(I^{**}(L))=0$

$W^{**}(L)$ 满足下式：

$$W^{**}(L)=u+\int_{L}^{\bar{L}}C(I^{**}(x))dx+LC(I^{**}(L)) \tag{5.3.35}$$

五　合约的相关性质分析

基于上述分析，将对称信息下的最优合约菜单 $(I^{*}(L),W^{*}(L))$ 与不对称信息下的最优合约菜单 $(I^{**}(L),W^{**}(L))$ 相比可得以下性质。

性质 5.3.1：对于 $\underline{L}$ 型（最强学习能力类型）供应商，不对称信息下的知识交易量不会产生扭曲，即 $I^{*}(\underline{L})=I^{**}(\underline{L})$。

证明：由假设 5.3.3 知 $F(\underline{L})C'(I^{**}(\underline{L}))/f(\underline{L})=0$，比较式（5.3.4）和式（5.3.30）可知，对于 $\underline{L}$ 型供应商，不对称信息下最优知识交易量的一阶条件与对称信息下的一阶条件相同，即 $K'(I(L))+LC'(I(L))=0$，性质 5.3.1 得证。

性质 5.3.1 说明合约菜单对于学习能力最强的供应商，对称信息情形下的知识交易量与不对称信息下的知识交易量一致。

性质 5.3.2：不对称信息情形下的最优知识交易量不小于对称信息下的最优知识交易量，即 $I^{*}(L)\leqslant I^{**}(L)$。

证明：前文假设 $V(I(L))=K'(I(L))+F(L)C'(I(L))/f(L)+LC'(I(L))$，由假设 5.3.1 和 5.3.2 可知，$K''(I(L))$ 和 $C''(I(L))$ 均大于 0，则有 $V'(I(L))\geqslant 0$，即 $V(I(L))$ 为增函数。根据式（5.3.4）

$K'(I^*(L)) + LC'(I^*(L)) = 0$，而 $F(L)C'(I(L))/f(L) < 0$，故 $V(I^*(L)) < 0$，由式（5.3.30）可知，$V(I^{**}(L)) = 0$，由于 $V(I(L))$ 为增函数，可见 $I^*(L) \leqslant I^{**}(L)$，性质5.3.2得证。

性质5.3.2说明在不对称信息情形下，制造商与供应商的知识交易量比对称信息下的更多，制造商的知识交易量由此产生向上“扭曲”。造成这一现象出现的原因是由于在不对称信息下，制造商需要付给供应商信息租金 $\int_{\underline{L}}^{\bar{L}} C(I(x))dx$，而 $C(I(x))$ 为 $I(x)$ 的减函数，制造商通过向上扭曲知识交易量可以减少信息租金。

性质5.3.3：若 $K'(1) + F(\bar{L})C'(1)/f(\bar{L}) + \bar{L}C'(1) > 0$，制造商能提供完全分离（Separating）合约；若 $K'(1) + F(\bar{L})C'(1)/f(\bar{L}) + \bar{L}C'(1) \leqslant 0$，在 $L \in [L_{\inf}, \bar{L}]$ 时，不对称信息情形下的合约将产生混同（Pooling），且知识交易量对供应商生产成本影响越大，即 $C'(I)$ 越大，混同区域 $L \in [L_{\inf}, \bar{L}]$ 越大。

证明：在 $0 \leqslant I^*(\underline{L}) \leqslant I^*(\bar{L}) \leqslant 1$ 成立时，由性质5.3.1可知 $I^{**}(L) \in [0,1]$，显然上界将不存在，此时在不对称信息下的最优合约菜单 $(I^{**}(L), W^{**}(L))$ 可写为如下形式：

（1）当 $K'(1) + F(\bar{L})C'(1)/f(\bar{L}) + \bar{L}C'(1) \leqslant 0$ 时，

$$\left.\begin{array}{ll} 0 \leqslant I^{**}(L) \leqslant 1, & L \in [\underline{L}, L_{\inf}] \\ I^{**}(L) = 1, & L \in [L_{\inf}, \bar{L}] \end{array}\right\} \quad (5.3.36)$$

其中对于 $L \in [\underline{L}, L_{\inf}]$，$I^{**}(L)$ 满足一阶条件式（5.2.30），$W^{**}(L)$ 满足式（5.2.35）。由式（5.3.36）可以看出 $L \in [L_{\inf}, \bar{L}]$ 时，在不对称信息下的合约将产生混同（Pooling），具体如图5－2所示。

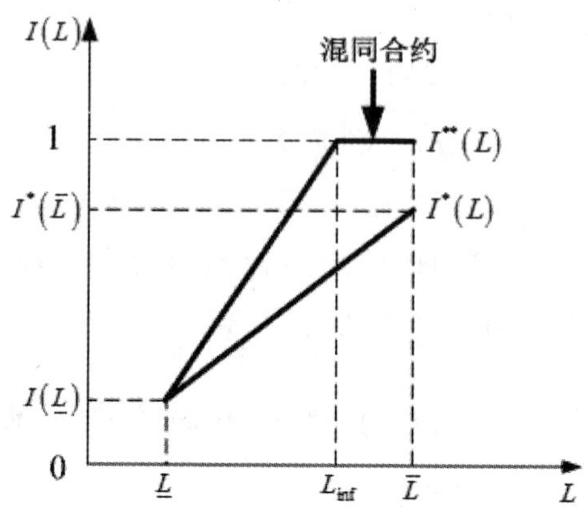

图 5－2　部分混同合约

（2）当 $K'(1)+F(\bar{L})C'(1)/f(\bar{L})+\bar{L}C'(1)>0$ 时，

$$0 \leqslant I^{**}(L) \leqslant 1,\quad L \in [\underline{L},\bar{L}] \tag{5.3.37}$$

其中 $I^{**}(L)$ 满足一阶条件式（5.3.30），$W^{**}(L)$ 满足式（5.3.35），由式（5.3.37）可以看出制造商在 $L \in [\underline{L},\bar{L}]$ 时可以提供完全分离（Separating）合约，具体如图 5－3 所示。

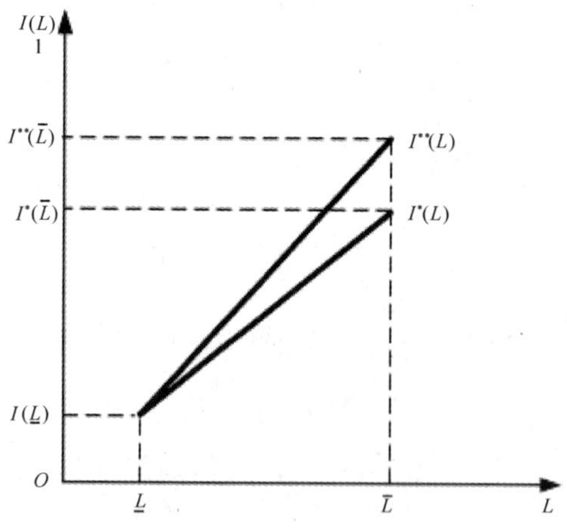

图 5－3　可分离合约

产生混同合约的原因是制造商的知识资源限制，若制造商可以投入交易的知识量趋于无限，则混同将不会发生。然而在实际中，制造商愿意交易的知识往往为其非核心知识，知识资源是有限的，若制造商投入交易的知识对供应商的生产成本影响较大，制造商将不得不对靠近低学习能力类型 $\bar{L}$ 的供应商提供可以交易的全部知识资源，此时制造商将不能区分学习能力类型 $L \in [L_{inf}, \bar{L}]$ 的供应商，制造商的知识交易量始终为 $I^{**}(L) = 1$，而此时制造商对 $L \in [L_{inf}, \bar{L}]$ 类型供应商的采购支付为：

$$W^{**}(L) = u + \int_{L}^{\bar{L}} C(1)dx + LC(1) \tag{5.3.38}$$

对式（5.3.38）关于 L 求导可知 $dW^{**}(L)/dL = -C(1) + C(1) = 0$，因此对于 $L \in [L_{inf}, \bar{L}]$ 区域类型的供应商宣称自己属于 $[L_{inf}, \bar{L}]$ 任意类型其得到的采购支付均相同，此时对 $L \in [L_{inf}, \bar{L}]$ 区域类型供应商的合约菜单失效，制造商不能区别对待该区域每种类型的供应商。

另外，由下界的定义可知 $K'(1) + F(L_{inf})C'(1)/f(L_{inf}) + L_{inf}C'(1) = 0$。由于 $\frac{d(F(L)/f(L))}{dL} \geq 0$，当制造商知识交易量对供应商生产成本影响越大，即 $C'(1)$ 越大，在 $K'(1)$ 固定的情况下，为保证式 $K'(1) + F(L_{inf})C'(1)/f(L_{inf}) + L_{inf}C'(1) = 0$ 成立，就必须减少 L_{inf}，即混同的区域 $[L_{inf}, \bar{L}]$ 将增大。

极端的情况下，若对于所有的供应商 $L \in [\underline{L}, \bar{L}]$，$K'(1) + F(L)C'(1)/f(L) + LC'(1) \leq 0$ 成立，制造商将对任意供应商提供其可以交易的全部知识资源，此时在供不对称信息情形下（应商学习能力不确定）的合约菜单完全失效，制造商将向供应商提供完全混同合约。性质5.3.3得证。

六　算例分析

假定制造商的知识转移成本函数为 $3I^2$，学习能力类型为 L 的供应商，其生产成本为 L/I，其中制造商愿意提供的知识交易量 $I \in [0,1]$，制造商的知识转移成本函数一阶导数与二阶导数均大于0，与假设5.3.1相符，供应商的生产成本函数对于 I 满足一阶导数小于0，二阶导数大于0，与假设5.3.2相符。制造商知道供应商的能力类型参数 L 在 $[1,5]$ 上服从均匀分布，算例中以0.5为步长（其中混同临界点值为3.5）。基于上述条件分别计算了不同学习能力类型的供应商在对称信息情形下的系统最优知识交易量 $I^*(L)$ 及不对称信息情形下的最优知识交易量 $I^{**}(L)$（需要说明的是不对称信息下的最优支付 $W^{**}(L)$ 比对称信息下的最优 $W^*(L)$ 仅多一个信息租金值 $\int_L^{\bar{L}} C(I(x))dx$，通过式（5.3.5）和式（5.3.35）可以很明显地反映两者之间的关系，因此在算例中不加以考虑），合约菜单中最优知识交易量的计算结果详见表5-1。

表5-1　对称与不对称信息下制造商最优知识交易量对比分析

供应商能力类型 L	对称信息下制造商最优知识交易量 $I^*(L)$	不对称信息下制造商最优知识交易量 $I^{**}(L)$
1.0	0.5503	0.5503
1.5	0.6300	0.6934
2.0	0.6934	0.7937
2.5	0.7469	0.8736
3.0	0.7937	0.9410
3.5	0.8355	1.0000
4.0	0.8736	1.0000
4.5	0.9086	1.0000
5.0	0.9410	1.0000

从上述算例可知，对于学习能力类型最高的供应商（$L=1$），对称信息情形下系统最优的知识交易量 $I^*(1)$ 与不对称信息下的最优知识交易量 $I^{**}(1)$ 均为0.5503，这与前文性质5.3.1的制造商知识交易量高端“无扭曲”的结论一致；当供应商的能力类型参数 L 大于1时，由算例容易得出不对称信息下的最优知识交易量 $I^{**}(L)$ 大于对称信息情形下系统

最优的知识交易量 $I^*(L)$，这与前文性质 5.3.2 的结论一致；当 $L \leqslant 3.5$ 时，制造商能设计出分离合约，当 $L > 3.5$ 时，不对称信息情形下的合约将产生混同，这与前文的性质 5.3.3 的结论一致。

七 结论

在供应链中建立知识市场，将市场机制引入成员企业间的知识交易是促进供应链知识共享的有效手段，但知识交易中的不确定性及信息不对称往往会阻碍知识交易的顺利进行。本研究在考虑供应商的学习能力为其私人信息的情况下，建立了不对称信息下的知识交易模型，通过模型求解得到了制造商提供的知识交易量和原材料产品采购支付相结合的知识交易合约菜单，并结合对称信息下的基准情形对合约菜单性质进行了分析。研究结果显示，在不对称信息情形下，制造商原材料产品的最优采购支付总是高于对称信息下的最优采购支付，高出部分正好为其在不对称信息下的信息租金；对于学习能力最强的供应商，在不对称信息下，制造商的最优知识交易量不会发生扭曲，但对于其他学习能力类型的供应商，制造商知识交易量将向上扭曲；当制造商提供的知识对供应商生产成本影响较小时，制造商能设计出可分离的合约菜单，而当制造商提供的知识对供应商生产成本影响较大时，靠近最低学习能力类型的供应商区域将产生混同合约，且制造商提供的知识对供应商生产成本影响越大，混同区域越大。

第四节 考虑知识属性影响下供应链企业间知识交易的市场机制

一 引言

第三节中，在考虑知识学习能力影响下，研究了供应链企业间知识共享的市场机制。在本节中，我们将引入知识属性这一影响因素来研究供应链企业间知识共享的市场机制。原因在于按照知识的本质属性可以将知识分为显性知识和隐性知识，对于不同属性的知识，其激励机制也应有所区别。基于此，本节拟从供应链合作创新的视角出发，考虑知识的本质属性，利用多任务委托代理模型建立供应链企业间显性知识和隐性知识交易模型，并通过模型求解以期得出在此条件下的最优激励合约，为促进供应链企业间的知识共享与转移提供理论依据和决策参考。

二 问题描述与模型假设

在制造业供应链中，核心企业制造商开展产品创新活动往往需要其供应商的积极参与并提供相应的知识支持，这在汽车行业中非常普遍。汽车是典型的复杂产品，其研发和生产本质上是知识密集性活动，汽车行业技术变化速度很快，其生产经营对新知识、新技术的依赖很强，所以该行业需要供应链上下游进行充分的知识共享与合作，以提高产品创新成功的概率。在供应链合作创新过程中，制造商通过知识交易的方式获取供应商提供的显性知识和隐性知识，设制造商是委托人，供应商是代理人，首先制造商需要设计关于供应商显性知识和隐性知识交易的双重激励合约，供应商接受合约，随后供应商投入努力转移制造商所需的显性知识和隐性知识，制造商获取供应商转移的显性知识和隐性知识开展产品创新活动并获得收益，然后根据供应商所转移显性知识量和隐性知识量兑现激励合约承诺。为定量分析整个合约的设计过程，先作如下假设：

假设 5.4.1：e_i（$i=1,2$）表示供应商（代理人）的在知识交易过程中的知识转移努力水平，努力水平的选择是一次性的（因而是一个静态模型），其中 e_1 表示用在显性知识转移上的努力水平，e_2 表示用在隐性知识转移上的努力水平。此外，用 $C(e_1, e_2)$ 表示供应商参与知识交易的知识转移成本，$C(e_1, e_2)$ 是严格递增的凸函数，即知识转移的边际成本递增。

假设 5.4.2：k_i 为供应商知识转移的努力选择所决定的可观测变量，其代表各类知识转移量，$k_i = \mu_i e_i + \theta_i$，$\mu_i > 0$，$i=1,2$，其中 μ_i 为 e_i 的单位努力业绩产出（或称为绩效因子），θ_i 为外生变量，表示外部无法控制的因素，$\theta_i \sim N(0, \delta_i^2)$，且 θ_1，θ_2 独立分布。

假设 5.4.3：制造商采用线性激励合约方式给供应商参与知识交易（显性知识和隐性知识转移）的报酬：$\pi(k) = \alpha + \beta_1 k_1 + \beta_2 k_2$，其中 α 为供应商的固定收入，β_1，β_2 分别为努力业绩 k_1，k_2 的报酬激励因子。

假设 5.4.4：制造商通过获取供应商转移的显性知识和隐性知识进行产品创新可获得的期望收益为 $V(e_1,e_2)$，$V(e_1,e_2)$ 是严格递增的凹函数，即制造商边际收益递减。

假设 5.4.5：由于供应链联盟本身具有动态性和不确定性，基于投机行为和参与人有限理性的假设，假设制造商为风险中性，供应商作为代理人是风险规避的，其效用函数具有不变的绝对风险规避特性，即 $u(\pi) = -e^{-\rho\pi}$，其中 ρ 表示绝对风险规避系数（$\rho > 0$），则供应商的确定性等价收入为满足 $u(CE) = Eu(\pi)$ 中的 CE，即：

$$CE = \alpha + \beta_1\mu_1 e_1 + \beta_2\mu_2 e_2 - \frac{1}{2}\rho(\beta_1^2\delta_1^2 + \beta_2^2\delta_2^2) - C(e_1,e_2)$$

上式中，$\alpha + \beta_1\mu_1 e_1 + \beta_2\mu_2 e_2$ 为供应商参与知识交易的期望报酬，$\frac{1}{2}\rho(\beta_1^2\delta_1^2 + \beta_2^2\delta_2^2)$ 为供应商参与知识交易的风险成本，$C(e_1,e_2)$ 为供应商参与知识交易的知识转移成本。

另外，根据上述假设可知，制造商的实际收入 π_M 为制造商期望收益减去支付给供应商的报酬，由于假设制造商是风险中性，其期望收益为：

$E(\pi_M) = E[V(e_1, e_2) - \alpha - \beta_1\mu_1 e_1 - \beta_2\mu_2 e_2] = V(e_1, e_2) - \alpha - \beta_1\mu_1 e_1 - \beta_2\mu_2 e_2$

假设供应商参与知识交易的保留效应水平为 λ，λ 表示供应商不参与知识交易所能够得到的最大期望效用。因此，在本文问题描述的两级供应链中，供应链企业间显性知识和隐性知识交易的激励模型可以描述为：制造商通过出价调整激励因子 β_i，激励供应商选择投入更大的努力水平 e_i 去完成显性知识和隐性知识转移任务，以通过产品创新来实现制造商收益最大化。即满足供应商参与约束和激励约束的条件下，制造商达到期望收益最大化。用委托代理模型可表示如下：

$$\max_{\beta_i,e_i} E(\pi_M) = V(e_1,e_2) - \alpha - \beta_1\mu_1 e_1 - \beta_2\mu_2 e_2 \tag{5.4.1}$$

$$\text{S. t. } (IR)\ CE = \alpha + \beta_1\mu_1 e_1 + \beta_2\mu_2 e_2 - \frac{1}{2}\rho(\beta_1^2\delta_1^2 + \beta_2^2\delta_2^2) - C(e_1,e_2) \geqslant \lambda \tag{5.4.2}$$

$$(IC)\ (e_1,e_2) \in \arg\max\left(\alpha + \beta_1\mu_1 e_1 + \beta_2\mu_2 e_2 - \frac{1}{2}\rho(\beta_1^2\delta_1^2 + \beta_2^2\delta_2^2) - C(e_1,e_2)\right) \tag{5.4.3}$$

由式（5.4.3）可知：

$$\beta_i = \frac{1}{\mu_i}\frac{\partial\ C(e_1,e_2)}{\partial\ e_i} = \frac{1}{\mu_i}C_i(e_1,e_2)\ ,\ i = 1,2 \tag{5.4.4}$$

对式（5.4.4）分别关于 e_i 和 β_i 求导可知：

$$\frac{\partial\ \beta_i}{\partial\ e_i} = \frac{1}{\mu_i}C_{ii},\frac{\partial\ \beta_i}{\partial\ e_j} = \frac{1}{\mu_i}C_{ij}\ ,\ i \neq j\ ,\ i,j = 1,2 \tag{5.4.5}$$

$$\frac{\partial\ e_i}{\partial\ \beta_i} = \frac{\mu_i C_{jj}}{C_{ii}C_{jj} - C_{ij}C_{ji}},\frac{\partial\ e_i}{\partial\ \beta_j} = \frac{-\mu_j C_{ij}}{C_{ii}C_{jj} - C_{ij}C_{ji}}\ ,\ i \neq j\ ,\ i,j = 1,2 \tag{5.4.6}$$

上述两式中，$\frac{\partial\ \beta}{\partial\ e}$ 表示激励因子对供应商知识转移努力变化的敏感程度，$\frac{\partial\ e}{\partial\ \beta}$ 表示供应商知识转移努力水平对激励因子变化的敏感程度。

一般情况下，制造商作为委托人不会支付给供应商更多的报酬，因此，在最优情况下，式（5.4.2）会取等式，即：

$$\alpha + \beta_1\mu_1 e_1 + \beta_2\mu_2 e_2 - \frac{1}{2}\rho(\beta_1^2\delta_1^2 + \beta_2^2\delta_2^2) - C(e_1,e_2) = \lambda \tag{5.4.7}$$

将式（5.4.7）代入式（5.4.1）得：

$$\max_{\beta_i} E(\pi_M) = V(e_1,e_2) - \lambda - \frac{1}{2}\rho(\beta_1^2\delta_1^2 + \beta_2^2\delta_2^2) - C(e_1,e_2) \tag{5.4.8}$$

此时已将基本模型的约束极值问题转化为无约束极值问题，根据上述条件求解可知：

$$\beta_1 = \frac{\mu_1\mu_2^2 V_1 + (V_1 C_{22} - V_2 C_{12})\mu_1\rho\delta_2^2}{\mu_1^2\mu_2^2 + \rho(\mu_2^2 C_{11}\delta_1^2 + \mu_1^2 C_{22}\delta_2^2) + \rho^2(C_{11}C_{22} - C_{12}^2)\delta_1^2\delta_2^2} \tag{5.4.9}$$

$$\beta_2 = \frac{\mu_2\mu_1^2 V_2 + (V_2 C_{11} - V_1 C_{12})\mu_2\rho\delta_1^2}{\mu_1^2\mu_2^2 + \rho(\mu_2^2 C_{11}\delta_1^2 + \mu_1^2 C_{22}\delta_2^2) + \rho^2(C_{11}C_{22} - C_{12}^2)\delta_1^2\delta_2^2} \tag{5.4.10}$$

三　两种类型知识的转移成本函数相互独立下的合约机制

供应商的显性知识和隐性知识转移成本函数相互独立，意味着供应商在显性（隐性）知识转移成本的增加不会导致隐性（显性）知识转移成本的增加或减少，即显性知识转移与隐性知识转移相互独立，互不影响，例如某次知识交易的显性知识与隐性知识没有任何内容关联，或者是获取显性知识和隐性知识的机构分别属于制造商的两个独立部门等均会产生两类知识转移成本函数相互独立的情况。基于此，为研究两种类型知识转移成本函数相互独立下的合约激励情况，现作如下假设：

假设 5.4.6：供应商的显性知识转移成本函数与隐性知识转移成本函数相互独立，即 $C_{12} = C_{21} = 0$，且影响知识转移量 k_1、k_2 的随机变量 θ_1、θ_2 独立分布。

命题 5.4.1：如果供应商的显性知识转移成本函数与隐性知识转移成本函数相互独立（即 $C_{12} = C_{21} = 0$），那么在激励相容条件下，两种类型知识交易的最优激励合约相互独立（即 β_1 与 β_2 相互独立），且最优激励因子 β_i 是制造商边际收益 V_i 的增函数、是供应商绝对风险规避系数 ρ、知识转移边际成本变化率 C_{ii} 和知识转移量方差 δ_i^2 的减函数。

证明：由于 $C_{12} = C_{21} = 0$，将其代入式（5.4.9）、式（5.4.10）中化简得：

$$\beta_1 = \frac{\mu_1\mu_2^2 V_1 + V_1 C_{22}\mu_1\rho\delta_2^2}{\mu_1^2\mu_2^2 + \rho(\mu_2^2 C_{11}\delta_1^2 + \mu_1^2 C_{22}\delta_2^2) + \rho^2 C_{11} C_{22}\delta_1^2\delta_2^2} = \frac{\mu_1 V_1}{\mu_1^2 + \rho C_{11}\delta_1^2} \tag{5.4.11}$$

$$\beta_2 = \frac{\mu_2\mu_1^2 V_2 + V_2 C_{11}\mu_2\rho\delta_1^2}{\mu_1^2\mu_2^2 + \rho(\mu_2^2 C_{11}\delta_1^2 + \mu_1^2 C_{22}\delta_2^2) + \rho^2 C_{11} C_{22}\delta_1^2\delta_2^2} = \frac{\mu_2 V_2}{\mu_2^2 + \rho C_{22}\delta_2^2} \tag{5.4.12}$$

根据式（5.4.11）、式（5.4.12），如果供应商的显性知识转移成本函数与隐性知识转移成本函数相互独立，那么在激励相容条件下，两种类型知识交易的最优激励因子 β_i 相互独立，且最优激励因子 β_i 是制造商边际收益 V_i 的增函数、是供应商绝对风险规避系数 ρ、知识转移边际成本变化率 C_{ii} 和知识转移量方差 δ_i^2 的减函数。命题 5.4.1 证毕。

β_i 是制造商边际收益 V_i 的增函数表明制造商通过知识交易获得的边际收益越大，其给予供应商的报酬应该越多，反之亦然，若制造商隐藏信息给予供应商不公平的收益分享比例，将导致供应商对制造商的信任降低甚至丧失，从而影响供应商的知识交易意愿。β_i 是供应商绝对风险规

避系数 ρ 的减函数表明针对不同风险态度的供应商应该有不同的最优激励方案，对于合作时间较长的供应商，其绝对风险规避系数 ρ 相对较低，此时制造商应该提高激励因子，而对于合作时间较短的供应商，其绝对风险规避系数相对较高，此时制造商应该降低激励因子，因而，在企业实际运作过程中，往往与制造商长期合作的供应商会享受各种各样的优惠政策和奖励，而刚刚建立合作关系的供应商在这方面享受的就相对较少。β_i 是边际成本变化率 C_{ii} 的减函数表明如果供应商某类型知识转移的单位激励成本高，则相应降低对该类知识转移的激励；而如果供应商某类型知识转移的单位激励成本低，则相应提高对该类知识转移的激励。β_i 是知识转移量方差 δ_i^2 的减函数表明如果某类型知识转移量的可观测变量方差高，则应当降低对该类知识转移的激励，反之亦然；某类型知识转移量方差大意味着供应商在该类知识转移上投入的努力水平与其知识转移量多少相关程度不大，知识转移量大，有可能是运气好或对方学习能力强，而并不是努力的真实反映，在这种情况之下，制造商提高激励水平也就不能起到激励其努力转移知识的作用，因而只有当努力与知识转移量强相关时，也即在某类型知识转移量的可观测变量方差较低时，才能通过提高其知识转移量的激励获得促进其努力转移知识的效果。

推论 5.4.1：当供应商知识转移努力的绩效因子 μ_i 低于效率风险时，最优激励因子 β_i 随着绩效因子 μ_i 的增加而增大；当供应商努力的绩效因子 μ_i 高于效率风险时，最优激励因子 β_i 随着绩效因子 μ_i 的增加而减少。

证明：由式（5.4.11）、式（5.4.12）对 μ_i 求导可知：

$$\frac{\partial \beta_1}{\partial \mu_1} = \frac{V_1(\mu_1^2 + \rho C_{11}\delta_1^2) - 2\mu_1^2 V_1}{(\mu_1^2 + \rho C_{11}\delta_1^2)^2} = \frac{V_1(\rho C_{11}\delta_1^2 - \mu_1^2)}{(\mu_1^2 + \rho C_{11}\delta_1^2)^2} \tag{5.4.13}$$

$$\frac{\partial \beta_2}{\partial \mu_2} = \frac{V_2(\mu_2^2 + \rho C_{22}\delta_2^2) - 2\mu_2^2 V_2}{(\mu_2^2 + \rho C_{22}\delta_2^2)^2} = \frac{V_2(\rho C_{22}\delta_2^2 - \mu_2^2)}{(\mu_2^2 + \rho C_{22}\delta_2^2)^2} \tag{5.4.14}$$

假设 $\bar{\mu}_1 = \sqrt{C_{11}\rho}\delta_1$，$\bar{\mu}_2 = \sqrt{C_{22}\rho}\delta_2$ 分别表示供应商进行显性知识转移和隐性知识转移的效率风险，则有：

当 $\mu_1 < \bar{\mu}_1$ 时，$\frac{\partial \beta_1}{\partial \mu_1} > 0$，$\beta_1$ 是 μ_1 的递增函数；当 $\mu_2 < \bar{\mu}_1$ 时，$\frac{\partial \beta_2}{\partial \mu_2} > 0$，$\beta_2$ 是 μ_2 的递增函数，即最优激励因子 β_i 随着绩效因子 μ_i 的增加而

增大。

当 $\mu_1 > \bar{\mu}_2$ 时，$\frac{\partial \beta_1}{\partial \mu_1} < 0$，$\beta_1$ 是 μ_1 的递减函数；当 $\mu_2 > \bar{\mu}_2$ 时，$\frac{\partial \beta_2}{\partial \mu_2} < 0$，$\beta_2$ 是 μ_2 的递减函数，即最优激励因子 β_i 随着绩效因子 μ_i 的增加而减少。推论 5.4.1 得证。

对于假定的效率风险 $\bar{\mu}_i = \sqrt{C_{ii}\rho}\delta_i$，$i = 1,2$，其包含了供应商的知识转移边际成本变化率、绝对风险规避系数以及知识转移量的不确定性，它表明了供应商参与知识交易期望补偿的最低风险成本水平。在供应商的绩效因子 μ_i 低于效率风险 $\bar{\mu}_i$ 时，制造商此时加大激励力度，有利于树立供应商参与知识交易的信心，从而提高知识转移努力水平，进而知识转移量；在供应商的绩效因子 μ_i 低于效率风险 $\bar{\mu}_i$ 时，如果 μ_i 越高，知识转移量 $k_i = \mu_i e_i + \theta_i$ 中 k_i 与供应商的努力水平 e_i 相关性越小，此时，就算给予较高的激励因子 β_i 也难以激励供应商的努力增加多少，此时还不如降低 β_i 以节省激励成本，就算适当减少 β_i，供应商的努力也不会减少多少。此外，具有高绩效因子 μ_i 的供应商毕竟是少数，若在此基础上再加以高激励因子 β_i，就会导致供应商之间激励报酬的进一步拉大，这样就不利于激励多数供应商，从而不利于供应链企业间的合作。

四　两种类型知识的转移成本函数相互依存下的合约机制

在假设 5.4.6 中我们假定供应商的显性知识转移成本函数与隐性知识转移成本函数相互独立，但是我们在企业实际运作中可以观察到，如果显性知识和隐性知识存在关联，制造商在获取显性知识后，经过学习、吸收，具备了一定知识存量或基础后将更有利于隐性知识的获取。在上述情况下，供应商的显性知识转移成本函数与隐性知识转移成本函数就是相互依存的，即 $C_{12} = C_{21} \neq 0$。基于此，为研究两种类型知识转移成本函数相互依存下的合约激励情况，现作如下假设：

假设 5.4.7：供应商的显性知识转移成本函数与隐性知识转移成本函数相互依存，且影响知识转移量的随机变量 θ_1、θ_2 独立分布。

由于显性知识是指客观的、有形的知识，容易编码或结构化为某一有形的载体，主要表现为文件、数据库、产品外观、说明书、公式和计算机程序等形式，因而供应商在显性知识转移方面付出的努力制造商可以直接观测。而隐性知识是指用文字、语言、图像等形式不易表达清楚的主观知识，难以编码或结构化，以个人、团队、组织的经验、印象、技术诀窍、组织文化、风俗等形式存在，因而供应商隐性知识转移的努力投入是很难观测的，其只有通过隐性知识转移量 $k_2 = \mu_2 e_2 + \theta_2$ 进行间接测度。基于上述分析，我们做出如下假设：

假设 5.4.8：在供应链企业间的知识交易过程中，供应商显性知识转移的努力投入可以由制造商直接观测，此时即有 $\delta_1^2 = 0$，而供应商隐性知识转移的努力投入无法由制造商直接观测，但是隐性知识转移量 $k_2 = \mu_2 e_2 + \theta_2$ 可以观测。

命题 5.4.2：如果供应商的显性知识转移成本函数与隐性知识转移成本函数相互依存（即 $C_{12} = C_{21} \neq 0$），那么激励相容条件下：

①供应商显性知识交易的最优激励合约是“门槛型合约”，即当制造商的边际收益（供应商显性知识转移努力水平下）达到一定的“门槛值”时，对供应商的显性知识转移激励才是正向的，否则将是负向的；并且“门槛值”与供应商两类知识转移边际成本替代率 C_{12}、隐性知识转移下的制造商边际收益 V_2 呈正比，与隐性知识转移边际成本变化率 C_{22} 呈反比。

②供应商隐性知识交易的最优激励合约与两类知识转移成本函数的相互依存性无关。

证明：由假设 5.4.8 可知 $\delta_1^2 = 0$，将其代入式（5.4.9）和式（5.4.10）可知：

$$\beta_1 = \frac{\mu_1\mu_2^2 V_1 + V_1 C_{22}\mu_1\rho\delta_2^2 - V_2 C_{12}\mu_1\rho\delta_2^2}{\mu_1^2\mu_2^2 + \rho\mu_1^2 C_{22}\delta_2^2} = \frac{1}{\mu_1}\left(V_1 - \frac{V_2 C_{12}\rho\delta_2^2}{\mu_2^2 + \rho C_{22}\delta_2^2}\right) \tag{5.4.15}$$

$$\beta_2 = \frac{\mu_2\mu_1^2 V_2}{\mu_1^2\mu_2^2 + \rho\mu_1^2 C_{22}\delta_2^2} = \frac{\mu_2 V_2}{\mu_2^2 + \rho C_{22}\delta_2^2} \tag{5.4.16}$$

由式（5.4.15）可知，供应商显性知识交易的最优激励合约是“门槛型合约”，即只有在显性知识交易情况下制造商的边际收益满足式（5.4.17）时，对显性知识转移的激励才是正向的，否则将是负向的。

$$V_1 > \frac{V_2 C_{12}\rho\delta_2^2}{\mu_2^2 + \rho C_{22}\delta_2^2} \tag{5.4.17}$$

同时通过对式（5.4.17）的门槛条件分析可知，“门槛值”与供应商两类知识转移边际成本替代率 C_{12} 、隐性知识转移下的制造商边际收益 V_2 呈正比，与隐性知识转移边际成本变化率 C_{22} 呈反比。命题 5.4.2 中①得证。

由式（5.4.16）可知，C_{12} 并未在等式中出现，因此隐性知识交易的最优合约与两类知识转移成本函数的相互依存性无关，命题 5.4.2 中②得证。

当供应商的显性知识转移成本函数与隐性知识转移成本函数相互依存（即 $C_{12} = C_{21} \neq 0$），且供应商显性知识转移的努力投入可以由制造商直接观测（$\delta_1^2 = 0$）的情形下，隐性知识交易的最优合约与两类知识转移成本函数的相互依存性无关，也就是供应商两类知识转移的边际成本替代率（成本函数的交叉偏导）并不影响隐性知识转移最优激励因子的确定，其最优化条件与两类知识转移成本函数之间相互独立时是完全相同的。但是，供应商显性知识转移的最优化激励则有较大变化，由于显性知识转移努力选择的可观测性，其最优激励合约是“门槛型合约”，当门槛条件未达到时，对供应商显性知识转移的激励将是负向的，将对供应商显性知识转移的积极性产生不利影响；但是一旦超过门槛值，则供应商在显性知识转移上所得到的激励将完全由其在显性知识转移方面所创造的增量业绩来决定，而不是如隐性知识转移那样是一种剩余索取比例的分享，这无疑会诱导供应商把更多的精力和时间放在显性知识转移活动中，从而忽略隐性知识转移，而恰恰供应链合作创新所需要的技术知识大多属于隐性知识，一旦供应商忽略隐性知识转移或降低隐性知识转移的努力程度，供应链企业间合作创新的成功概率和效率将大受影响。

五 结论

基于供应链合作创新视角，考虑知识的显性和隐性属性，以核心企业制造商为知识买方，供应商为知识卖方，运用多任务委托代理理论建立了供应链企业间显性知识和隐性知识交易的合约模型，通过模型求解得到如下结论：如果显性知识和隐性知识的转移成本函数相互独立，那么激励相容条件下两类知识交易的最优业绩报酬也是相互独立的，且最优激励因子是各类交易下知识买方边际收益的增函数、是知识卖方绝对风险规避系数、各类知识转移边际成本变化率和业绩方差的减函数，并在此基础上提出了效率风险的概念及其经济意义解释；而如果两类知识的转移成本函数相互依存，那么在激励相容条件下，隐性知识交易的最优激励合约是“门槛型合约”，其中“门槛值”与供应商两类知识转移边际成本替代率、隐性知识转移下的制造商边际收益呈正比，与隐性知识转移边际成本变化率呈反比。

第五节 双边道德风险下供应链企业间知识交易的关系机制设计

一 引言

考虑知识的无形性、外部性以及难以度量性等自然特性，在实际知识共享的市场机制实施过程中由于信息不对称往往存在双边道德风险问题，即不仅知识需求方将知识转化为收益的行为不可被第三方验证，其具有隐藏行动的道德风险，而且知识供给方所出售知识的数量和质量同样不可被第三方验证，其同样具有道德风险。正因为知识交易过程中双边道德风险的存在，知识交易双方投入要素均无法观察验证，其不能在正式的市场合约中明确定义，因而维系知识交易双方的市场合约具有较强的不完全性。双边道德风险的市场合约设计研究表明，在满足预算约束平衡下，不存在一种分配机制能激励双方的投入达实现系统收益最优，因而正式交易合约往往无法有效激励知识交易双方的行为。以社会关系为基础的关系交易理论认为通过内在的、道德的控制，并通过建立一致目标，营造长期的合作氛围，有利于创造更大程度的互动和双方的相互理解，最终促进交易关系的顺利进行，其强调了社会交往和关系在经济活动中所起的作用，即双方在正式市场合约的基础上，形成一种长期的合作关系，表现为关系合约机制。

鉴于此，本节从供应链合作创新视角下的知识交易关系出发，针对知识交易过程中交易双方投入要素无法验证的双边道德风险问题，拟运用委托代理理论设计双边道德风险下供应链企业间知识交易的市场合约及关系合约激励机制并进行比较分析，以期为供应链企业间的知识共享决策提供理论依据。

二　问题描述与模型假设

供应链中，核心企业制造商进行产品创新活动需要其供应商的积极参与并提供相应的技术知识支持，这在汽车行业中非常普遍。汽车是典型的复杂产品，其研发和生产本质上是知识密集性活动，汽车行业技术变化速度很快，其生产经营对新知识、新技术的依赖很强，所以该行业需要供应链上下游进行充分的知识共享与合作，以提高产品创新成功的概率。在产品合作创新过程中，制造商通过知识交易的方式获取供应商提供的相关技术知识，然后自身投入努力（努力主要表现在知识、技术、人力资源为代表的知识性生产要素的投入力度上）进行产品创新活动，并以创新产出为参考来支付供应商提供知识的报酬。可见，这类产品创新活动的结果不仅受到制造商创新工作努力水平的影响，还受到产品创新过程中供应商技术知识支持力度（技术知识转移量）的影响，而制造商的工作努力水平及供应商的技术知识转移量（多为隐性知识）均不易观察量化，他们在知识交易过程中均有可能为获取私利而出现败德行为。为进行上述双边道德风险下知识交易的合约机制研究，先作如下假设：

假设 5.5.1：根据市场需求，制造商需要进行一项产品创新活动，创新活动在执行后通常表现为成功或失败两种结果，分别记为 S 和 F。假定创新成功后的产出 $\pi(S)=\theta$，创新失败后的产出 $\pi(F)=0$。

假设 5.5.2：制造商产品创新成功与否受供应商提供的技术知识转移量 k 和制造商在产品创新过程中工作努力水平 e 的影响。假定产品创新的成功概率为 $f(k,e)$，其中 k（$k\in[0,1]$）为供应商技术知识转移量，$k=0$ 表示供应商不向制造商提供相关技术知识，$k=1$ 表示向制造商提供所有相关技术知识；e（$e\in[0,1]$）表示制造商进行产品创新的工作努力水平，e 取值越大表示制造商产品创新的工作努力水平越高。另外，产品创新的成功概率 $f(k,e)$ 具有以下性质：

（1）$\partial f(k,e)/\partial k > 0$、$\partial f(k,e)/\partial e > 0$、$\partial^2 f(k,e)/\partial k^2 < 0$、$\partial^2 f(k,e)/\partial e^2 < 0$；

（2）$\frac{\partial^2 f(k,e)}{\partial k^2}\frac{\partial^2 f(k,e)}{\partial e^2} - \left(\frac{\partial^2 f(k,e)}{\partial k \partial e}\right)^2 > 0$。

其中（1）表示制造商进行产品创新的成功概率随着 k 或 e 的增加而递减增加，满足边际递减规律；（2）表示制造商进行产品创新的成功概率 $f(k,e)$ 为 k,e 的联合凹函数。

假设 5.5.3：制造商努力成本函数为 $C_m(e)$，供应商技术知识转移成本函数为 $C_s(k)$，且满足以下条件：

（1）$C_m(0) = C_s(0) = 0$，表示制造商不努力、供应商不转移知识时均不产生成本；

（2）$\lim\limits_{e \to 1} C_m(e) = +\infty$，表示制造商工作努力水平接近于 1 时其努力成本是巨大的；$\lim\limits_{k \to 1} C_s(k) = +\infty$，表示供应商的知识转移量接近于 1 时其转移成本是巨大的；

（3）$\partial C_s(k)/\partial k > 0, \partial^2 C_s(k)/\partial k^2 > 0$，表示随着知识转移量增加，供应商的知识转移成本也随之增加并且以递增的速度增加；

（4）$\partial C_m(e)/\partial e > 0, \partial^2 C_m(e)/\partial e^2 > 0$，表示随着工作努力水平增加，制造商的努力成本也随之增加并且以递增的速度增加。

假设 5.5.4：制造商和供应商都是风险中性的。沿用霍姆斯特姆与米尔格罗姆参数化扩张模型，假定制造商对供应商提供技术知识支持的支付函数为 $W(\pi) = \alpha + \beta\pi$，其中 $W(\pi)$ 为制造商对供应商的总支付，α 为制造商向供应商支付的固定费用，π 为制造商产品创新的收益产出，β 为产品创新成功时供应商分享的产出份额，即收入共享激励系数，且 $\beta \in [0,1]$。

假设 5.5.5：制造商进行产品创新的工作努力水平和供应商在知识交易过程中的技术知识转移量均不易观察验证，因此本文假设制造商工作努力水平 e 和供应商技术知识转移量 k 均为各自私人信息，其他信息均为共同信息。

三　双边道德风险下供应链企业间知识交易的正式合约

在正式合约框架下，制造商与供应商进行单周期两阶段博弈。即第一阶段制造商设计知识交易支付合约，供应商根据合约期望收益选择接受或拒绝合约，如接受合约将进入第二阶段；第二阶段制造商和供应商分别投入努力和技术知识进行产品创新活动。

正式合约下可用优化模型 P5.5.1 描述。

P5.5.1 $$\max_{\alpha,\beta,e} E(\pi_m) = (1-\beta)\theta f(k,e) - \alpha - C_m(e) \tag{5.5.1}$$

S.t. $$(1-\beta)\theta\frac{\partial f(k,e)}{\partial e} - \frac{\partial C_m(e)}{\partial e} = 0 \tag{5.5.2}$$

$$\beta\theta\frac{\partial f(k,e)}{\partial k} - \frac{\partial C_s(k)}{\partial k} = 0 \tag{5.5.3}$$

$$\alpha + \beta\theta f(k,e) - C_s(k) \geq \bar{U} \tag{5.5.4}$$

优化模型 P5.5.1 中，式（5.5.1）是制造商产品创新的目标收益函数；式（5.5.2）是制造商的激励相容约束，表示制造商对供应商技术知识转移量的最优反应函数；式（5.5.3）是供应商激励相容约束，表示供应商对制造商工作努力水平的最优反应函数；式（5.5.4）是供应商参与约束，其中 $\bar{U}$ 为供应商的保留效用，该约束保证供应商通过知识交易至少能获得保留效用。一般情况下，制造商在保证供应商参与的基础上不会给供应商更多的支付，即供应商的参与约束在制造商收益最大化条件下取等号，即式（5.5.4）可写成式（5.5.5）。

$$\alpha = \bar{U} + C_s(k) - \beta\theta f(k,e) \tag{5.5.5}$$

因此，优化模型 P5.5.1 可表述为优化模型 P5.5.2。

P5.5.2 $$\max_{\beta,e} E(\pi_m) = \varphi(k,e) - \bar{U} \tag{5.5.6}$$

S.t. $$(1-\beta)\theta\frac{\partial f(k,e)}{\partial e} - \frac{\partial C_m(e)}{\partial e} = 0 \tag{5.5.7}$$

$$\beta\theta\frac{\partial f(k,e)}{\partial k} - \frac{\partial C_s(k)}{\partial k} = 0 \tag{5.5.8}$$

根据假设 5.5.2 和假设 5.5.3，优化模型 P5.5.2 中的目标函数为凹函数，约束为等式约束，假定其最优解为 β^* 、k^* 、e^* ，由式（5.5.5）可知最优固定支付 $\alpha^* = \bar{U} + C_s(k^*) - \beta^* \theta f(k^*, e^*)$ 。为进一步分析双边道德风险下双方的利己行为对供应链整体收益的影响，将制造商与供应商当作一个整体进行集中决策，此时他们追求的将是供应链整体利润最大化，在这种情形下作出的决策是全局最优的。集中式决策情形下的优化模型为：

$$\max_{k,e}\varphi(k,e) = \theta f(k,e) - C_m(e) - C_s(k) \tag{5.5.9}$$

根据前文假设，供应链整体期望收益函数 $\varphi(k,e) = \theta f(k,e) - C_m(e) - C_s(k)$ 为凹函数，即式（5.5.9）存在最优解。假设式（5.5.9）的最优解为 e^{FB} 、k^{FB} ，即供应链整体期望收益最大化时制造商的工作努力水平为 e^{FB} ，供应商技术知识转移量的为 k^{FB} ，则 e^{FB} 、k^{FB} 必然满足由式（5.5.10)和式（5.5.11）组成的一阶条件方程组：

$$\theta \frac{\partial f(k,e)}{\partial e} - \frac{\partial C_m(e)}{\partial e} = 0 \tag{5.5.10}$$

$$\theta \frac{\partial f(k,e)}{\partial k} - \frac{\partial C_s(k)}{\partial k} = 0 \tag{5.5.11}$$

命题5.5.1：双边道德风险下，制造商工作努力水平 e 和供应商技术知识转移量 k 满足 $e^* \neq e^{FB}$, $k^* \neq k^{FB}$ 。

证明：利用反证法进行命题5.5.1证明。如果 $e^* = e^{FB}$, $k^* = k^{FB}$ ，则 e^{FB} 、k^{FB} 除满足由式（5.5.10）和式（5.5.11）组成的供应链整体收益最大化一阶条件方程组外，还需要满足由式（5.5.7）和式（5.5.8）组成的激励相容约束方程组。由假设5.5.4可知 $\beta \in [0,1]$ ，对定义域 $\beta \in [0,1]$ 中的任意 β ，显然不存在 e^{FB} 、k^{FB} 能同时满足上述两个方程组，因而 $e^* \neq e^{FB}$, $k^* \neq k^{FB}$ 。得证。

命题5.5.1说明双边道德风险下，制造商设计的最优正式合约虽然从一定程度上能促进知识交易的进行和创新收益产出的实现，但是其并不能有效激励知识交易双方投入达到集中决策下的最优，此时，供应链中的知识资源并没有达到集中决策下的最优化配置，供应链中的知识资源还存在一定的闲置和浪费，供应链中知识的创新效应还没有完美体现。

四　双边道德风险下供应链企业间知识交易的关系合约

关系合约定义为基于未来关系价值的非正式协议，其与正式合约的主要区别是：正式合约是指能够描述成可以由诸如法庭等第三方事后证实和执行的合约条款，而关系合约中可存在不能被第三方证实和执行的承诺；正式合约是强制执行的，而关系合约中不能被第三方证实和执行的承诺是“自我实施”（Self - Enforced）的；正式合约主要考虑短期单次合作，而关系合约面向长期多次合作。关系合约框架下，制造商与供应商需要进行无限重复博弈，重复博弈中的一次博弈主要有以下两个阶段：第一阶段制造商设计固定支付加收益共享的知识交易支付合约 $\tilde{W}(\pi)=\tilde{\alpha}+\tilde{\beta}\pi$，并承诺其在产品创新活动的努力水平 $\tilde{e}$（为区别正式合约中的相关参数，关系合约中将用 $\tilde{W}(\pi)$、$\tilde{e}$、$\tilde{k}$ 进行表示），供应商选择接受或拒绝合约，如接受合约将进入第二阶段；第二阶段供应商考虑制造商的努力水平承诺是否可信并据此决策自身的知识转移量 $\tilde{k}$，同时制造商根据供应商的反应考虑是否兑现承诺，此时制造商与供应商之间的双边道德风险产生。

按照两阶段博弈逆向解法，在博弈的第二阶段，供应商首先判断制造商提出的关系合约是否具有“自我实施”性。关系合约主要基于双方关系机制面向长期合作关系，“自我实施”性取决于制造商“守约的长期收益”是否大于“违约的长期收益”。需要说明的是，信任与声誉是制造商实施关系合约的基础，一旦制造商没有执行其在关系合约中承诺的努力水平，供应商在以后的合作中都将认为制造商的承诺不可信，不会再与制造商缔结关系合约。

当制造商给出知识交易支付合约 $\tilde{W}(\pi)=\tilde{\alpha}+\tilde{\beta}\pi$ 及努力水平承诺 $\tilde{e}$ 时，如果供应商相信制造商的参与承诺，其将选择自己期望收益 $\tilde{\alpha}+\tilde{\beta}\theta f(\tilde{k},\tilde{e})-C_s(\tilde{k})$ 最大的知识转移量 $\tilde{k}$，则一阶条件式（5.5.12）成立。

$$\tilde{\beta}\theta\frac{\partial f(\tilde{k},\tilde{e})}{\partial \tilde{k}}-\frac{\partial C_s(\tilde{k})}{\partial \tilde{k}}=0 \tag{5.5.12}$$

如果制造商在产品创新过程中违约，即不执行其事先的努力水平承诺，在供应商认为关系合约具有“自我实施”性下，制造商将选择使当期收益 $(1-\tilde{\beta})\theta f(\tilde{k},e)-\tilde{\alpha}-C_m(e)$ 最大化的工作努力水平 $\hat{e}$，由于固定支付 $\tilde{\alpha}$ 为定值，与工作努力水平 $\hat{e}$ 无关，则有：

$$\hat{e}=\arg\max_e(1-\tilde{\beta})\theta f(\tilde{k},e)-C_m(e) \tag{5.5.13}$$

制造商一旦违约，其声誉将会受到影响，供应商将不会信任制造商的关系承诺，因此供应商在以后的类似合作中只会与制造商签订正式合约。根据前面正式合约分析结果，制造商在以后的类似创新活动中获得的最优收益为 $\theta f(k^*,e^*)-C_m(e^*)-C_s(k^*)-\bar{U}$。记 r（$r\geqslant 0$）为未来收益的贴现率，则制造商在违约情况下所获得的净收益现值为：

$$E(\pi_m)_{NPV}^1=(1-\tilde{\beta})\theta f(\tilde{k},\hat{e})-\tilde{\alpha}-C_m(\hat{e})+\sum_{t=1}^{\infty}\frac{1}{(1+r)^t}$$
$$[\theta f(k^*,e^*)-C_m(e^*)-C_s(k^*)-\bar{U}] \tag{5.5.14}$$

令 $\lambda=\frac{1}{1+r}$，其中 $\lambda(0\leqslant\lambda\leqslant 1)$ 表示未来收益的贴现因子，将其代入式（5.5.14）并进行化简可知：

$$E(\pi_m)_{NPV}^1=(1-\tilde{\beta})\theta f(\tilde{k},\hat{e})-\tilde{\alpha}-C_m(\hat{e})+\frac{\lambda}{1-\lambda}$$
$$[\theta f(k^*,e^*)-C_m(e^*)-C_s(k^*)-\bar{U}] \tag{5.5.15}$$

如果制造商在产品创新过程中选择实施承诺 $\tilde{e}$，则其期望收益为 $(1-\tilde{\beta})\theta f(\tilde{k},\tilde{e})-\tilde{\alpha}-C_m(\tilde{e})$。正因为制造商选择遵守了承诺，以后类似合作中各期关系合约都会有效，此时制造商在守约情况下所获得的净收益现值为：

$$E(\pi_m)_{NPV}^2=(1-\tilde{\beta})\theta f(\tilde{k},\tilde{e})-\tilde{\alpha}-C_m(\tilde{e})+\frac{\lambda}{1-\lambda}$$
$$[(1-\tilde{\beta})\theta f(\tilde{k},\tilde{e})-\tilde{\alpha}-C_m(\tilde{e})] \tag{5.5.16}$$

当制造商“守约的长期收益”不小于“违约的长期收益”时，制造商的参与承诺具有“自我实施”性，因而 $E(\pi_m)_{NPV}^1\leqslant E(\pi_m)_{NPV}^2$ 是制造商参与承诺“自我实施”的条件，即“自我实施条件”为：

$$(1-\tilde{\beta})\theta f(\tilde{k},\hat{e})-\tilde{\alpha}-C_m(\hat{e})+\frac{\lambda}{1-\lambda}[\theta f(k^*,e^*)-C_m(e^*)-C_s(k^*)-\bar{U}]\leqslant$$
$$(1-\tilde{\beta})\theta f(\tilde{k},\tilde{e})-\tilde{\alpha}-C_m(\tilde{e})+\frac{\lambda}{1-\lambda}[(1-\tilde{\beta})\theta f(\tilde{k},\tilde{e})-\tilde{\alpha}-C_m(\tilde{e})]$$

(5.5.17)

博弈的第一阶段，制造商进行关系合约设计。在满足供应商参与约束和“自我实施”约束下，选择使其收益最大化的知识交易支付合约 $\tilde{W}(\pi)$ 和参与承诺 $\tilde{e}$，可用如下优化模型 P5.5.3 描述。

P5.5.3 $$\max_{\tilde{\alpha},\tilde{\beta},\tilde{e}} \tilde{e}(\pi_m)=(1-\tilde{\beta})\theta f(\tilde{k},\tilde{e})-\tilde{\alpha}-C_m(\tilde{e}) \quad (5.5.18)$$

S. t.

$$(1-\tilde{\beta})\theta f(\tilde{k},\hat{e})-\tilde{\alpha}-C_m(\hat{e})+\frac{\lambda}{1-\lambda}[\theta f(k^*,e^*)-C_m(e^*)-C_s(k^*)-\bar{U}]\leqslant$$
$$(1-\tilde{\beta})\theta f(\tilde{k},\tilde{e})-\tilde{\alpha}-C_m(\tilde{e})+\frac{\lambda}{1-\lambda}[(1-\tilde{\beta})\theta f(\tilde{k},\tilde{e})-\tilde{\alpha}-C_m(\tilde{e})]$$

(5.5.19)

$$\theta f(k^*,e^*)-C_m(e^*)-C_s(k^*)-\bar{U}\leqslant(1-\tilde{\beta})\theta f(\tilde{k},\tilde{e})-\tilde{\alpha}-C_m(\tilde{e})$$

(5.5.20)

$$\tilde{\beta}\theta\frac{\partial f(\tilde{k},\tilde{e})}{\partial \tilde{k}}-\frac{\partial C_s(\tilde{k})}{\partial \tilde{k}}=0 \quad (5.5.21)$$

$$\tilde{\alpha}+\tilde{\beta}\theta f(\tilde{k},\tilde{e})-C_s(\tilde{k})\geq\bar{U} \quad (5.5.22)$$

其中 $\hat{e}=\arg\max_{e}(1-\tilde{\beta})\theta f(\tilde{k},e)-C_m(e)$ (5.5.23)

优化模型 P5.5.3 中，式（5.5.18）是制造商目标收益函数；式（5.5.19)是制造商承诺“自我实施”约束，即满足该条件的制造商承诺是可信的；式（5.5.20）是制造商实施关系合约的参与约束，即制造商通过关系合约能获得不少于最优正式合约的收益；式（5.5.21）是制造商参与承诺“自我实施”下的供应商激励相容约束；式（5.5.22）供应商的参与约束；式（5.5.23）是制造商违约时最大化自身收益的工作努力水平。同正式合约下优化模型 P5.5.1 一样，供应商参与约束式

(5.5.22) 为紧约束，即 $\tilde{\alpha} = \bar{U} + C_s(\tilde{k}) - \tilde{\beta}\theta f(\tilde{k},\tilde{e})$，将其代入优化模型 P5.5.3，消去固定支付 $\tilde{\alpha}$。另外，在关系合约结构下，供应链整体期望收益函数 $\varphi(\tilde{k},\tilde{e}) = \theta f(\tilde{k},\tilde{e}) - C_m(\tilde{e}) - C_s(\tilde{k})$。因此，优化模型 P5.5.3 可简化为优化模型 P5.5.4。

P5.5.4 $$\max_{\tilde{\beta},\tilde{e}} \tilde{e}(\pi_m) = \varphi(\tilde{k},\tilde{e}) - \bar{U} \tag{5.5.24}$$

S.t. $$(1-\tilde{\beta})\theta[f(\tilde{k},\hat{e}) - f(\tilde{k},\tilde{e})] + C_m(\tilde{e}) - C_m(\hat{e}) \leqslant \frac{\lambda}{1-\lambda}[\varphi(\tilde{k},\tilde{e}) - \varphi(k^*,e^*)] \tag{5.5.25}$$

$$\varphi(k^*,e^*) \leqslant \varphi(\tilde{k},\tilde{e}) \tag{5.5.26}$$

$$\tilde{\beta}\theta\frac{\partial f(\tilde{k},\tilde{e})}{\partial \tilde{k}} - \frac{\partial C_s(\tilde{k})}{\partial \tilde{k}} = 0 \tag{5.5.27}$$

其中 $$\hat{e} = \arg\max_{e}(1-\tilde{\beta})\theta f(\tilde{k},e) - C_m(e) \tag{5.5.28}$$

由式（5.5.24）可知，供应链整体收益 $\varphi(\tilde{k},\tilde{e})$ 越大，制造商的期望收益也就越大。因此，制造商在满足“自我实施”约束式（5.5.25）及制造商实施关系合约的参与约束式（5.5.26）的基础上，选择收益共享系数 $\tilde{\beta}$ 和工作努力承诺 $\tilde{e}$ 激励供应商转移知识以尽量获取较大的供应链整体收益，同时也能提供制造商的自身的收益。由式（5.5.11）和式（5.5.27）可知，如果存在 $\tilde{\beta} = 1$，且制造商工作努力承诺为供应链整体收益最优的 e^{FB}，在满足式（5.5.25）和式（5.5.26）的条件下，供应商将选择供应链整体收益最大下的知识转移量 k^{FB}。此时，产品创新活动将实现供应链整体收益最大，将达到集中决策下的供应链整体收益，由命题 5.5.1 知 $\varphi(k^*,e^*) \leqslant \varphi(k^{FB},e^{FB})$，则有制造商实施关系合约的参与约束式（5.5.26）成立。对于“自我实施”约束式（5.5.25）是否成立，是制造商能否实施供应链整体收益最大化关系合约的关键，对此提出命题 5.5.2。

命题 5.5.2：当贴现因子 λ 达到一定门槛值 $\bar{\lambda}$ 时，即满足 $\lambda \in [\bar{\lambda},1]$

时，制造商可以通过关系合约实现供应链整体收益最优化的工作努力水平 e^{FB} 和知识转移量 k^{FB}，其中 $\bar{\lambda}=\frac{C_m(e^{FB})}{C_m(e^{FB})+\varphi(k^{FB},e^{FB})-\varphi(k^*,e^*)}$。

证明：根据前文分析，如果存在 $\tilde{\beta}=1$ 且 $\tilde{e}=e^{FB}$，由式（5.5.24）可得到 $\tilde{k}=k^{FB}$。另外，当 $\tilde{e}=e^{FB}$、$\tilde{k}=k^{FB}$ 时，根据命题5.5.1约束式（5.5.26）已显然得到满足。当“自我实施”约束式（5.5.25）得到满足时，根据目标函数式（5.5.24）可知将实现供应链整体收益及制造商收益的最大化。将 $\tilde{\beta}=1$、$\tilde{e}=e^{FB}$、$\tilde{k}=k^{FB}$ 代入式（5.5.25）并化简得：

$$C_m(e^{FB})-C_m(\hat{e})\leqslant\frac{\lambda}{1-\lambda}[\varphi(k^{FB},e^{FB})-\varphi(k^*,e^*)] \tag{5.5.29}$$

其中 $\hat{e}=\arg\max\limits_{e}(1-\tilde{\beta})\theta f(\tilde{k},e)-C_m(e)$，当 $\tilde{\beta}=1$ 时，显然制造商将选择 $\hat{e}=0$ 以实现违约收益最大化。将 $\hat{e}=0$ 代入式（5.5.29）得到：

$$C_m(e^{FB})\leqslant\frac{\lambda}{1-\lambda}[\varphi(k^{FB},e^{FB})-\varphi(k^*,e^*)] \tag{5.5.30}$$

对式（5.5.30）关于 λ 解不等式可得：

$$\lambda\geqslant\frac{C_m(e^{FB})}{C_m(e^{FB})+\varphi(k^{FB},e^{FB})-\varphi(k^*,e^*)} \tag{5.5.31}$$

令 $\bar{\lambda}=\frac{C_m(e^{FB})}{C_m(e^{FB})+\varphi(k^{FB},e^{FB})-\varphi(k^*,e^*)}$，由于 $\varphi(k^*,e^*)\leqslant\varphi(k^{FB},e^{FB})$，则有 $\bar{\lambda}\leqslant 1$。故 $\lambda\in[\bar{\lambda},1]$ 时可以满足条件。命题5.5.2得证。

命题5.5.2说明当贴现因子 λ 达到一定门槛值时，即 $\lambda\geqslant\bar{\lambda}$ 时，制造商给出的工作努力水平承诺 $\tilde{e}$ 是可信的，即具有“自我实现性”。这是因为贴现因子 λ 越大，制造商对未来收益的关注可能就越强，此时制造商考虑更多的是与供应商进行长期合作，因而制造商的承诺必须是可信的，正如 Morgan 和 Hunt（1994）提出的承诺信任理论指出关系承诺是交易双方获取有利结果的关键，是保持长期伙伴关系的驱动因素。鉴于此，下文将重点分析贴现因子 λ 对关系合约实施效果的影响。

命题5.5.3：当贴现因子 $\lambda=0$ 时，制造商的最优关系合约与最优正式合约等价，即 $\tilde{\beta}^* = \beta^*, \tilde{e}^* = e^*, \tilde{k}^* = k^*$ 。

证明：将贴现因子 $\lambda = 0$ 代入模型 P5.5.4 中的制造商“自我实施”约束式（5.5.25）并移项变形可得：

$$(1-\tilde{\beta})\theta f(\tilde{k},\hat{e}) - \tilde{\alpha} - C_m(\hat{e}) \leqslant (1-\tilde{\beta})\theta f(\tilde{k},\tilde{e}) - \tilde{\alpha} - C_m(\tilde{e}) \tag{5.5.32}$$

式（5.5.32）表示制造商违约现期收入不大于守约现期收入时制造商的“自我实施”约束成立。作为一个理性决策者，制造商显然不会作出“损人不利己”的决策，即制造商不会通过违约使现期收益小于守约的现期收益，因而式（5.5.33）的情形不可能存在。

$$(1-\tilde{\beta})\theta f(k,\hat{e}) - \tilde{\alpha} - C_m(\hat{e}) < (1-\tilde{\beta})\theta f(\tilde{k},\tilde{e}) - \tilde{\alpha} - C_m(\tilde{e}) \tag{5.5.33}$$

根据式（5.5.32）和式（5.5.33）可知，在 $\lambda = 0$ 时，制造商的“自我实施”约束条件为：

$$(1-\tilde{\beta})\theta f(\tilde{k},\hat{e}) - \tilde{\alpha} - C_m(\hat{e}) = (1-\tilde{\beta})\theta f(\tilde{k},\tilde{e}) - \tilde{\alpha} - C_m(\tilde{e}) \tag{5.5.34}$$

对式（5.5.34）进行化简得：$(1-\tilde{\beta})\theta[f(\tilde{k},\hat{e}) - f(\tilde{k},\tilde{e})] + C_m(\tilde{e}) - C_m(\hat{e}) = 0$ ，由此可以得出 $\tilde{e} = \hat{e}$ 。将 $\tilde{e} = \hat{e}$ 代入式（5.5.28），即 $\tilde{e} = \hat{e} = \arg\max_e (1-\tilde{\beta})\theta f(\tilde{k},e) - C_m(e)$ ，求解则有 $(1-\tilde{\beta})\theta \frac{\partial f(\tilde{k},\tilde{e})}{\partial \tilde{e}} - \frac{\partial C_m(\tilde{e})}{\partial \tilde{e}} = 0$ 。基于上述分析，当贴现因子 $\lambda = 0$ 时，制造商的最优关系合约可用如下优化模型 P5.5.5 描述：

P5.5.5
$$\max_{\tilde{\beta},\tilde{e}} \tilde{e}(\pi_m) = \varphi(\tilde{k},\tilde{e}) - \bar{U} \tag{5.5.35}$$

S. t.
$$\varphi(k^*,e^*) \leqslant \varphi(\tilde{k},\tilde{e}) \tag{5.5.36}$$

$$(1-\tilde{\beta})\theta \frac{\partial f(\tilde{k},\tilde{e})}{\partial \tilde{e}} - \frac{\partial C_m(\tilde{e})}{\partial \tilde{e}} = 0 \tag{5.5.37}$$

$$\tilde{\beta}\theta \frac{\partial f(\tilde{k},\tilde{e})}{\partial \tilde{k}} - \frac{\partial C_s(\tilde{k})}{\partial \tilde{k}} = 0 \tag{5.5.38}$$

与前文正式合约优化模型 P5.5.2 对比可知，若优化模型 P5.5.5 中的不等式约束式（5.5.36）成立，则优化模型 P5.5.5 与 P5.5.2 的解相同，即有 $\tilde{\beta}^* = \beta^*, \tilde{e}^* = e^*, \tilde{k}^* = k^*$。而当 $\tilde{e}^* = e^*, \tilde{k}^* = k^*$ 时，显然有 $\varphi(k^*, e^*) = \varphi(\tilde{k}^*, \tilde{e}^*)$，因而优化模型 P5.5.5 中的不等式约束式（5.5.36）显然成立。命题 5.5.3 得证。

命题 5.5.3 说明当贴现因子 $\lambda = 0$ 时，制造商将不会关注其未来收益，则制造商在关系合约下承诺的工作努力水平为最优正式合约下的努力水平 e^* 才是可信的，并且制造商给出的收益共享系数也是最优正式合约下的收益共享系数 β^*，也就是说在此类情况下关系合约与正式合约等价，关系合约将不再额外产生激励。这是因为关系合约是建立在长期合作基础上的，若制造商不关注长期收益，则基于关系承诺的关系合约激励将不起作用。

命题 5.5.4：最优关系合约下的制造商收益与供应链整体收益均是贴现因子 λ 的非减函数。

证明：令 $\tilde{e}^*(\pi_m) = \varphi(\tilde{k}^*, \tilde{e}^*) - \bar{U}$ 为优化模型 P5.5.4 中制造商的最优化收益，其中 $\tilde{e}^*$ 为关系合约下制造商承诺的最优努力水平，$\tilde{k}^*$ 为关系合约下供应商最优知识转移量。根据优化问题 P5.5.4 可建立拉格朗日函数式（5.5.39）：

$$L = \varphi(\tilde{k}, \tilde{e}) - \bar{U} - \eta_1 \left\{ \begin{array}{l} (1 - \tilde{\beta})\theta[f(\tilde{k}, \hat{e}) - f(\tilde{k}, \tilde{e})] + C_m(\tilde{e}) - C_m(\hat{e}) \\ - \dfrac{\lambda}{1 - \lambda}[\varphi(\tilde{k}, \tilde{e}) - \varphi(k^*, e^*)] \end{array} \right\}$$

$$- \eta_2[\varphi(k^*, e^*) - \varphi(\tilde{k}, \tilde{e})] - \eta_3\left[\tilde{\beta}\theta \frac{\partial f(\tilde{k}, \tilde{e})}{\partial \tilde{k}} - \frac{\partial C_s(\tilde{k})}{\partial \tilde{k}}\right] \tag{5.5.39}$$

由包络定理可得：

$$\frac{\partial \tilde{e}^*(\pi_m)}{\partial \lambda} = \frac{\partial L}{\partial \lambda} = \eta_1 \frac{\varphi(\tilde{k}^*, \tilde{e}^*) - \varphi(k^*, e^*)}{(1 - \lambda)^2} \tag{5.5.40}$$

对于式（5.5.40），在优化问题 P5.5.4 存在最优解时，根据库恩—

塔克条件（K－T条件）可知 $\eta_1 \geq 0$；另外根据约束式（5.5.26）知 $\varphi(\tilde{e}^*, \tilde{k}^*) - \varphi(e^*, k^*) \geq 0$，因此可得 $\frac{\partial \tilde{e}^*(\pi_m)}{\partial \lambda} \geq 0$，即最优关系合约下的制造商收益是贴现因子的非减函数。由 $\tilde{e}^*(\pi_m) = \varphi(\tilde{k}^*, \tilde{e}^*) - \bar{U}$ 可知 $\varphi(\tilde{k}^*, \tilde{e}^*) = \tilde{e}^*(\pi_m) + \bar{U}$，而保留效应 $\bar{U}$ 为定值，故关系合约下的供应链整体收益也是贴现因子的非减函数。命题5.5.4得证。

命题5.5.4说明当贴现因子越大，制造商将越关注未来收益，此时其提出的基于自身努力承诺的关系合约对双方的激励效果越明显。结合命题5.5.2和命题5.5.3可知，当 $\lambda \in [0, \bar{\lambda}]$ 时，随着贴现因子 λ 的增大，制造商越来越关注其未来收益，因而其能使供应商信任的努力承诺也就越大，此时供应商也将会转移更多的知识，从而使供应链整体收益及制造商收益增加；当 $\lambda \in [\bar{\lambda}, 1]$ 时，制造商的努力承诺将是供应链整体收益最优时的最优努力水平 e^{FB}，同时供应商的知识转移量也是供应链整体收益最优时的最优努力水平 k^{FB}，此时已经实现供应链整体最优，贴现因子 λ 在该区间内的取值大小将不会对双方产生激励作用。

根据上述命题可得如下关于正式合约与关系合约的推论。

推论5.5.1：最优关系合约下的供应链整体收益与制造商收益均不小于最优正式合约下的供应链整体收益与制造商收益。

由命题5.5.3可知当贴现因子 $\lambda = 0$ 时，最优关系合约与最优正式合约等价。此时，两类合约下的供应链整体收益与制造商收益分别相等。由命题5.5.4知，最优关系合约下供应链整体收益与制造商收益是贴现因子 λ 的非减函数，因此最优关系合约下的供应链整体收益与制造商收益均不小于最优正式合约下的供应链整体收益与制造商收益。推论5.5.1得证。

综上可知，“自我实施”约束是实施关系合约的关键，而贴现因子 λ 是影响该约束的重要因素。当 $\lambda \in [0, \bar{\lambda}]$ 时，“自我实施”约束式（5.5.25）对优化模型P5.5.4是有效约束，此时关系合约并不能引导双方实现供应链整体收益最优，但最优关系合约下的供应链整体收益与制造商收益均不小于最优正式合约下的情形。而当 $\lambda \in [\bar{\lambda},1]$ 时，“自我实施”约束式（5.5.25）对优化问题 P5.5.4 是无效约束，关系合约能引导双方实现供应链整体收益最优（ $\tilde{e}^* = e^{FB}$, $\tilde{k}^* = k^{FB}$ ）。因此，制造商在与供应商进行产品创新合作的过程中应从长远利益出发，而不是做“一锤子”买卖，通过关系合约与供应商建立长期供应链合作关系，这将有效提高其合作创新的成功率，从而实现制造商、供应商以及供应链整体的共赢。

五　算例分析

假设产品创新项目取得成功时制造商获得的收益产出 $\theta = 10$ ，其中项目取得成功的概率 $f(k,e) = \sqrt{ke}$ ，制造商的努力成本函数为 $C_m(e) = 3e^2$ ，供应商的知识转移成本函数为 $C_s(k) = 3k^2$ ，供应商参与这个项目的保留效用为 $\bar{U} = 1$ 。可以看出，上述所设函数均可满足前文假设条件。另外，贴现因子 λ（ $\lambda \in [0,1]$ ）由于受市场贴现率影响属于外生变量，其中贴现因子 λ 从 $\lambda = 0$ 开始，在其定义域 $\lambda \in [0,1]$ 内，选择步长为 0.1，并特别计算了能实现供应链整体收益最优时的贴现因子门槛值 $\bar{\lambda}$ ，现通过算例主要分析贴现因子 λ 对关系合约实施的影响以验证前文相关结论。

①根据前文赋值，结合式（5.5.9）至式（5.5.11）可以得到 $e^{FB} = 0.833$, $k^{FB} = 0.833$ ，进而得到供应链整体最优收益 $\varphi(k^{FB},e^{FB}) = 4.167$ 。

② 根据前文赋值，结合优化模型 P5.5.2 可以得到 $\beta^* = 0.5$, $e^* = 0.417$, $k^* = 0.417$, $E^*(\pi_m) = 2.125$, $E^*(\pi_s) = 1$, $\varphi(k^*,e^*) = E^*(\pi_m) + E^*(\pi_s) = 3.125$ 。

③根据前文赋值，结合优化模型 P5.5.4 可以得到不同贴现因子下的最优关系合约计算结果，具体见表 5－2。

由表 5－2 可知，当贴现因子 $\lambda = 0$ 时，最优关系合约与最优正式合约等价，与命题 5.5.3 结论相符；λ（ $\lambda \in [0,1]$ ）在其定义域范围内，最优关系合约下的制造商收益与供应链整体收益均是 λ 的非减函数，与命题 5.5.4 结论相符；其中当门槛值 $\bar{\lambda} = 0.667$ 时，即 $\lambda \in$

[0.667,1] 时，关系合约使供应链达到整体最优，与命题 5.5.2 及推论 5.5.2 结论相符；另外通过表 5－2 可以发现最优关系合约下的制造商收益与供应链整体收益均不小于最优正式合约下的制造商收益与供应链整体收益，与推论 5.5.1 结论相符。需要说明的是，由于制造商是委托人，其具有合约的设计权，因此作为代理人的供应商仅获得保留效用。

表 5－2　　不同贴现因子下的最优关系合约计算结果

贴现因子 λ	收益共享系数 $\tilde{\beta}^*$	制造商努力水平 $\tilde{e}^*$	供应商知识转移量 $\tilde{k}^*$	制造商收益 $\tilde{e}^*(\pi_m)$	供应商收益 $\tilde{e}^*(\pi_s)$	供应链整体收益 $\varphi(\tilde{k}^*, \tilde{e}^*)$
0	0.500	0.417	0.417	2.125	1	3.125
0.1	0.552	0.488	0.469	2.411	1	3.411
0.2	0.612	0.556	0.525	2.651	1	3.651
0.3	0.671	0.626	0.580	2.841	1	3.841
0.4	0.743	0.691	0.642	2.991	1	3.991
0.5	0.826	0.752	0.709	3.097	1	4.097
0.6	0.925	0.807	0.783	3.156	1	4.156
0.667	1	0.833	0.833	3.167	1	4.167
0.7	1	0.833	0.833	3.167	1	4.167
0.8	1	0.833	0.833	3.167	1	4.167
0.9	1	0.833	0.833	3.167	1	4.167
1	1	0.833	0.833	3.167	1	4.167

六　结论

基于供应链企业间的合作创新视角，运用委托代理理论设计了双边道德风险下供应链企业间知识交易的正式合约及关系合约激励机制。根据模型结果分析得出，双边道德风险下知识交易的正式合约无法有效激励交易双方共同投入；对于任意贴现因子，实施关系合约的知识交易量与供应链创新收益产出均不小于正式合约，且随着贴现因子的增大，关系合约的激励效果越显著；当贴现因子达到一定门槛值时，关系合约能有效激励交易双方投入及供应链创新收益产出达到最优。可见，贴现因子是关系合约能否顺利实施的关键因素，贴现因子越大，对知识交易的激励效果越好。

第六节　市场机制与关系机制对供应链企业间知识交易的影响研究

一　引言

基于交易成本理论的治理机制称为市场机制，它是从保护专项投资和规避不确定性风险的角度出发，通过正式化的指令或者经济刺激来实现关系治理的一类机制。市场机制以经济分析为基础，用交易成本理论决定机制的使用，它强调通过监督和激励结构来实现治理，而合约控制是最常用的监督和激励机制，详细的市场合约作为一种单边的正式化的控制，被认为是保护专项资产免受投机行为侵害的主要手段。基于关系交易理论的治理机制称为关系机制，它强调内在的、道德的控制，并通过建立一致目标，营造合作氛围，进而达到控制目的的一类机制。关系机制以社会关系为基础，强调社会交往和关系在经济活动中所起的作用。在企业实际运作过程中，这两种机制往往是同时或交替运用的，特别是在中国目前的市场条件下（我国是一个注重关系、讲究信誉的国家），关系机制往往融合地存在于市场机制当中，因此，研究和比较这两种机制对供应链企业间知识交易的作用路径和机理正是符合我国国情，并将为供应链成员企业参与知识交易提供有效的决策依据，也是目前研究所缺乏的。

基于此，本节将以关系交易理论和交易成本理论为基础，首先分析关系机制与市场合约对供应链企业间知识交易的影响作用，并构建关系机制与市场合约对供应链企业间知识交易影响的概念模型，在此基础上拟用多元回归模型以中国制造企业为研究对象对上述概念模型进行实证研究，以期为知识交易参与企业选择合适的交易机制提供理论依据。

二 理论基础与研究假设

（一）供应链企业间知识交易

知识管理研究领域的著名学者 Davenport（1998）在研究企业内部知识共享问题时提出企业内部存在一个与有形商品市场和服务市场相类似的“知识市场”，这个市场里的“买方”通常是那些为了解决问题而寻找知识的成员，“卖方”是企业内掌握了某些方面知识的人，这些人主要用他们所拥有的知识来换取报酬；知识市场还有“中介”，他们把需要知识和拥有知识的人联系在一起；企业从外部购买知识往往要支付现金，而企业内部的知识交易却很少用现金，其“货币”主要是互惠、名望和利他主义；市场机制象作用于有形商品一样推动着知识市场的运行。与 Davenport 提出的企业内部知识市场相类似，供应链中的知识流动和知识共享很大程度上也是在市场推动下进行的，供应链中其实也存在一个无形的“知识市场”。供应链企业间的知识交易指的就是在供应链知识市场中，知识提供企业通过“出售”一些非核心知识换取回报，知识需求企业通过付出一定代价获得需要的知识，从而达到交易双方的互惠互利，同时也可以提高供应链整体创新能力和竞争力。但是由于供应链是由很多具有独立法人资格的企业所组成的企业联盟，作为不同的利益主体，各成员企业必然会考虑各自不同的利益，因此，市场机制除了传统市场中的金钱、企业内部知识市场中的互惠、名望等，还包括订单数量、价格折扣、返利、员工培训等企业间合作的互惠。

另外，根据知识的特性可以将知识划分为显性知识（Explicit Knowledge）和隐性知识（Tacit Knowledge），其中显性知识是指客观的、有形的知识，像语言、文字等一样有一定存在形式，并且表现为产品外观、文件、数据库、说明书、公式和计算机程序等形式；隐性知识是指用文字、语言、图像等形式不易表达清楚的主观知识，它以个人、团队、组织的经验、印象、技术诀窍、组织文化、风俗等形式存在（Ma 等，2008）。相应地，供应链企业间知识交易也可以从显性知识交易（Explicit Knowledge Trading）和隐性知识交易（Tacit Knowledge Trading）两个角度进行考虑，由于显性知识容易编码或结构化为某一有形的载体，其交易过程更接近于一般商品的交易；而隐性知识难以表达，其转移过程中往往需要面对面的交流，特别是一些壁垒属性较高的技术知识，还需要相关技术人员进行现场培训和指导才能实现有效转移，并且隐性知识的价值在交易过程中由于信息的不对称以及交易双方预期的不同等因素也难以衡量。

（二）关系机制与知识交易

从知识交易双方的关系接触来看，关系机制可以划分为直接和间接关系机制两个方面。直接关系机制是知识交易双方之间的直接关系描述，是实质的（substantial）、集中的（focused）、强烈的（intense），并以最大的倾向（greatest propensity）去转移知识（Ahuja，2010），其最突出的特点就是共同目标和信任（Inkpen 和 Tsang，2005），共同目标可以促进合约规定以外一些因素的理解，比如价格、数量、质量和知识资源交换的要素，并且也有利于创造更大程度的互动和双方的相互理解，最终促进交易关系的顺利进行（Tsa 和 Ghoshal，1998）；而根据关系交易理论的观点，信任可以定义为一种信心和信念，相信合作伙伴愿意而且能够完成他们的义务和作出的承诺（Dyer，2000）。间接关系是第三方参与下维系知识供需双方进行知识交易的关系表述（Tiwana，2008），根据 Davenport（1998）的知识市场理论，本研究选择知识中介来描述知识交易双方的间接关系机制。因此，本节将从知识中介、共同目标和信任三个角度去描述供应链企业间知识交易中的关系机制。

1. 知识中介

所谓中介，从词面上来看是指“在中间起媒介作用”，其实质是一种以向客户提供中间代理服务的机构，它本身并不能直接提供相应的服务和物品，但是它能够替你寻找并安排这些服务和物品，供你选择并决定。知识中介即其本身不直接提供知识，任务是为知识需求方找到知识供给方，扮演传递信息和临时协调人的角色，知识交易活动中知识中介一般由供应链中的核心企业或第三方知识服务公司担任，究竟由谁担当取决于核心企业的实力和意愿、第三方知识服务公司的资信及运营状况、总体的运行成本以及知识市场的运行效率等诸多因素。知识中介对供应链企业间知识交易的影响主要表现在以下两个方面：第一，由于供应链成员企业的知识供需双方存在信息不对称状态，知识中介需要搜集知识信息，建立知识地图，从而引导供应链各成员企业更高效地进行知识交易，而知识中介可以向知识交易参与者分别收取一定比例的费用作为报酬；第二，由于供应链是由很多具有独立法人资格的企业所组成的合作联盟，知识中介还必须约束和规范成员企业的知识交易行为，遏制知识交易过程中的“道德风险”“逆向选择”和“敲竹杠”等行为，尽可能防范和降低知识市场的风险，使知识市场能够良性循环。基于上述分析，我们可以对知识中介与供应链企业间知识交易之间关系作出如下假设：

H5. 6. 1a：知识中介对供应链企业间知识交易有显著的正向影响

2. 共同目标

共同目标是指供应链企业间具有相容的或共同的发展目标，可以通过共同努力达到既定的目标（骆光林等，2008）。共同目标可以缓和合作竞争之间的关系，增进交易双方的相互理解，在这种情况下，企业间将更愿意缔结成亲密的伙伴关系，从而促进交易关系的有效进行（Koka 和 Prescott，2002）。资源依赖理论以“组织间关系”为基本分析单元，认为企业都必须从外界获取资源，这就形成了企业对外界的依赖。根据资源依赖理论，企业参与知识交易的动机在于获取互补型的异质知识资源以支持自身核心业务的发展。在这种情况下，供应链成员企业为实现共同目标往往会进行协同合作，在知识和其他资源上更愿意进行共享以求达到合作伙伴在知识能力上的匹配，从而更好地解决合作中面临的问题，同时，合作伙伴也愿意享受这个共同解决问题的过程（叶飞和徐学军，2009）。基于上述分析，我们可以对共同目标与供应链企业间知识交易之间关系作出如下假设：

H5. 6. 1b：共同目标对供应链企业间知识交易有显著的正向影响

3. 信任

信任一直是学术界关注的热门话题，其概念已经在各种组织背景、社会背景中得到广泛验证，不同情境被赋予不同的定义。Moorman 等（1992）认为信任是愿意去相信交易伙伴，且交易伙伴被认为是可靠的；Dyer（2000）认为信任就是相信合作伙伴愿意而且能够完成他们的义务和作出的承诺，同时合作伙伴对整个联盟的行为都出于好的意愿，双方不会做出损害对方的事情；Currall 和 Inkpen（2002）认为信任是交易双方自愿遵守约定、承担责任并且没有任何一方会利用对方的弱点。综合上述不同学者对信任的定义，可以发现信任所反映的合作伙伴的言语或承诺的信念是可靠的，并且每个伙伴将履行其在这种合作关系中的义务，同时也是一种相信合作双方自愿承担责任且没有任何一方会利用对方弱点的信心。Riddalls 等（2000）认为在交易关系中，交易双方在面临风险和相互依靠的条件下，信任是一种信心，它让交易双方自愿地承担责任；Inkpen 和 Ross（2001）指出在基于信任的伙伴关系下，伙伴间非常愿意准确及时地交易知识和其他资源；殷茗和赵嵩正（2006）认为在不完全监督条件下，信任是成员企业认为供应链中他方能够完成其期望交易的主观信心。可见，信任因素对知识市场及知识交易至关重要，在相互信任的供应链合作环境中，合作伙伴没有觉得他们必须保护他们自己不受其他伙伴投机行为的影响，信任的气氛有助于承诺交易知识的伙伴之间进行自由交换，另外，信任还有助于伙伴间交易成本的降低。因此，在相互信任的环境中，各成员企业愿意共享或交易更多的知识（信息）。基于上述分析，我们可以对信任与供应链企业间知识交易之间关系作出如下假设：

H5. 6. 1c：信任对供应链企业间知识交易有显著的正向影响

（三）市场合约与知识交易

通过签订正式化的市场合约，双方可以在交易前明确地提出相互的期望，指明每个成员各自的责任和违反条约的制裁，并且可以通过法律强制力来阻止交易关系中的投机行为，从而减少冲突，这将为交易过程的顺利进行奠定基础。在供应链企业间知识交易过程中，市场合约通过正式的规则和程序详细地规定了知识交易双方的权利和义务，表明了双方如何处理未来发生的事情，包括知识买卖程序、知识转移途径、知识保密协议以及违约处理等，设计精细完善的市场合约有助于引导企业的知识交易行为，同时可以减缓私利主义行为，降低投机行为带来的不确定性风险，从而促进知识交易双方交易活动的顺利进行。基于上述分析，我们可以对市场合约与供应链企业间知识交易之间关系作出如下假设：

5.6.2：市场合约对供应链企业间知识交易有显著的正向影响

（四）市场合约的调节作用

关系机制虽然可以减少知识交易过程中的社会关系障碍，但是他们无法克服知识交易过程中的认知和协调障碍，而市场合约可以通过合同条款清晰地提出知识交易的游戏规则，以强制协调和控制双方的正式交易关系，减少交易过程中的认知和协调障碍（Zhou 等，2008）。可见，市场合约能增强关系机制对知识交易的影响作用，其具体表现在以下三个方面。第一，通过签订正式化的市场合约，明确知识交易参与者的责任、义务以及相关交易制度，可以减少交易过程中的投机行为，特别是在知识中介作为第三方参与的情形下，市场合约的协调和控制作用更为明显。第二，正式的市场合约可以明确知识交易双方的目标和期望，使双方相互之间有一个更好的理解，不至于仅仅依靠口头交流而有时造成误解；另外，通过正式的市场合约，交易双方也能更准确地了解对方为实现共同目标所需要的知识，从而提高知识交易的效率。第三，知识交易双方的信任关系可以有效降低双方对不确定性风险的预期，但过度信任也会造成诸如机会主义、知识泄露的风险产生。正式市场合约的建立将为交易双方互相信任、合作提供一个制度基础，制度范围内的知识共享风险分担元素的存在也会增进双方的信任程度（Poppo 等，2008），从而促进知识交易的进行。基于上述分析，我们可以就市场合约对关系机制与供应链企业间知识交易之间关系的影响作出如下假设：

5.6.3：市场合约对关系机制与供应链企业间知识交易的关系有显著的正向影响

5.6.3a：市场合约对知识中介与供应链企业间知识交易的关系有

显著的正向影响

5.6.3b：市场合约对共同目标与供应链企业间知识交易的关系有显著的正向影响

5.6.3c：市场合约对信任与供应链企业间知识交易的关系有显著的正向影响

综合上述分析，我们提出了本节研究的概念模型，具体如图 5－4 所示：

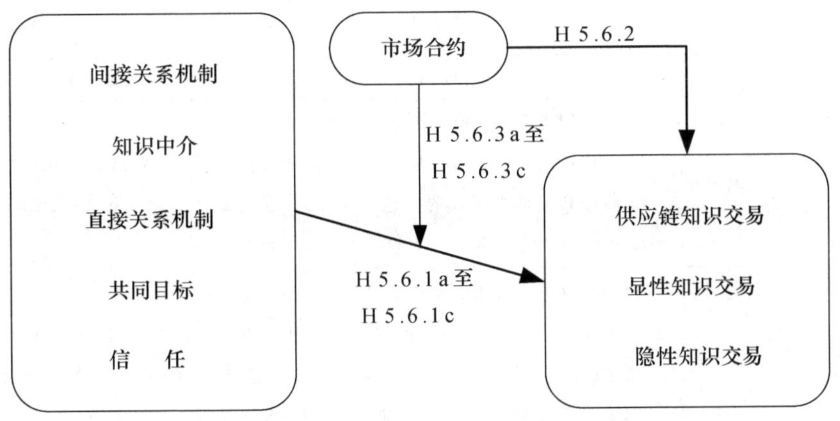

图 5－4　市场合约与关系机制对供应链知识交易影响的概念模型

三　研究变量设计与样本

（一）研究样本

本节研究探讨的是关系机制、市场合约对供应链企业间知识交易的影响，为了保证研究效果，本文以中国国内制造业供应链为研究母体，调查对象主要涉及电子电器、金属和机械工程、食品饮料、化工等制造行业上下游企业的关键员工。由于这些行业厂商云集、不同品牌产品替代程度高、市场竞争激烈，为提升企业的竞争力，业者大多希望通过知识交易掌握上下游企业的发展趋势、获取与核心企业匹配的知识以提高自己的创新水平和竞争优势，从而建立稳定的供应链合作伙伴关系。基于此，问卷调查的对象主要涉及金属和机械工程、化工、电子电器、食品饮料等制造业领域中供应链上下游企业的关键员工。因此，本部分的问卷调查与第四章的调查问卷一并进行，即采用同一份问卷涵盖所研究需要的变量（具体调查问卷详见研究报告附录部分）。

（二）变量设计

本节研究涉及的变量主要有关系机制、市场合约和知识交易，其中关系机制包括知识中介、共同目标和信任三个方面内容，知识交易包括显性知识交易和隐性知识交易两个方面内容，各变量设计的具体情况如表 5 - 3 所示。

表 5 - 3　　变量设计

变量名称		问　项	参考文献
关系机制	知识中介	通过知识中介我们能详细地了解所需要知识的相关信息（KB1）；知识中介能很好地扮演知识传递和关系协调人的角色（KB2）；通过知识中介我们能获取所需要的各类知识（KB3）	Yli-Renko 等（2001）；骆光林等（2008）
	共同目标	我们与供应链合作伙伴具有非常相似的企业经营理念（SG1）；我们与供应链合作伙伴会支持彼此的经营目标（SG2）；我们与供应链合作伙伴在价值观的认同上非常相同（SG3）；我们与供应链合作伙伴会为供应链整体发展共同努力（SG4）	Tsai 和 Ghoshal（1998）；Kaufmann 和 O'Neill（2007）；叶飞和徐学军（2009）
	信　任	我们的供应链合作伙伴是可靠并值得信赖的（TR1）；我们的供应链合作伙伴会严格遵守承诺（TR2）；我们的供应链合作伙伴在进行重大决策时会考虑我们的利益（TR3）；我们的供应链合作伙伴对我们的业绩非常关心（TR4）	Seppanen（2007）；Hou 等（2014）
市场合约		我们与成员企业就知识交易中的知识内容和范围有具体的、详细的协议（MC1）；我们与成员企业就交易双方的责任和义务已达成共识（MC2）；我们与成员企业共同制定了处理知识交易潜在风险的预案（MC3）	Cannon 和 Perreault（1999）

续表

<table>
<tr><th colspan="2">变量名称</th><th>问　项</th><th>参考文献</th></tr>
<tr><td rowspan="2">知识交易</td><td>显性知识交易</td><td>我们非常愿意将一些可以结构化成文件的知识（如管理制度）拿出来进行交易（EK1）；我们与供应链合作伙伴会经常交易这类可以结构化成文件的知识（EK2）；通过知识交易我们获取了很多这类可以结构化成文件的知识（EK3）。</td><td rowspan="2">Hansen（1999）；Dhanaraj 等（2004）；唐炎华和石金涛（2007）；张旭梅等（2009）</td></tr>
<tr><td>隐性知识交易</td><td>对于一些难以表述的知识（如管理经验），我们也非常愿意拿出来进行交易（TK1）；我们与供应链合作伙伴会经常地通过沟通、交流或相互培训员工的方式进行这类隐性化知识的交易（TK2）；通过知识交易我们获取了很多这类隐性化的知识（TK3）</td></tr>
</table>

本研究采用 Likert 五点尺度法设计上述变量的量表，分数越高表示对问项认同程度越高。另外，为了控制样本的潜在异质性，本研究选择企业年限、企业规模和供应链合作年限作为控制变量，因为规模越大、年限越久的企业可能在行业内具有更强的学习能力，而供应链合作年限越长，成员企业间交流可能更顺畅，更有利于知识的转移，问卷中我们以年数来计算年限，以员工的人数来计算企业规模。

（三）信度与效度分析

信度（Reliability）又叫可靠性，是指测验的可信程度，主要考察测验结果的一贯性、一致性，最常用的指标是 Cronbach's α 系数。因此，本文问卷信度采用 Cronbach's α 系数进行检验，通过 SPSS 18.0 统计软件分析结果显示，各变量的 Cronbach's α 系数均大于 0.7（如表 5 – 4 所示），说明本研究的变量具有较好的信度。

表 5－4　　　　信度与效度分析结果

变量	问项	均值	方差	因子载荷	Cronbach's α	累积解释度（%）
知识中介	KB1	3.691	0.572	0.757	0.732	70.187
	KB2	3.714	0.515	0.713		
	KB3	3.473	0.498	0.829		
共同目标	SG1	3.894	0.631	0.761	0.817	64.254
	SG2	3.649	0.569	0.617		
	SG3	3.617	0.714	0.765		
	SG4	3.478	0.534	0.751		
信任	TR1	3.457	0.465	0.683	0.854	63.981
	TR2	3.468	0.632	0.691		
	TR3	3.159	0.544	0.714		
	TR4	3.016	0.705	0.882		
市场合约	MC1	3.614	0.471	0.661	0.797	67.053
	MC2	3.893	0.732	0.624		
	MC3	3.765	0.645	0.619		
显性知识交易	EK1	3.695	0.570	0.787	0.773	66.326
	EK2	3.724	0.585	0.803		
	EK3	3.577	0.493	0.829		
隐性知识交易	TK1	3.297	0.471	0.805	0.756	66.434
	TK2	3.321	0.487	0.812		
	TK3	3.278	0.513	0.792		

效度分析包括内容效度和结构效度。在内容效度中，由于本研究各变量的题项内容是以国内外学者的研究为基础，并经过相关领域专家检查修改而成，因此具有良好的内容效度。对于结构效度检验，本文采用验证性因子分析法，考察每个因子对相应变量的因子载荷量（Factor Loading）。在社会科学中，因子载荷量的绝对值大于 0.4 就被认为是有效的。本问卷各观测变量的因子载荷均大于 0.6（如表 5－4 所示），因此各因子对于相应潜变量具有较强的解释力，具有较好的结构效度，问卷质量较高，可以进行进一步研究。

四　变量相关性分析

利用 SPSS 18.0 对知识中介、共同目标、信任、市场合约、显性知识交易与隐性知识交易等变量进行描述与相关性分析，分析结果如表 5－5 所示。

表 5－5　　统计描述及变量相关性分析

	1	2	3	4	5	6	7	8	9
1. 显性知识交易	1.000	—	—	—	—	—	—	—	—
2. 隐性知识交易	0.414***	1.000	—	—	—	—	—	—	—
3. 知识中介	0.327***	0.117*	1.000	—	—	—	—	—	—
4. 共同目标	0.421***	0.432***	0.105*	1.000	—	—	—	—	—
5. 信任	0.268***	0.473***	0.234***	0.375***	1.000	—	—	—	—
6. 市场合约	0.187**	0.043	0.121*	0.057	0.173*	1.000	—	—	—
7. 企业年限	0.015	0.012	0.137**	0.075	－0.083	－0.124	1.000	—	—
8. 企业规模	－0.081	－0.107	0.051	0.027	0.015	－0.015	0.089	1.000	—
9. 供应链合作年限	0.152**	0.071*	0.081	0.093	0.053*	－0.037	0.632***	－0.073	1.000
均值	3.665	3.299	3.626	3.660	3.275	3.757	8.754	5.343	4.951
标准差	0.683	0.571	0.721	0.593	0.521	0.632	4.127	1.145	3.587

注：＊＊＊表示显著性水平 $P<0.01$，＊＊表示显著性水平 $P<0.05$，＊表示显著性水平 $P<0.10$。

从表 5－5 可以看出，知识中介、共同目标和信任分别对显性知识交易与隐性知识交易有正向并且统计上显著的相关关系，市场合约对显性知识交易有正向并且统计上显著的相关关系，但其与隐性知识交易之间的相关关系不显著，且直接关系机制（共同目标和信任）与隐性知识交易的相关系数要明显大于间接关系机制（知识中介）与隐性知识交易的相关系数，信任与隐性知识交易的相关系数要明显大于其与显性知识交易的相关系数。这说明在中国目前的市场和文化环境中，由于受到儒家传统文化的影响较深，推崇建立和谐的关系，在企业双方具有良好的关系时，比市场合约更能促进双边交易的进行。另外，控制变量中企业年限和规模对显性知识交易与隐性知识交易的影响不显著，而供应链合作年限对显性知识交易与隐性知识交易具有正向并且统计上显著的相关关系，这一结果初步说明了供应链企业间的合作时间越长，越有利于供应链企业间的知识交易。

五 多元回归模型分析

根据概念模型，我们旨在研究关系机制、市场合约对供应链企业间知识交易的影响，其中关系机制分为间接关系机制和直接关系机制，间接关系机制主要通过知识中介体现，直接关系机制包括共同目标和信任两个方面内容，而直接关系机制可能对间接关系机制产生一定程度的影响，为了避免多重共线性的存在，我们需要预测共同目标和信任与知识中介之间的关系，并消除其影响以便更好地测量知识中介对知识交易的影响。基于此，为了分析潜在的关系，本文将分以下三个步骤进行研究。

第一步，以企业年限（Firm Age）、企业规模（Firm Size）与供应链合作年限（Cooperation Age）为控制变量，分别以显性知识交易（Explicit Knowledge Trading）和隐性知识交易（Tacit Knowledge Trading）为被解释变量建立如下回归模型，如方程（5.6.1）（即表5－6中的模型1和模型4）。

$$\text{Knowledge Trading} = \beta_0 + \beta_1(\text{FA}) + \beta_2(\text{FS}) + \beta_3(\text{CA}) + e \qquad (5.6.1)$$

第二步，在第一步基础上引入解释变量知识中介（KB）、共同目标（SG）、信任（TR）和市场合约（MC），分别以显性知识交易（Explicit Knowledge Trading）和隐性知识交易（Tacit Knowledge Trading）为被解释变量建立如下回归模型，如方程5.6.2（即表5－6中的模型2和模型5）。

$$\text{Knowledge Trading} = \beta_0 + \beta_1(\text{FA}) + \beta_2(\text{FS}) + \beta_3(\text{CA}) + \beta_4(\text{KB}) + \beta_5(\text{SG}) + \beta_6(\text{TR}) + \beta_7(\text{MC}) + e \qquad (5.6.2)$$

第三步，在第二步基础上增加了市场合约（MC）的调节作用，如方程 5.6.3（即表 5-6 中的模型 3 和模型 6）。

$$Knowledge\ Trading = \beta_0 + \beta_1 (FA) + \beta_2 (FS) + \beta_3 (CA) + \beta_4 (KB) + \beta_5 (SG) + \beta_6 (TR) + \beta_7 (MC) + \beta_8 (KB \times MC) + \beta_9 (SG \times MC) + \beta_{10} (TR \times MC) + e \quad (5.6.3)$$

为了检查上述模型中研究变量之间的共线性问题，我们运用变异膨胀系数（*VIF*）进行衡量，通常情况下 *VIF* 的临界值为10，当 *VIF* 大于10时，表明模型中各变量之间存在严重的共线性问题，而在表 5-4 中各模型的 *VIF* 值均在 1.015 到 1.963 之间，均值为 1.378，均远小于临界值10，说明上述六个回归模型中各变量不存在严重的共线性问题，可以进行多元回归分析，其分析结果具体如表 5-6 所示。

表 5-6　　概念模型的多元回归分析

变　量	显性知识交易			隐性知识交易		
	模型 1	模型 2	模型 3	模型 4	模型 5	模型 6
控制变量						
企业年限（FA）	0.031 (0.025)	0.023 (0.025)	0.027 (0.026)	0.045 (0.017)	0.035 (0.017)	0.032 (0.015)
企业规模（FS）	0.083 (0.027)	0.057 (0.015)	0.033 (0.015)	-0.087 (0.045)	-0.092 (0.045)	-0.055 (0.049)
合作年限（CA）	0.159** (0.032)	0.137** (0.028)	0.121** (0.028)	0.028 (0.021)	0.015 (0.018)	0.016 (0.017)
解释变量						
知识中介（KB）		0.223** (0.101)	0.152** (0.097)		0.109 (0.090)	0.092 (0.087)
共同目标（SG）		0.183** (0.105)	0.159** (0.112)		0.217** (0.103)	0.195** (0.100)
信　任（TR）		0.159** (0.115)	0.137** (0.117)		0.345*** (0.115)	0.321*** (0.117)
市场合约（MC）		0.152** (0.045)	0.143** (0.049)		0.045 (0.037)	0.037 (0.033)

续表

变　量	显性知识交易			隐性知识交易		
	模型 1	模型 2	模型 3	模型 4	模型 5	模型 6
调节作用						
KB × MC			0.135 ** (0.100)			0.107 (0.079)
SG × MC			0.246 *** (0.106)			0.225 *** (0.096)
TR × MC			0.324 *** (0.078)			0.327 *** (0.063)
Model F	5.793 ***	6.212 ***	6.749 ***	7.785 ***	8.107 ***	8.725 ***
R^2	0.218	0.375	0.454	0.324	0.449	0.534
$\triangle R^2$		0.157 ***	0.079 **		0.125 ***	0.085 **
Adjusted R^2	0.194	0.357	0.431	0.297	0.425	0.521

注：① * * * 表示显著性水平 P < 0.01，** 表示显著性水平 P < 0.05，* 表示显著性水平 P < 0.10；② 单元格中第一行数字为回归系数，第二行括号中的数字为标准误。

从表 5 - 6 的模型 3 和模型 6 可以看出，知识中介对显性知识交易有显著的正向影响（$\beta = 0.152$，$p < 0.05$），但对隐性知识交易的正向影响并不显著（$\beta = 0.092$，$p > 0.10$），假设 5.6.1a 得到部分支持；共同目标对显性知识交易（$\beta = 0.159$，$p < 0.05$）和隐性知识交易（$\beta = 0.195$，$p < 0.05$）均有显著的正向影响，假设 5.6.1b 得到支持；信任也对显性知识交易（$\beta = 0.137$，$p < 0.05$）和隐性知识交易（$\beta = 0.321$，$p < 0.01$）均有显著的正向影响，假设 5.6.1c 得到支持，并且可以看出，信任对隐性知识交易的影响程度明显高于显性知识交易。对于假设 5.6.2，从表 5 - 6 可以看出，市场合约对显性知识交易有显著的正向影响（$\beta = 0.143$，$p < 0.05$），但对隐性知识交易的正向影响并不显著（$\beta = 0.037$，$p > 0.10$），假设 5.6.2 得到部分支持。另外，市场合约对于知识中介与显性知识交易关系的正向调节作用显著（$\beta = 0.135$，$p < 0.05$），其对于知识中介与隐性知识交易关系的正向调节作用并不显著（$\beta = 0.107$，$p > 0.10$），此时假设 5.6.3a 得到部分支持；但是，市场合约对于共同目标、信任与知识交易

（显性知识交易、隐性知识交易）关系的正向调节作用均显著，假设5.6.3b和假设5.6.3c均得到支持。

六　实证研究结果分析

基于关系交易理论和交易成本理论，构建了关系机制与市场合约对供应链企业间知识交易影响的概念模型，其中关系机制分为间接关系机制和直接关系机制，间接关系机制主要通过知识中介体现，直接关系机制包括共同目标和信任两个方面内容，知识交易主要从显性知识交易和隐性知识交易两个角度考虑。利用多元回归模型以256家中国制造企业为研究对象对上述概念模型进行了实证研究，其具体实证研究结果及管理意义如下：

1. 知识中介对显性知识交易有显著的正向影响，但对隐性知识交易的正向影响并不显著，假设5.6.1a得到部分支持。知识中介对隐性知识交易影响不显著的原因可能主要有以下三个方面：第一，隐性知识存在“知识黏性”，其主要表现在知识的“情境嵌入性”，即知识往往嵌入企业特定环境、条件、文化之中并与之相合，很难通过间接的组织（知识中介）联系进行传递；第二，隐性知识本身具有抽象性、难以表达性等特性，其价值也就很难精确度量，知识中介的加入更加剧了隐性知识交易的不确定性风险，因此，知识交易双方一般不会选择知识中介进行隐性知识交易；第三，对企业来说，隐性知识的价值往往高于一些显性知识，有些隐性知识资源甚至涉及企业“核心技术”，为了避免发生“知识泄露”的风险，知识供应方可能不愿意将一些隐性知识的信息提供给第三方企业（如知识中介），从而也就限制了知识中介在隐性知识交易过程中的参与性。相较于隐性知识，显性知识容易结构化，其价值也较易衡量，并且通过结构化的载体或简单的沟通交流就可以进行传递，其本身价值也稍低，因此，知识中介可以在显性知识交易过程中扮演重要角色。

2. 共同目标、信任对显性知识交易和隐性知识交易均有显著的正向影响，假设5.6.1b和假设5.6.1c均得到支持。供应链企业间的知识交易涉及两个或两个以上彼此独立的企业，这些企业之间往往存在竞合关系，同时，供应链中各成员企业本质上是一种不完全的合约关系，对彼此间的行为缺乏强制性的约束力，难免会有“搭便车”等机会主义行为发生，企业间如果没有共同目标、缺乏信任，将对知识交易造成不利影响。这就意味着供应链企业间达成共同目标、构建相互信任机制可以提高企业间的关系承诺水平，从而降低外部环境的不确定性风险，更好地促进企业间的知识交易，而这些直接的关系机制往往无法通过合约强制实现，只能通过双方长期的沟通与交流逐渐积累。因此，供应链各成员企业间要建立广泛而有效的交流机制，通过有效沟通，确保信息和知识流通的顺畅；要注重各成员企业声誉的提升，制定切合企业实际的声誉战略；要提升各成员企业对供应链的认同程度，建立长期合作关系，从而有效防范机会主义风险及“搭便车”等行为的发生。

3. 市场合约对显性知识交易有显著的正向影响，但对隐性知识交易的正向影响并不显著，假设 5. 6. 2 得到部分支持。正式的市场合约是种承诺，这种承诺在事前是明确的，事后是可验证的，正式的市场合约往往是强制执行的。根据知识的特性，显性知识容易结构化，其市场价值也相对容易评估，显性知识交易的细节条款是可以在事前经过交易双方协商明确的，另外，这些合约条款也是能够被第三方事后证实和执行的，这样，正式的市场合约可以减缓私利主义行为，降低投机行为带来的不确定性风险，从而促进显性知识交易活动的顺利进行。然而，由于隐性知识的无形性、外部性以及难以度量性等自然特性，知识交易双方投入要素均很难观察验证，其不能在正式的市场合约中明确定义，交易双方均具有隐藏行动而获取私利的逆向选择、道德风险存在，因而维系知识交易双方的市场合约具有较强的不完全性，往往无法有效激励隐性知识交易双方的行为。

4. 市场合约对于知识中介与显性知识交易关系的正向调节作用显著，其对于知识中介与隐性知识交易关系的正向调节作用并不显著，此时假设 5. 6. 3a 得到部分支持；但是，市场合约对于共同目标、信任与知识交易（显性知识交易、隐性知识交易）关系的正向调节作用均显著，假设 5. 6. 3b 和假设 5. 6. 3c 均得到支持。以社会关系为基础的关系交易理论认为通过内在的、道德的控制，并通过建立一致目标，营造长期的合作氛围，有利于创造更大程度的互动和双方的相互理解，最终促进交易关系的顺利进行，其强调了社会交往和关系在经济活动中所起的作用，即双方在正式市场合约的基础上，形成一种长期的合作关系，表现为关系合约机制。关系合约定义为基于未来关系价值的非正式协议，其与正式的市场合约的主要区别是：市场合约是指能够描述成可以由诸如法庭等第三方事后证实和执行的合约条款，而关系合约中可存在不能被第三方证实和执行的承诺；市场合约是强制执行的，而关系合约中不能被第三方证实和执行的承诺是“自我实施”（Self - Enforced）的；市场合约主要考虑短期单次合作，而关系合约面向长期多次合作。因此，致力于建立长期稳定合作关系的供应链成员企业往往会以长远的眼光来看待双方的交易关系，交易双方均不会做出有损对方利益的事情，此时交易双方更愿意通过知识交易实现优势互补，进而提高供应链整体竞争优势。虽然如此，为了避免发生“知识泄露”的风险（优势知识或核心知识泄露有时候对企业打击是毁灭性的），知识交易双方仍然不会引入第三方（知识中介）参与到隐性知识交易中。

第七节　本章小结

本章基于知识管理研究领域著名学者达文波特教授（1998）提出的企业内部知识市场思想，将知识市场的理念引入供应链企业间的知识共享与转移活动中，首先分析了在供应链知识市场中，供应链企业间知识交易的所涉及要素及其相互关系，并在此基础上明确了供应链企业间知识交易的关键问题，即不同情形下供应链企业间知识交易的机制设计问题。然后，从供应链企业间的知识交易关系出发，运用委托代理理论分别研究了知识水平影响下供应链企业间知识共享的伙伴选择机制、考虑学习能力影响下供应链企业间知识交易的市场机制、考虑知识属性影响下供应链企业间知识交易的市场机制以及双边道德风险下供应链企业间知识交易的关系机制。最后以 5. 2 节至 5. 5 节中供应链企业间知识交易合约设计的数理分析结果为基础，结合关系交易理论和交易成本理论，构建了关系机制与正式合约对供应链企业间知识交易影响的概念模型，其中关系机制分为间接关系机制和直接关系机制，间接关系机制主要通过知识中介体现，直接关系机制包括共同目标和信任两个方面内容，并利用多元回归模型结合256家供应链上下游企业的调查数据对上述概念模型进行了实证研究，研究结果表明，知识中介对知识交易的正向影响不显著；共同目标、信任和正式合约对知识交易均有显著的影响，另外，正式合约对关系机制与知识交易之间关系的调节效应也得到验证。实证结果显示正式合约和关系合约均能促进知识交易的进行，但是关系合约对知识交易的正向影响程度远大于正式合约对知识交易的影响程度。实证研究客观地反映了供应链企业的实际运作过程，同时也验证了数理模型相关结论的有效性。研究结果为供应链企业间知识交易的合约机制设计提供了理论依据和指导。

第六章

供应链企业间知识共享的典型案例

结合上述理论研究，考虑到制造业供应链中知识相对比较密集，而且上下游企业之间较其他类型供应链具有更为紧密的技术合作关系和技术依赖关系，因此，本书选择汽车制造企业C集团和摩托车制造企业J集团为核心企业的供应链作为研究对象，对其链上的知识共享及其市场机制进行了案例调研和应用研究。另外，汽车和摩托车都是典型的复杂产品，比如普通轿车由2万多个零部件组装而成，各种零部件的设计生产任务需要由不同的供应商执行，其相互之间的配合很重要，新车研发往往需要供应商的参与，并且这两个行业技术变化速度很快，其生产经营对新知识、新技术的依赖很强，所以该行业需要供应链上下游充分合作，特别是供应商在技术上的合作，因此，本章主要研究C集团和J集团与其供应商之间的知识共享问题。

第一节　C集团供应链企业间知识共享的案例研究

一　C集团供应链简介

汽车产品非常复杂，比如一辆普通汽车由2万多个零部件组成，其主要零部件如表6－1所示。汽车零部件数量多且涉及机械、电子等多个行业，对于大多数整车制造商而言，不可能采用自制方式生产所有零部件，大部分零部件都需要外购。C集团大部分零部件生产由各级供应商承担，现有零部件供应厂商2000多家。面对现代激烈的全球竞争环境和快速变化的客户需求，C 集团进行了供应链管理，建立了严格的供应商准入制度，对供应链进行协调和管理，以提高其供应链的适应性、柔性和快速响应能力。但是，C 集团与供应商的合作仍是以利益为主导，在采购零部件时，C 集团的零部件供应商通过电子平台投标，在满足技术要求时，价低者中标。根据供应商所具有的研发能力，C 集团将其零部件供应商分为三类。

表 6－1　　普通汽车主要零部件

零部件分类		主要零部件明细
发动机	曲柄连杆机构	缸体、活塞环、连杆、曲轴、飞轮等
	配气机构	曲轮轴、气门、气门传动件等
	燃料供给系	空气滤清器、化油器（或者燃油喷射装置）、进气管、排气管、消声器、汽油泵、汽油箱等
	冷却系	水箱、水泵、散热器、风扇、放水开关、节温器等
	润滑系	机油泵、机油滤清器、主油道、油底壳等
	点火系	蓄电池、点火开关、分电器总成、点火线圈、高压线、火花塞等
	起动系	蓄电池、起动控制与传动机构、起动机等
底盘	传动系	离合器、变速器、万向传动装置和驱动桥等
	行驶系	车架、车桥、车轮、悬架等
	转向系	转向操纵机构、转向器、转向传动机构等
	制动系	制动器、制动操纵机构
车身		车身壳体、车门、车窗、车锁、内外饰件、附件、座椅、车前各钣金件等
电气设备		蓄电池、交流发电机、起动机、汽油机点火系统、照明系统、信号系统、报警装置、汽车仪表、汽车空调、辅助装置等

1. 全服供应商。全服供应商具有较强的开发能力，其产品技术复杂，接口复杂程度高，对消费者满意度影响大，如底盘动力传动系统供应商、灯具供应商等都属于全服供应商。全服供应商较早介入 C 集团的新产品

研发，若研发失败，对C集团的新产品开发有很大影响。由于C集团不了解该零部件的技术及制造工艺，全服供应商具有较强的议价能力，是公司重点关注的供应商。

2. 按规范加工供应商。该类供应商能在限定的框架内进行适度开发，介入C集团新产品研发的时间较晚。其产品接口复杂程度较低，产品变动对其他部分的影响较小，产品技术上比较成熟，且变动频率较小，此类零部件供应商占的比例最大。

3. 按图加工供应商。该类供应商重要性较低，不参与新车设计研发，直接按图进行生产。此类生产商提供的产品大多是较小和较简单的通用标准件，替代品较多，对汽车整体影响较小，比如密封件、紧固件等。C集团采用质量检验的方式保证供货质量。

二　C集团供应链知识共享现状及困境

中国汽车业经过多年发展，整车制造企业间竞争愈来愈激烈，客户需求也越来越苛刻，因此，C集团认识到要想取得竞争优势，就必须持续进行产品创新，并提高供应链的适应性和响应速度，快速满足客户需求。汽车是典型的复杂技术产品，面对复杂技术和竞争环境的双重挑战，不仅需要依赖于企业自身的知识存量，还需要供应链上跨组织的知识共享与协同，共同提高供应链的竞争优势。在汽车生产行业中，上下游企业之间基于知识共享的合作十分广泛，整车制造商可以利用供应商的知识而使自己受益。C集团很早就意识到供应链企业间知识共享的重要性，并积极开展了多种形式的知识共享活动，如每年举行的供应商大会、鼓励供应商到C集团交流最新成果、帮助供应商解决问题以及与供应商合作进行新产品研发等，积累了一定的知识共享实践经验，但也存在一些问题。下面对C集团供应链企业间知识共享存在的困境进行详细阐述。

（一）以短期利益为主导，损害了供应商进行知识共享的积极性

C集团全新车型开发需要34—40个月，最短也要30个月，迫切需要缩短产品开发周期，C集团已经引入全服供应商和按规范加工供应商进行合作产品研发，合作中频繁的互动创造了获取隐性知识的环境和条件，但也存在一定的问题。供应商参与产品合作研发，产生的开发费用，如

模具费用、开发人员工资等都由供应商自己承担，在新车开发成功之后，C集团才给予订单作为补偿。参与新产品研发需要投入大量的人力、物力和财力，投资回收期长且风险较大。具有较强开发能力的供应商，特别是全服供应商参与新产品开发的积极性不高。另外，由于C集团采用低价策略，采购零部件时采用招投标的方式进行，价格最低者得标，历史合作经验不是决定性的指标，这进一步降低了供应商参与合作研发的积极性。因此，C集团以利益为主导的策略，一定程度上损害了供应商进行合作研发和知识共享的积极性。

（二）缺乏知识共享意识，供应链企业间知识共享不充分

C集团与全服供应商或按规范加工供应商签订合同之后，如果发现供应商不能满足要求，则派遣专人到供应商处，帮助其分析原因，找出问题，进行整改以保证产品质量。在共同解决问题的过程中，隐性知识得到共享，供应商能获得帮扶人员的隐性知识，帮扶人员也能获得供应商的知识，并积累解决问题的隐性知识。虽然C集团对供应商提供帮扶客观上创造了隐性知识共享的环境，但仍存在一定问题。一方面，C集团对供应商提供帮扶是一种事后补救措施，是出于变更供应商成本太高的考虑，而不是主动提高供应商技术水平，表明C集团主动进行知识共享的意识不够；另一方面，进行帮扶的技术人员缺乏知识共享意识，在帮扶过程中隐性知识共享深度不够，帮扶效果并不理想，只关注此次问题的解决，而不关注供应商其他问题的解决。另外，C集团在与供应商进行合作研发的过程中，员工之间频繁接触和交流，通过观察和学习C集团员工能获取供应商的隐性知识，但这只是员工的一种自发学习行为，获取的知识未在C集团内部进行广泛传播，导致相同的问题多次出现。

（三）知识保护机制不完善，导致共享知识的泄露

在C集团与全服供应商或按规范加工供应商合作研发的过程中，存在供应商将合作中获取的知识泄露给其他汽车制造商的现象，产品开发成功之后，供应商会将合作开发的产品卖给其他汽车制造商，导致知识外泄。对此，C集团采取专利权保护和实物保护（在实物上打上企业标识）措施，但仍无法阻止知识泄露的情况。此外，由于缺乏相应的知识保护制度，在C集团员工与供应商进行合作产品研发和帮助供应商解决问题时，也存在有

意识或无意识的知识泄露，对 C 集团造成了较大的负面影响。

三　C 集团基于市场机制的供应链知识共享机制

项目组对 C 集团供应链企业间知识共享现状进行了调研，深入分析 C 集团目前供应链知识共享存在的问题后，向 C 集团详细介绍了项目组的理论研究成果，并协助 C 集团制定了适合其实际情况的基于知识市场的供应链知识共享机制，如图 6－1 所示，取得了明显效果。下面对 C 集团供应链知识共享机制进行详细阐述。

（一）文化意识方面：营造知识共享文化，推动供应链协同创新

供应链文化是供应链上各企业共同创造和认同的价值观，良好的供应链知识共享文化有利于供应链中知识的共享与转移。C 集团通过营造有利于知识共享的供应链文化，提高了供应商进行知识共享的意识和企业内部员工与供应商进行知识共享的意识，促进了各类知识的顺利共享、交易与转移。

1. 塑造供应链整体观念，提升 C 集团供应链的凝聚力。在现有供应链内部传递供应链才是竞争主体的思想，增强供应商与 C 集团的利益联系，促使供应链上所有成员积极进行合作以获取供应链竞争优势，形成统一的供应目标、供应观念和供应行为规范。

2. 营造供应链知识共享文化，鼓励供应链进行知识创新与共享。在现有供应链体系内宣传知识共享成功的案例，取得供应商对知识共享文化的认同，并加强与供应商的沟通和交流，形成一致的知识共享观念。同时，新供应商加入供应链体系时，积极宣传供应链文化，增强新进入供应商对 C 集团供应链知识共享文化的了解，促进其主动适应供应链知识共享文化，从而推动供应链企业间的知识流动。

3. 在与供应商进行合作研发以及对供应商进行帮扶的过程中，最终参与知识共享的是 C 集团的员工，因此，C 集团在公司内部创造知识共享文化，加强员工知识共享意识。一方面，促进其与全服供应商和按规范加工供应商的知识共享，提高研发合作效率，在取得合作创新收益之后，供应商的知识共享积极性进一步提高，从而形成知识共享和合作创新的良性循环。另一方面，促进其与按图加工供应商共享知识，改善帮

扶效果，提升供应商对 C 集团的忠诚度，从而提高供应链整体竞争力。

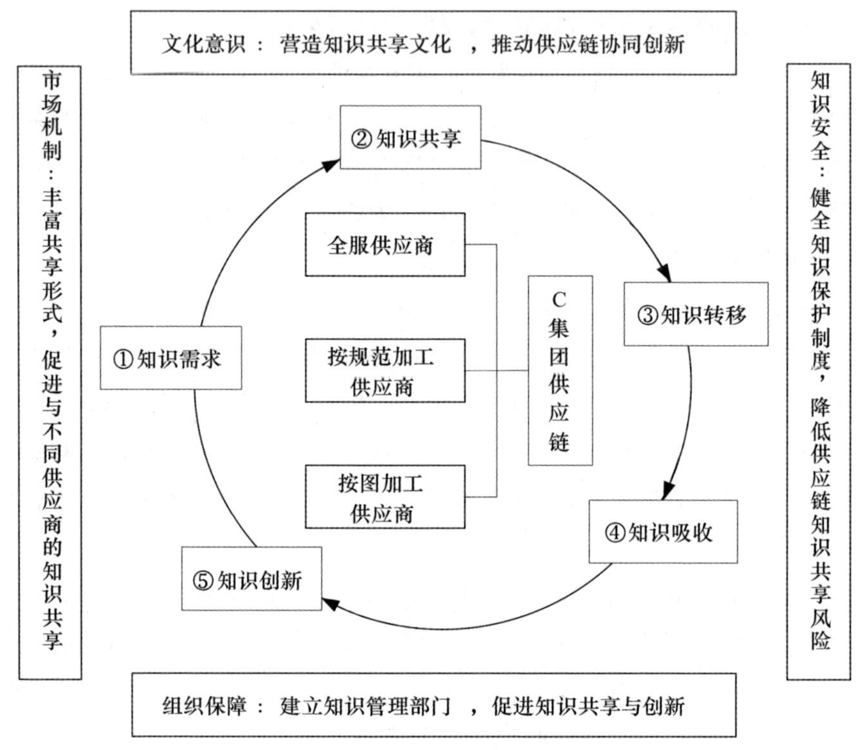

图 6－1 C 集团供应链知识共享机制

（二）市场机制方面：丰富知识共享形式，促进与不同供应商的知识共享

不同类型的供应商具有不同的特点，创造不同的价值，C 集团根据供应商的不同类型建立多样化的知识共享模式，以调动供应商进行知识共享的积极性，提高知识共享效率。

1. 全服供应商

由于全服供应商具有较强的核心技术能力，一般不愿意参与知识共享，但其知识对 C 集团具有重要作用。C 集团运用市场交易的思想，如委托研发、购买专利、签订一次性知识共享合约等，通过支付给供应商报酬激励供应商积极参与知识共享，从而充分利用供应商知识。

2. 按规范加工供应商

由于按规范加工供应商数量最多，且与C集团的互动最为频繁，因此，C集团尽最大可能与其建立长期战略合作伙伴关系。C集团采用制订长期合作计划、与供应商共同建立研发中心、签订长期合作框架性协议、签订长期知识共享的合同、共同成立研发小组等形式进行知识共享，促进供应商从长期利益出发，积极参与知识共享。

3. 按图加工供应商

按图加工供应商一般不参与新产品研发，但其生产效率对C集团供应链效率具有重要影响。因此，C集团主动提供技术支持，与供应商共同发展，促进其生产效率的提高，从而提高供应链效率。C集团通过成立解决问题小组、举行供应商大会、经验交流会和专题讨论会等形式进行知识共享。

（三）组织保障方面：建立知识管理部门，促进知识共享与创新

C集团建立了专门的知识管理部门，对供应商和员工的知识共享行为进行管理和监督，为知识共享和知识创新提供了组织及制度保障。

1. C集团的知识管理部门制定知识共享的方针政策，并落实C集团供应链知识共享的各项措施，如建立知识共享平台、制订知识共享制度、建立知识共享绩效测评体系等，为C集团推进供应链知识共享奠定基础。

2. 知识管理部门对全服供应商知识共享情况进行记录和评价，为知识共享决策提供参考，争取与知识共享情况良好的全服供应商建立长期合作关系；与按规范加工供应商保持密切沟通和交流，对供应商知识共享情况进行监督，并及时处理知识共享过程中发生的意外情况，灵活调整知识共享策略，保证知识共享顺利进行；定期对按图加工供应商知识吸收情况进行检查，保证知识共享的效果。

3. C集团通过与供应商进行知识共享获得的知识，一般由个人或者较少数量的员工掌握，这些知识需要在公司内部进行传播和共享，才能转化为组织知识，得到充分利用。因此，知识管理部门对C集团内部员工进行培训和教育，并制定知识共享激励措施，促进员工主动共享与供应商合作过程中获得的知识，促使知识在C集团得到充分扩散和吸收，防止相同问题重复出现，最终促进知识创新。

（四）知识安全方面：健全知识保护制度，降低供应链知识共享风险

供应链企业间共享的知识对节点企业具有重要作用，若发生知识泄露，会对知识共享企业造成很大的损失。因此，C 集团采取知识保护措施，降低知识共享的风险，消除供应商进行知识共享的顾虑，从而促进供应商共享知识。

1. 与全服供应商共同开发的产品，申请专利，利用专利权保护知识。C 集团与全服供应商签订专利协同权保护协议，以激励供应商共同进行专利保护，防止供应商的知识泄密行为，约束供应商不利于知识保护的消极行为，保证供应商在共同遵守知识保护条款和专利保护条款的基础上实现知识共享和合作。

2. C 集团与按规范加工供应商和与按图加工供应商签订知识保密合同，在合同中，规定了知识共享的范围，防止供应商泄露重要知识，并对知识泄密行为设定特别的约束与惩罚条款，如收取违约金，减少订单、取消供应资格、中断合作等，合理保护共享知识，严格控制知识共享风险。

3. C 集团加强企业自身的知识保护意识和维权意识以及企业内部员工的知识保密意识，制订知识保密制度，规定知识共享的范围，对员工进行知识保密制度和方法的培训，防止员工在合作过程中泄露重要知识，并建立惩罚机制，对泄密的员工进行惩罚。另外，对供应商的知识泄露行为，选择谈判或者诉讼的方式来维护自身利益，对知识进行合理保护。

第二节　J 集团供应链企业间知识共享的案例研究

一　J 集团供应链简介

摩托车是典型的复杂产品，比如一辆普通摩托车大概由 2000 多个零部件组装而成，其主要零部件如表 6 – 2 所示，零部件供应商往往涉及几百家。J 集团作为集摩托车及其发动机、特种装备、光学光电、汽车摩托车通机零部件等为主导产业的国家级大型企业集团，其具有自产摩托车零部件的强大实力（如摩托车发动机及其大部分配件），但出于技术及成本等方面因素的综合考虑，J 集团仍需要外购大量的摩托车零部件，涉及

的零部件供应商上百家（图 6-2 为 J 集团自产及外购零部件情况）。根据零部件供应商所具有的技术能力及市场竞争地位，J 集团将供应商主要分为三类：第一类为强势供应商，第二类为一般供应商，第三类为弱小供应商。J 集团认定的强势供应商是指其在自身领域掌握相关核心技术并且这类技术具有较强的壁垒属性，不易模仿且目前 J 集团还未涉足该零部件技术领域的供应商，例如德尔福（摩托车灯具供应商，电喷系统）、博世（摩托车 ABS，电喷系统）、电装（电喷系统）等，这类供应商数量相对较少；J 集团认定的一般供应商是指其产品技术含量相对较低，市场上替代品较多，且 J 集团本身对这些零部件产品的技术情况相对比较了解，这类供应商主要按照 J 集团提供的技术规范进行零件生产，同时供应商可以适度对相关零部件进行设计或改进，这类供应商在 J 集团零部件供应商中占有非常大的比例；J 集团认定的弱小供应商是指其具有一定的零部件生产能力，供货成本较低，但技术水平有限，这类供应商主要按照 J 集团提供的图纸进行零部件的生产，很多时候这类供应商在生产过程中还需要 J 集团提供一定的技术指导才能保证达到 J 集团的技术要求和质量要求。

表 6-2　　普通摩托车主要零部件

零部件分类	主要零部件明细
发动机及配件	总成、曲轴箱、气缸、活塞、环、曲轴、气门、凸轮轴、燃油箱、滤清、燃油泵、机油泵、化油器、电喷、进排气、水箱风机、其他
传动系统零件	摩托车离合器、变速器、变速器操纵装置、摩托车起动机构、摩托车皮带传动组件、链传动组件、轴传动组件
行走系统零件	车架、挡泥板、车叉、减震、减震配件、车轮、轮毂、轮辋等、轮胎、车锁警报、保险杠、视镜、杂物箱、护框等、停车架、扶手挡风玻璃辅饰
操纵系统零件	方向柱、车把、把套和操控装置、软轴、拉锁、制动器、制动踏板、拉杆 ABS 及其他制动零件
电器与仪表	蓄电池、发电机、起动电机、电刷等、整流器、超越离合、分电器、火花塞、开关、灯具与信号装置、喇叭、仪表、传感器、继电器、电线束、记数器、其他电器零件
通用件与相关	密封件橡胶、塑料件、橡胶、塑料件、硬管、软管、粉末冶金件、铸锻件、冲压件、标准件、紧固件、轴承、轴套、齿轮、涂料、黏合剂、润滑油、其他材料与加工、磁电机摩托车安全用品、头盔、太阳镜

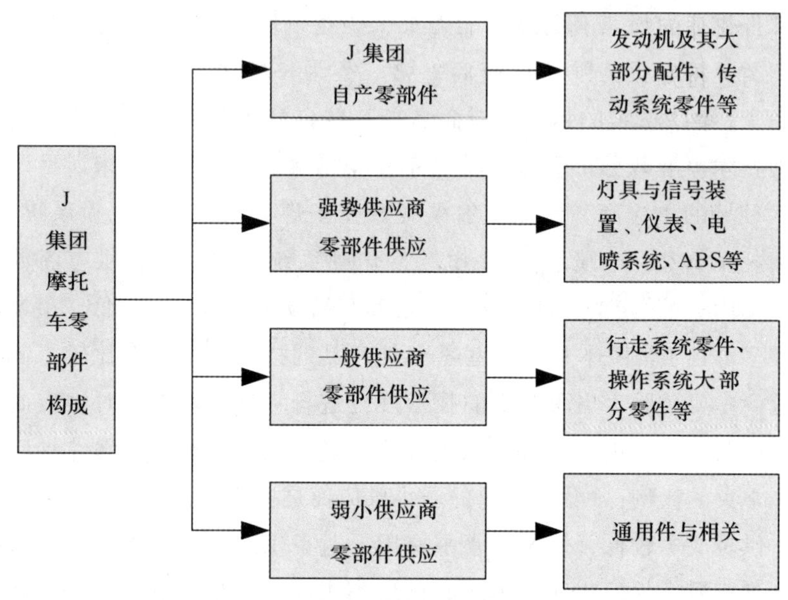

图6－2 J集团摩托车零部件构成

二 J集团供应链知识共享的困境

近年来，随着广东、江浙地区摩托车工业的迅速崛起，以及重庆摩托车企业如力帆、宗申、隆鑫的快速发展，J集团在摩托车市场上面对的竞争日趋激烈，与此同时，消费者的需求也逐渐趋向于多样化、多层次化和个性化，因此，J集团意识到要想获取竞争优势，就必须持续地进行产品改进或创新活动，不断地开发出适应市场需要的新产品。产品创新的实质是知识的创新，由于社会分工的不断细化以及知识的日益复杂化和综合化，产品创新往往需要不同企业和不同类型的相关知识，单个企业越来越难以完成整个产品的创新活动。特别是摩托车作为典型的复杂产品，由2000多个零部件组装而成，零部件供应商涉及几百家，各种部件的设计及生产任务需要由不同的厂家执行，并且相互之间的配合很重要，可见，新车研发往往需要供应商（特别是强势供应商）的提前参与和合作。在此背景下，共享知识资源进行合作创新成为摩托车供应链中各企业创造新价值、节约成本、挖掘利润的一个重要战略。

J集团作为中国发展摩托车产业的奠基者和引导者之一，很早就意识到供应链伙伴间共享知识资源、进行合作创新的重要性，并积极展开了与供应商进行知识共享的探索与实践，虽然取得了一定的成效（特别是在摩托车新产品的合作研发方面），但仍面临不少困境，并且对于不同供应商其在知识共享方面面临的困境也有所不同。

（一）J集团与强势供应商的知识共享困境

知识（特别是核心技术知识）通常被认为是一种资源和资产，只有占有了知识才能在竞争中处于优势地位，而一旦自己的知识被共享，相应的优势地位就会丧失，自身的利益就会受到损害，因而，强势供应商在缺乏激励情况下一般不愿意把自己的知识拿出来与J集团进行共享。另外，J集团并未涉足强势供应商的技术领域，对其核心技术缺乏了解，当强势供应商投入相关技术知识进行知识共享时，其知识的先进程度、投入人财物多少J集团往往难以准确评估，因此，知识共享过程中往往会存在道德风险问题。如何激励强势供应商参与知识创新与知识共享（特别是投入一些先进的知识参与知识创新与知识共享），成为J集团产品合作创新过程中亟待解决的关键问题。

（二）J集团与一般供应商的知识共享困境

供应链是一种动态的网状组织，不同供应链之间往往相互交叉，也就是说同一节点企业经常处在几条不同供应链的交叉点上。J集团的一般供应商在给其供应相关零部件的同时，也很有可能会给其竞争对手（如大长江、力帆、隆鑫等）供货，而这些供应链之间大多存在竞争关系，它们的业务相似，所需的知识也大致相同。在知识共享过程中，可能出于某些利益的驱动，一般供应商会将从J集团获取的相关知识有意或无意地透露给其他企业，这样J集团的某些知识就会直接泄露给竞争对手，给自身造成严重威胁。因此，如何约束一般供应商的知识共享行为保障自身权益成为J集团与一般供应商进行知识共享时所需要考虑的重要问题。

（三）J集团与弱小供应商的知识共享困境

J集团与弱小供应商进行合作往往是从控制成本或保持自身主导地位的角度出发，但是，弱小供应商由于其自身技术水平有限，在零部件的开发与生产过程中往往需要J集团在技术上进行指导和帮助。然而，一旦弱小供应商经过J集团技术支持在能力得到一定提升后，弱小供应商往往会为获取更多利益与J集团进行讨价还价，甚至脱离J集团给其竞争对手供货。因此，如何有效地从技术层面支持弱小供应商让其能保质保量提供产品，并与之建立良好的合作关系，成为J集团面临的另一个难题。

三 J集团基于市场机制的供应链知识共享机制

目前，如何促进供应链企业间进行知识共享与知识转移成为困扰企业界和学术界的重要问题，借助Davenport与Prusak提出的企业内部知识市场理论，项目组提出了在供应链中建立知识市场，以市场机制来引导、鼓励、刺激、督促和规范供应链企业间的知识交易，从而有效实现供应链企业间知识共享与转移的思想。项目组在对J集团供应链企业间知识共享现状的调研过程中，了解到J集团目前供应链知识共享的困境，因而将项目组的理论研究成果对J集团进行了详细介绍，之后，协助J集团制定了适合J集团实际情况的基于知识市场的供应链知识共享机制，取得了明显效果。

（一）与强势供应商的知识共享机制

对于拥有核心技术优势的强势供应商，运用市场交易的思想，通过支付供应商提供知识报酬的形式以激励供应商积极参与知识共享。与产品市场交易不同的是，其报酬机制主要包括订单数量、返利及合作关系加强等企业间合作的互惠（J集团与强势供应商的知识交易模型如图6-3所示）。例如，J集团根据市场需求需要开发一款新式摩托车，但J集团在摩托车灯具设计方面缺乏相关的技术支持，因此，J集团需要德尔福电气系统有限公司参与到该新款摩托车的产品设计中来，而德尔福在参与产品设计的过程中需要投入大量的成本（人力成本、时间成本、机会成本等），同时还需要承担其技术知识泄露的风险，一般情况下德尔福公司不愿意提前参与到J集团产品设计活动中来，为了打消德尔福公司的顾虑，促使其积极进行知识共享，以提高新产品的创新成功概率，J集团首先承诺在其产品研发成功并投入市场之后，前3万套灯具订单全部交给德尔福，如果产品销量好，还可以提供一定数量的返利并承诺建立稳定的战略合作伙伴关系，以保证德尔福的盈利预期，从而更好地投入相关技术知识促进产品创新。在市场交易的思想下，作为知识提供方的供应商可以得到订单数量、返利、合作关系加强等方面的回报，作为知识吸收方的制造商为得到相关技术知识所给予的付出也会物有所值，知识共享与转移就容易进行。

（二）与一般供应商的知识共享机制

对于一般供应商，设立了一套专门的知识共享风险控制机制，对具体的知识共享行为进行规范和引导，在进行知识共享时将风险控制在J集团能够承受的范围之内。其具体措施包括：

1. 建立知识共享风险控制体系。事前做好知识的分类、编码等工作，在知识共享环境既定的情况下，对将要共享的知识进行详细的风险评估，以确定是否进行共享、如何进行共享。

2. 加强自身知识的合理保护。在进行知识共享之前，哪些知识可以分享，哪些需要保护，设有明确的界定，并制定了严密的措施防止核心资源外泄。确立知识的共享范围，以保证双方提供的技术和专有知识能够有清晰明确的产权。同时，提高员工的知识保护意识，使之在与其他企业进行合作的过程中以及在私下的小团队交流中都能够积极防范知识的外溢。

3. 采用恰当的产权形式进行知识共享。不同类型的知识共享采取不同的产权形式。一般来说，比较重要的技术知识应采用直接购买专利的形式来进行。如果涉及较大规模、共享面广的知识，如合作创新式知识共享，可以为合作创新项目设立一个独立的公司。这样能保证双方提供的技术和专有知识以及知识共享所带来的研究成果能由双方合法地联合拥有，防止知识产权不清带来的扯皮现象。

4. 利用动态合同降低知识共享的风险。J集团与一般供应商签订知识共享合同时，采用动态合同、多次分期付款的方式来规避风险。根据前期知识共享的效果决定后期的知识共享行为，当知识共享效果不如意时，及时调整共享方案，重新检查所采取的风险防范对策，决定是否继续进行知识共享。这无疑能够降低一次性知识交易所带来的风险。

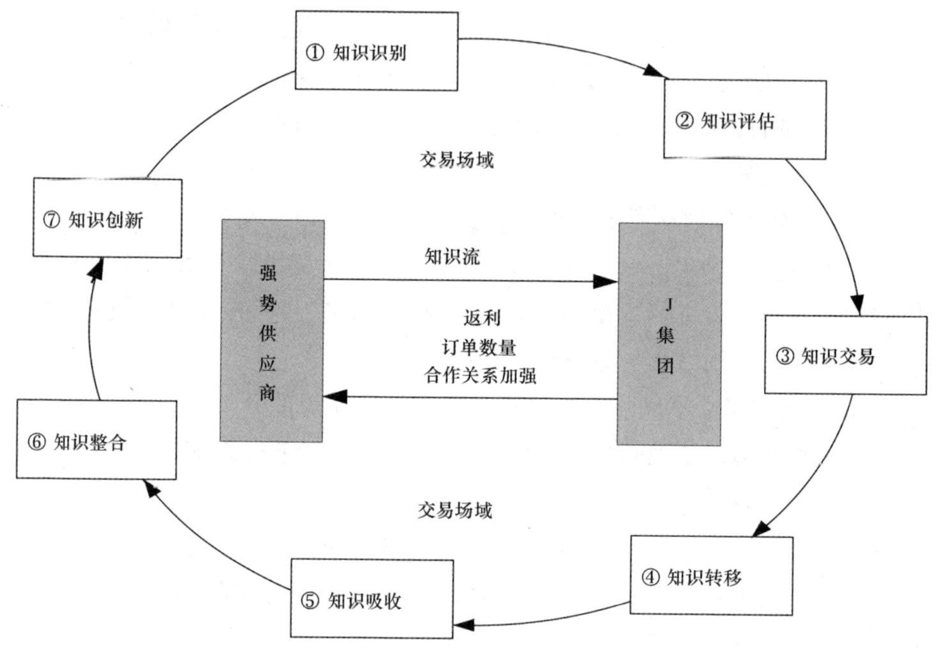

图6-3 J集团与强势供应商的知识交易模型

（三）与弱小供应商的知识共享机制

对于弱小供应商，首先采取的具体操作在于提供一种机制促进知识共享，这种机制主要包括供应商联合大会会议和主题委员会会议。前者是关于高水平的显性知识的分享（如在供应链之内的计划、政策、市场趋势等），后者则是关于时常发生变动的四个特殊领域（成本、质量、安全和社会活动）的知识分析。这一系列举措都有助于发展供应商之间的关系，促使他们分享有价值的知识。另外，J集团通过组建咨询/解决问题的技术团体旨在增加供应商对J集团的认同感，提高J集团与供应商知识共享的效率。弱小供应商技术水平相对有限，在零部件的改进或创新甚至生产方面往往存在一些瓶颈，在这种情况下，J集团将这些相关领域的专家顾问派给供应商，帮助他们解决这方面的问题，并且J集团不限制它的专家顾问的时间，有时他们会持续数月指导供应商学习，专家顾问的指导提高了供应商改进、创新零部件产品的效率，同时也促进了隐性知识的共享，使供应商对J集团给予的帮助心存感激，并使彼此的联系更为紧密。此外，J 集团还采取一系列措施约束弱小供应商的供货行为，以防止其发展壮大之后迅速脱离 J 集团给其他竞争对手供货。这些措施主要包括：对于只需要提供一些非重要技术知识进行支持的弱小供应商，在知识共享前，让弱小供应商承诺相对低价供货数量或供货年限；对于需要提供一些比较重要技术知识进行支持的弱小供应商，J 集团往往采取直接出售专利的形式来进行，并让其在相关零部件上贴上 J 集团标签，以防止其向 J 集团竞争对手直接供货。

第三节　本章小结

结合上述理论研究，考虑到制造业供应链中知识相对比较密集，而且上下游企业之间较其他类型供应链具有更为紧密的技术合作关系和技术依赖关系，因此，本书选择汽车制造企业 C 集团和摩托车制造企业 J 集团为核心企业的供应链作为研究对象，对其链上的知识交易及其市场机制进行了案例调研和应用研究。另外，汽车和摩托车都是典型的复杂产品，比如普通轿车由 2 万多个零部件组装而成，各种零部件的设计生产任务需要由不同的供应商执行，其相互之间的配合很重要，新车研发往往需要供应商的参与，并且这两个行业技术变化速度很快，其生产经营对新知识、新技术的依赖很强，所以该行业需要供应链上下游充分合作，特别是供应商在技术上的合作，因此，本书主要研究 C 集团和 J 集团与其供应商之间的知识交易问题。

参考文献

Acharya A B, Surve S M, Thakur S L. "The Impact of Knowledge Management Processes on Supply Chain Performance", *Journal of Clinical & Experimental Dentistry*, Vol. 26, No. 3, March 2015.

Ahuja G. "Collaboration Networks, Structural Holes, and Innovation: A Longitudinal Study", *Administrative science quarterly*, Vol. 45, No. 3, September 2000.

Alegre J, Sengupta K, Lapiedra R. "Knowledge Management and Innovation Performance in a High-tech SMEs Industry", *International Small Business Journal*, Vol. 31, No. 4, April 2013.

Ambos T C, Ambos B. "The Impact of Distance on Knowledge Transfer Effectiveness in Multinational Corporations", *Journal of International Management*, Vol. 15, No. 1, January 2009.

Ahmad A, Bosua R, Scheepers R. "Protecting Organizational Competitive Advantage: A Knowledge Leakage Perspective", *Computers & Security*, Vol. 42, No. 5, May 2014.

Arnulf J K, Dreyer H C, Grenness C E. "Trust and Knowledge Creation: How the Dynamics of Trust and Absorptive Capacity May Affect Supply Chain Management Development Projects", *International Journal of Logistics: Research & Applications*, Vol. 8, No. 3, March 2005.

Arun K. "Effect of Knowledge Sharing and Supply Chain Management on Organizational Performance", *International Journal of Knowledge-Based Organ-*

izations, Vol. 5, No. 3, March 2015.

Ba S, Stallaert J, Whinston A B. "Optimal Investment in Knowledge Within a Firm Using a Market Mechanism", *Management Science*, Vol. 47, No. 9, September 2001.

Bagozzi R P, Yi T. "On the Evaluation of Structural Equation Models", *Journal of the Academy of Marketing Science*, Vol. 16, No. 1, January 1988.

Bandyopadhyay S, Pathak P. "Knowledge Sharing and Cooperation in Outsourcing Projects—A Game Theoretic Analysis", *Decision Support Systems*, Vol. 43, No. 2, February 2007.

Bell D G, Giordano R, Putz P. "Inter-firm Sharing of Process Knowledge: Exploring Knowledge Markets", *Knowledge and Process Management*, Vol. 9, No. 1, January 2002.

Beneito P. "The Innovative Performance of In-house and Contracted R&D in Terms of Patents and Utility Models", *Research Policy*, Vol. 35, No. 4, April 2006.

Blome C, Schoenherr T, Eckstein D. "The Impact of Knowledge Transfer and Complexity on Supply Chain Flexibility: A Knowledge-based View", *International Journal of Production Economics*, Vol. 147, No. 1, January 2014.

Boulding K E. "The Economics of Knowledge and the Knowledge of Economics", *The American Economic Review*, Vol. 56, No. 1, January 1966.

Brouthers K D, Brouthers L E, Wilkinson T J. "Strategic Alliances: Choose Your Partners", *Long Range Planning*, Vol. 28, No. 3, March 1995.

Brydon M, Vining A R. "Understanding the Failure of Internal Knowledge Markets—A Framework for Diagnosis and Improvement", *Information & Management*, Vol. 43, No. 8, August 2006.

Burgelman R A. "A Process Model of Internal Corporate Venturing in the Diversified Major Firm", *Administrative Science Quarterly*, Vol. 28, No. 2, February 1983.

Cai S, Goh M, de Souza R, et al. "Knowledge Sharing in Collaborative Supply Chains: Twin Effects of Trust and Power", *International Journal of Pro-*

duction Research, Vol. 51, No. 7, July 2013.

Cannon J P, Perreault W D. "Buyer-seller Relationships in Business Markets", *Journal of marketing research*, Vol. 36, No. 4, April 1999.

Cao M, Zhang Q. "Supply Chain Collaboration: Impact on Collaborative Advantage and Firm Performance", *Journal of Operations Management*, Vol. 29, No. 3, March 2011.

Cheng J. "Inter-organizational Relationships and Knowledge Sharing in Green Supply Chains—Moderating by Relational Benefits and Guanxi", *Transportation Research Part E: Logistics and Transportation Review*, Vol. 47, No. 6, June 2011.

Cheng J H, Yeh C H, Tu C W. "Trust and Knowledge Sharing in Green Supply Chains", *Supply Chain Management*, Vol. 13, No. 4, April 2008.

Cheng J, Fu Y. "Inter-organizational Relationships and Knowledge Sharing through the Relationship and Institutional Orientations in Supply Chains", *International Journal of Information Management*, Vol. 33, No. 3, March 2013.

Choi C J, Lee S H. A*Knowledge-based View of Cooperative Inter-organizational Relationships*, San Francisco: New Lexington Press, 1997.

Choi T Y, Budny J, Wank N. "Intellectual Property Management: A Knowledge Supply Chain Perspective", *Business Horizons*, Vol. 47, No. 1, January 2004.

Chow H K H, Choy KL, Lee W B. "Knowledge Management Approach in Build-to-order Supply Chains", *Industrial Management & Data Systems*, Vol. 107, No. 6, June 2007.

Choy K L, Chow H K H, Tan K H, et al. "Leveraging the Supply Chain Flexibility of Third Party Logistics-Hybrid Knowledge-based System Approach", *Expert Systems with Applications*, Vol. 35, No. 4, April 2008.

Christensen W J, Germain R, Birou L. "Build-to-order and Just-in-time as Predictors of Applied Supply Chain Knowledge and Market Performance", *Journal of Operations Management*, Vol. 23, No. 5, May 2005.

Coote L V, Forrest E J, Tam T W. "An Investigation into Commitment in Non-western Industrial Marketing Relationships", *Industrial Marketing Management*, Vol. 32, No. 7, July 2003.

Corbett C J, DeCroix G A, Ha A Y. "Optimal Shared-savings Contracts in Supply Chains: Linear Contracts and Double Moral Hazard", *European Journal of Operational Research*, Vol. 163, No. 3, March 2005.

Corso M, Dogan S F, Mogre R, et al. "The Role of Knowledge Management in Supply Chains: Evidence from the Italian Food Industry", *International Journal of Networking & Virtual Organisations*, Vol. 7, No. 2, February 2010.

Craighead C W, Hult G T M, Ketchen Jr. D J. "The Effects of Innovation-cost Strategy, Knowledge, and Action in the Supply Chain on Firm Performance", *Journal of Operations Management*, Vol. 27, No. 5, May 2009.

Crone M, Roper S. "Local Learning from Multinational Plants: Knowledge Transfers in the Supply Chain", *Regional Studies*, Vol. 35, No. 6, June, 2001.

Cummings J L, Teng B. "Transferring R&D Knowledge: The Key Factors Affecting Knowledge Transfer Success", *Journal of Engineering and Technology Management*, Vol. 20, No. 1, January 2003.

Currall S C, Inkpen A C. "A Multilevel Approach to Trust in Joint Ventures", *Journal of International Business Studies*, Vol. 33, No. 3, March 2002.

Daido, K. "Formal and Relational Incentives in a Multitask Model", *International Review of Law and Economics*, Vol. 26, No. 3, March 2006.

Davenport T, Prusak L. *Working Knowledge: How Organization Manage What They Know*, Boston: Harvard Business School Press, 1998.

Delbufalo E. "Outcomes of Inter-organizational Trust in Supply Chain Relationships: A Systematic Literature Review and a Meta-analysis of the Empirical Evidence", *Supply Chain Management: An International Journal*, Vol. 17, No. 4, April 2012.

Desouza K. C, Awazu Y. "Markets in Know-How", *Business Strategy Review*, Vol. 15, No. 3, March 2004.

Desouza K. C, Awazu Y, Yamakawa S. "Facilitating Knowledge Management through Market Mechanism", *Knowledge and Process Management*, Vol. 12, No. 2, February 2005.

Desouza K C, Chattaraj A, Kraft G. "Supply Chain Perspectives to Knowledge Management: Research Propositions", *Journal of Knowledge Management*, Vol. 7, No. 3, March 2003.

Desouza K. C, Yamakawa S, Awazu Y. "Pricing Organizational Knowledge: An Imperative", *Ivey Business Journal*, Vol. 67, No. 7, July 2003.

Dhanaraj C, Lyles M A, Steensma H K, et al. "Managing Tacit and Explicit Knowledge Transfer in IJVs: The Role of Relational Embeddedness and the Impact on Performance", *Journal of International Business Studies*, Vol. 35, No. 5, May 2004.

Doney P M, Cannon J P. "An Examination of the Nature of Trust in Buyer-seller Relationships", *Journal of Marketing*, Vol. 61, No. 2, February 1997.

Du J, Lu J, Guo Y. "Relationship between Technological Diversification of Social Network and Technological Innovation Performance: Empirical Evidence from China", *Science Technology & Society*, Vol. 20, No. 1, January 2015.

Dundas N H, O' Callaghan B A, Crone M, Roper S. " Knowledge Transfers from Multinational Plants in Ireland: A Cross-border Comparison of Supply-chain Linkages", *European Urban and Regional Studies*, Vol. 12, No. 1, January 2005.

Dyer J H. "The Determinants of Trust in Supplier-automaker Relationships in the U. S., Japan, and Korea", *Journal of International Business Studies*, Vol. 31, No. 2, February 2000.

Dyer J H, Hatch N W. "Using Supplier Networks to Learn Faster", *MIT Sloan Management Review*, Vol. 45, No. 3, March 2004.

Dyer J H, Hatch N W. “Relation-specific Capabilities and Barriers to Knowledge Transfers: Creating Advantage through Network Relationships”, *Strategic Management Journal*, Vol. 27, No. 8, August 2006.

Dyer J H, Singh H. “The Relational View: Cooperative Strategy and Sources of Inter-organizational Competitive Advantage”, *The Academy of Management Review*, Vol. 23, No. 4, April 1998.

Ellram L M. “Supply-chain Management: The Industrial Organization Perspective”, *International Journal of Physical Distribution & Logistics Management*, Vol. 21, No. 1, January 1991.

Eriksson P E. “Exploration and Exploitation in Project-based Organizations: Development and Diffusion of Knowledge at Different Organizational Levels in Construction Companies”, *International Journal of Project Management*, Vol. 31, No. 3, March 2013.

Eschenfelder K, Heckman R, Sawyer S. “The Distribution of Computing: the Knowledge Markets of Distributed Technical Support Specialists”, *Information Technology & People*, Vol. 11, No. 2, February 1998.

Estrada I, Faems D, de Faria P. “Coopetition and Product Innovation Performance: The Role of Internal Knowledge Sharing Mechanisms and Formal Knowledge Protection Mechanisms”, *Industrial Marketing Management*, Vol. 53, No. 2, February 2015.

Fisher C J, Alford R J. “Consulting on Culture: A New Bottom Line”, *Consulting Psychology Journal: Practice and Research*, Vol. 52, No. 3, March 2000.

Frishammar J, Ericsson K, Patel P C. “The Dark Side of Knowledge Transfer: Exploring Knowledge Leakage in Joint R&D Projects”, *Technovation*, Vol. 41, No. 8, August 2015.

Fudenberg D, Holmstrom B. Milgrom, P. “Short-term Contracts and Long-term Agency Relationship”, *Journal of Economic Theory*, Vol. 51, No. 5, May 1990.

Gadde L, Snehota I. “Making the Most of Supplier Relationships”, *Industrial*

Marketing Management, Vol, 29. No. 4, April 2000.

Gibbons G W, Hawking S W. "Cosmological Event Horizons, Thermodynamics, and Particle Creation", *Physical Review D*, Vol. 15, No. 10, October 1977.

Glisby M, Holden N. "Applying Knowledge Management Concepts to the Supply Chain: How a Danish Firm Achieved a Remarkable Breakthrough in Japan", *Academy of Management Executive*, Vol. 19, No. 2, February 2005.

Goldberg M, Defronzo R A, Agus Z S. "The Effects of Glucose and Insulin on Renal Electrolyte Transport", *Journal of Clinical Investigation*, Vol. 58, No. 1, January 1976.

Goodman L E, Dion P A. "The Determinants of Commitment in the Distributor-manufacturer Relationship", *Industrial Marketing Management*, Vol. 30, No. 3, March 2001.

Granovetter M. "Economic Action and Social Structure: A Theory of Embeddedness", *American Journal of Sociology*, Vol. 91, No. 3, March 1985.

Grant R M. "The Knowledge—based View of the Firm: Implication for Management Practice", *Long Range Planning*, Vol. 30, No. 3, March 1997.

Grewal D, Haugstetter H. "Capturing and Sharing Knowledge in Supply Chains in the Maritime Transport Sector: Critical Issues", *Maritime Policy & Management*, Vol. 34, No. 2, February 2007.

Hagedoorn J, Cloodt M. "Measuring Innovative Performance: Is There an Advantage in Using Multiple Indicators?", *Research Policy*, Vol. 32, No. 8, August 2003.

Hagel J, Singer M. "Unbundling the Corporation", *Harvard Business Review*, Vol. 77, No. 2, February 1999.

Halley A, Nollet J, Beaulieu M, et al. "The Impact of the Supply Chain on Core Competencies and Knowledge Management: Directions for Future Research", *International Journal of Technology Management*, Vol. 49, No. 4, April 2010.

Hansen M T. "The Search-transfer Problem: The Role of Weak Ties in Sharing

Knowledge across Organization Subunits", *Administrative science quarterly*, Vol. 44, No. 1, January 1999.

Hattendorf M. "Knowledge Supply Chain Matrix Approach for Balanced Knowledge Management: An Airline Industry Firm Case", *Journal of Quality Assurance in Hospitality & Tourism*, Vol. 3, No. 3, March 2002.

He Q, Ghobadian A, Gallear D. "Knowledge Acquisition in Supply Chain Partnerships: The Role of Power", *International Journal of Production Economics*, Vol. 141, No. 2, February 2012.

Hewett K, Bearden W O. "Dependence, Trust, and Relational Behavior on the Part of Foreign Subsidiary Marketing Operations: Implications for Managing Global Marketing Operations", *Journal of Marketing*, Vol. 54, No. 4, April 2001.

Holmstrom B. "Moral Hazard in Teams", *Bell Journal of Economics*, Vol. 3, No. 2, February 1982.

Holmstrom B. "Managerial Incentive Problems: A Dynamic Perspective", *Review of Economic Studies*, Vol. 66, No. 1, January 1999.

Hou Y, Xiong Y, Wang X, et al. "The Effects of a Trust Mechanism on a Dynamic Supply Chain Network", *Expert Systems with Applications*, Vol. 41, No. 6, June 2014.

Huang C, Lin S. "Sharing Knowledge in a Supply Chain Using the Semantic Web", *Expert Systems with Applications*, Vol. 37, No. 4, April 2010.

Hult G T M, Ketchen J D J, Cavusgil S T, et al. "Knowledge as a Strategic Resource in Supply Chains", *Journal of Operations Management*, Vol. 24, No. 5, May 2006.

Hult G T M, Ketchen D J, Nichols E L. "Organizational Learning as a Strategic Resource in Supply Management", *Journal of Operations Management*, Vol. 21, No. 5, May 2003.

Hult G T M, Ketchen Jr D J, Slater S F. "Information Processing, Knowledge Development, and Strategic Supply Chain Performance", *Academy of Management Journal*, Vol. 47, No. 2, February 2004.

Husted K. "Knowledge – Sharing Hostility and Governance Mechanisms: An Empirical Test", *Journal of Knowledge Management*, Vol. 16, No. 5, May 2012.

Inkpen A C. "Knowledge Transfer and International Joint Ventures: The Case of NUMMI and General Motors", *Strategic Management Journal*, Vol. 29, No. 4, April 2008.

Inkpen A C, Ross J. "Why Do Some Strategic Alliances Persist Beyond Their Useful Life?", *California Management Review*, Vol. 44, No. 1, January 2001.

Inkpen A C, Tsang E W K. "Social Capital, Networks, and Knowledge Transfer", *The Academy of Management Review*, Vol. 30, No. 1, January 2005.

Jantunen A. "Knowledge-processing Capabilities and Innovative Performance: An Empirical Study", *European Journal of Innovation Management*, Vol. 8, No. 3, March 2005.

Jensen, M C, Mechling W H. "Theory of the Firm: Managerial Behavior Agency Cost and Ownership Structure", *Journal of Financial Economics*, Vol. 3, No. 4, April 1976.

Jiang X, Li M, Gao S, et al. "Managing Knowledge Leakage in Strategic Alliances: The Effects of Trust and Formal Contracts", *Industrial Marketing Management*, Vol. 2, No. 6, June 2013.

Joshi A W, Stump R L. "Determinants of Commitment and Opportunism: Integrating and Extending Insights from Transaction Cost Analysis and Relational Exchange Theory", *Canadian Journal of Administrative Sciences*, Vol. 6, No. 4, April 1999.

Judge W Q, Dooley R. "Strategic Alliance Outcomes: A Transaction-cost Economics Perspective", *British Journal of Management*, Vol. 17, No. 1, January 2006.

Kahn K B, Maltz E N, Mentzer J T. "Demand Collaboration: Effects on Knowledge Creation, Relationships, and Supply Chain Performance", *Jour-*

nal of Business Logistics, Vol. 27, No. 2, February 2006.

Katarina L, Maria A. "Creating and Sharing Knowledge within a Transnational Team-the Development of a Global Business System", *Journal of World Business*, Vol. 38, No. 2, February 2003.

Kaufmann J B, O'Neill H M. "Do Culturally Distant Partners Choose Different Types of Joint Ventures?", *Journal of World Business*, Vol. . 42, No. 4, April 2007.

Keith J E, Jackson D W, Crosby L A. "Effects of Alternative Types of Influence Strategies under Different Channel Dependence Structures", *Journal of Marketing*, Vol. 54, No. 3, March 1990.

Khalfan M M A, Kashyap M, Xianguang L, et al. "Knowledge Management in Construction Supply Chain Integration", *International Journal of Networking & Virtual Organisations*, Vol. 7, No. 2, February 2010.

Kianto A, Ritala P, Spender J C, et al. "The Interaction of Intellectual Capital Assets and Knowledge Management Practices in Organizational Value Creation", *Journal of Intellectual Capital*, Vol. 15, No. 3, March 2014.

Kogut B, Zander U. "Knowledge of the Firm, Combinative Capabilities, and the Replication of Technology", *Organization Science*, Vol. 3, No. 3, March 1992.

Koka B R, Prescott J E. "Strategic Alliances as Social Capital: A Multidimensional View", *Strategic Management Journal*, Vol. 23, No. 9, September 2002.

Kotabe M, Martin X, Domoto H. "Gaining From Vertical Partnerships: Knowledge Transfer, Relationship Duration, and Supplier Performance Improvement in the US and Japanese Automotive Industries", *Strategic Management Journal*, Vol. 24, No. 4, April 2003.

Kovacs G, Spens K M. "Knowledge Sharing in Relief Supply Chains", *International Journal of Networking & Virtual Organisations*, Vol. 7, No. 2, February 2010.

Kudyba S. "Enhancing Organisational Information Flow and Knowledge Creation in Re-engineering Supply Chain Systems: An Analysis of the US Automotive Parts and Supplies Model", *International Journal of Innovation Management*, Vol. 10, No. 2, February 2006.

Kumar K, Dissel H G V. "Sustainable Collaboration: Managing Conflict and Cooperation in Interorganizational Systems", *Mis Quarterly*, Vol. 20, No. 3, March 1996.

Lambert D M, Emmelhainz M A, Gardner J T. "Developing and Implementing Supply Chain Partnerships", *International Journal of Logistics Management*, Vol. 7, No. 2, February 1996.

LauH C W, Ho G T S, Zhao Y, et al. "Development of a Process Mining System for Supporting Knowledge Discovery in a Supply Chain Network", *International Journal of Production Economics*, Vol. 122, No. 1, January 2009.

Laval C, Feyhl M, Kakouros S. "Hewlett-Packard Combined or and Expert Knowledge to Design Its Supply Chains", *Interfaces*, Vol. 35, No. 3, March 2005.

Lee C K M, Lau H C W, Kwok S K, et al. "Design and Development of Supply Chain Knowledge Discovery System for Customer Relationship Management", *International Journal of Services Technology & Management*, Vol. 14, No. 1, January 2010.

Li C, Hsieh C. "The Impact of Knowledge Stickiness on Knowledge Transfer Implementation, Internalization, and Satisfaction for Multinational Corporations", *International Journal of Information Management*, Vol. 29, No. 6, June 2009.

Li J J, Poppo L, Zhou K Z. "Relational Mechanisms, Formal Contracts, and Local Knowledge Acquisition by International Subsidiaries", *Strategic Management Journal*, Vol. 31, No. 4, April 2010.

Li Z, Ye J, Xia C. "The Approach to Accelerate Collaborative New Product Development Process Through Managing Knowledge Sharing Behaviors", *European Journal of Business and Management*, Vol. 6, No. 2,

February 2014.

Lin C, Hung H C, Wu J Y, et al. "A Knowledge Management Architecture in Collaborative Supply Chain", *The Journal of Computer Information Systems*, Vol. 42, No. 5, May 2002.

Lopez G, Eldridge S. "A Working Prototype to Promote the Creation and Control of Knowledge in Supply Chains", *International Journal of Networking & Virtual Organisations*, Vol. 7, No. 2, February 2010.

Maçada A C G, Costa J C, Oliveira M, et al. "Information Management and Knowledge Sharing in Supply Chains Operating in Brazil", *International Journal of Automotive Technology and Management*, Vol. 13, No. 1, January 2013.

Maeleod A D. "Neumgenie Pulmonary Edema in PMlive Care", *J Pain Symptom MaIlage*, Vol. 23, No. 2, February 2002.

Mahesh S R, Laura L M. "Strategic Decisions in Supply-Chain Intelligence Using Knowledge Management: An Analytic-network-process Framework", *Supply Chain Management*, Vol. 10, No. 2, February 2005.

Malhotra A, Gosain S, El Sawy O A. "Absorptive Capacity Configurations in Supply Chains: Gearing for Paprtner-enabled Market Knowledge Crestion", *MIS Quarterly*, Vol. 29, No. 1, January 2005.

Martin X, Salomon R. "Tacitness, Learning, and International Expansion: A Study of Foreign Direct Investment In a Knowledge-intensive Industry", *Organization Science*, Vol. 14, No. 3, March 2003.

Matson E, Patiath P, ShaversT. "Stimulating Knowledge Sharing: Strengthening Your Organization's Internal Knowledge Market", *Organizational Dynamics*, Vol. 32, No. 3, March 2003.

Mccutcheon D, Stuart F I. "Issues in the Choice of Supplier Alliance Partners", *Journal of Operations Management*, Vol. 18, No. 3, March 2000.

Mcevily B, Marcus A. "Embedded Ties and the Acquisition of Competitive Capabilities", *Strategic Management Journal*, Vol. 26, No. 11, November 2005.

Mee-Shew C, Myers M B. "Managing Knowledge Sharing Networks in Global Supply Chains", *International Journal of Management & Decision Making*, Vol. 9, No. 6, June 2008.

Meyer M, Milgrom P, Roberts J. "Organizational Prospects, Influence Costs, and Ownership Changes", *Journal of Economics & Management Strategy*, Vol. 1, No. 1, January 1992.

Mihm J. "Incentives in New Product Development Projects and the Role of Target Costing", *Management Science*, Vol. 56, No. 8, August 2010.

Moorman C, Zaltman G, Deshpande R. "Relationships between Providers and Users of Marketing Research: The Dynamics of Trust within and between Organizations", *Journal of Marketing Research*, Vol. 29, No. 3, March 1992.

Morgan R M, Hunt S D. "The Commitment-trust Theory of Relationship Marketing", *Journal of Marketing*, Vol. 58, No. 3, March 1994.

Myers M B, Mee-Shew C. "Sharing Global Supply Chain Knowledge", *MIT Sloan Management Review*, Vol. 49, No. 4, April 2008.

Nachiappan S P, Gunasekaran A, Jawahar N. "Knowledge Management System for Operating Parameters in Two-echelon VMI Supply Chains", *International Journal of Production Research*, Vol. 45, No. 11, November 2007.

Niemi P, Huiskonen J, Karkkainen H. "Supply Chain Development as a Knowledge Development Task", *International Journal of Networking & Virtual Organisations*, Vol. 7, No. 2, February 2010.

Nonaka I, Takeuchi, H. "The Knowledge—Creating Company", *Harvard Business Review*, Vol. 21, No. 6, June 1991.

Norck C D, Pohlen T L. "Cost knowledge: A Foundation for Improving Supply Chain Relationship", *International Journal of Logistics Management*, Vol. 12, No. 1, January 2001.

Paton R A, Mclaughlin S. "Services Innovation: Knowledge Transfer and the Supply Chain", *European Management Journal*, Vol. 26, No. 2, February 2008.

Pedroso M C, Nakano D. "Knowledge and Information Flows in Supply

Chains: A Study on Pharmaceutical Companies", *International Journal of Production Economics*, Vol. 122, No. 1, January 2009.

Pillai K G, Min S. "A Firm's Capability to Calibrate Supply Chain Knowledge—Antecedents and Consequences", *Industrial Marketing Management*, Vol. 39, No. 8, August 2010.

Piramuthu S. "Knowledge-based Framework for Automated Dynamic Supply Chain Configuration", *European Journal of Operational Research*, Vol. 165, No. 1, January 2005.

Poppo L, Zhou K Z, Ryu S. "Alternative Origins to Inter-Organizational Trust: An Interdependence Perspective on the Shadow of the Past and the Shadow of the Future", *Organization Science*, Vol. 19, No. 1, January 2008.

Qian Y, Liang J, Dang C. "Knowledge Structure, Knowledge Granulation and Knowledge Distance in a Knowledge Base", *International Journal of Approximate Reasoning*, Vol. 50, No. 1, January 2009.

Qile H, Gallear D, Ghobadian A. "Knowledge Transfer: The Facilitating Attributes in Supply-chain Partnerships", *Information Systems Management*, Vol. 28, No. 1, January 2011.

Rao H, Drazin R. "Overcoming Resource Constraints on Product Innovation by Recruiting Talent from Rivals: A Study of the Mutual Fund Industry", *Academy of Management Journal*, Vol. 45, No. 3, March 2002.

Rashed C A A, Azeem A, Halim Z, et al. "Effect of Information and Knowledge Sharing on Supply Chain Performance: A Survey Based Approach", *Journal of Operations & Supply Chain Management*, Vol. 3, No. 2, February 2013.

Reid F. "Creating a Knowledge-sharing Culture among Diverse Business Units", *Employment Relations Today*, Vol. 30, No. 3, March 2003.

Reuer J J, Ari N O A. "Strategic Alliance Contracts: Dimensions and Determinants of Contractual Complexity", *Strategic Management Journal*, Vol. 28, No. 3, March 2007.

Richard H, Pierpaolo A. "Analysing Intangible Resources and Managing Knowledge in a Supply Chain Context", *European Management Journal*, Vol. 16, No. 6, June 1998.

Riddalls C E, Bennett S, Tipi N S. "Modelling the Dynamics of Supply Chains", *International Journal of Systems Science*, Vol. 31, No. 8, August 2000.

Rigby D K, Buchanan W T. "Putting More Strategy into Strategic Alliances", *Directors & Boards*, Vol. 18, No. 2, February 1994.

Roper S, Crone M. "Knowledge Complementarity and Coordination in the Local Supply Chain: Some Empirical Evidence", *British Journal of Management*, Vol. 14, No. 4, April 2003.

Rose-Anderssen C, Baldwin J S, Ridgway K, et al. "Knowledge Transformation, Learning and Changes Giving Competitive Advantage in Aerospace Supply Chains", *Emergence: Complexity & Organization*, Vol. 11, No. 2, February 2009.

Rubinstein A. "Equilibrium in Supergames with the Overtaking Criterion", *Journal of Economic Theory*, Vol. 21, No. 1, January 1979.

Ryoo S Y, Kim K K. "The Impact of Knowledge Complementarities on Supply Chain Performance through Knowledge Exchange", *Expert Systems with Applications*, Vol. 42, No. 6, June 2015.

Saxena A, Wadhwa S. "Flexible Configuration for Seamless Supply Chains: Directions towards Decision Knowledge Sharing", *Robotics and Computer-Integrated Manufacturing*, Vol. 25, No. 4, April 2009.

Seppanen R, Blomqvist K, Sundqvist S. "Measuring Inter-organizational Trust—A Critical Review of the Empirical Research in 1990 – 2003", *Industrial Marketing Management*, Vol. 36, No. 2, February, 2007.

Simatupang T M, Wright A C, SridharanR. " The Knowledge of Coordination for Supply Chain Integration", *Business Process Management Journal*, Vol. 8, No. 3, March 2002.

Sivakumar K, Roy S. "Knowledge Redundancy in Supply Chains: A Framework", *Supply Chain Management*, Vol. 9, No. 3, March 2004.

Soekijad M, Andriessen E. "Conditions for Knowledge Sharing in Competitive Alliances", *European Management Journal*, Vol. 21, No. 5, May 2003.

Song X M, Parry M E. "What Separates Japanese New Product Winners from Loser", *Journal of Product Innovation Management*, Vol. 13, No. 5, May 1996.

Soo C W, Devinney T M, Midgley D F. "External Knowledge Acquisition, Creativity and Learning in Organizational Problem Solving", I*nternational Journal of Technology Management*, Vol. 38, No. 1, January 2007.

Spekman R E, Spear J, Kamauff J. "Supply Chain Competency: Learning as a Key Component", *Supply Chain Management*, Vol. 7, No. 1, January 2002.

Spence M, ZechHauser, R. " Insurance, Information and Individual Action", A*merican Economic Review*, Vol. 61, No. 2, February 1971.

Sundaram D, Zhou W, Piramuthu S, et al. "Knowledge-based RFID Enabled Web Service Architecture for Supply Chain Management", *Expert Systems with Applications*, Vol. 37, No. 12, December 2010.

Szulanski G. "The Process of Knowledge Transfer: A Diachronic Analysis of Stickiness", *Organizational behavior and human decision processes*, Vol. 82, No. 1, January 2000.

Tah J H M, Carr V. "Towards a Framework for Project Risk Knowledge Management in the Construction Supply Chain", *Advances in Engineering Software*, Vol. 32, No. 10, October 2011.

Tiwana A. "Do Bridging Ties Complement Strong Ties? An Empirical Examination of Alliance Ambidexterity", *Strategic Management Journal*, Vol. 29, No. 3, March 2008.

Tsai W, Ghoshal S. "Social Capital and Value Creation: The Role of Intrafirm Networks", *The Academy of Management Journal*, Vol. 41, No. 4, April 1998.

Vokurka R J. "Supply Partnership: A Case Study", *Production and Inventory* management, Vol. 39, No. 1, January 1998.

Volpato G, Stocchetti A. "Knowledge Management in the Automotive Supply Chain: Exploring Suppliers′Point of View", *International Journal of Automotive Technology & Management*, Vol. 7, No. 3, March 2007.

Wadhwa S, Saxena A. " Flexible Supply Chains: A Context for Decision Knowledge Sharing and Decision Delays", *Global Journal of Flexible Systems Management*, Vol . 7, No. 3, March 2006.

Wadhwa S, Saxena A. "Decision Knowledge Sharing: Flexible Supply Chains in KM Context", *Production Planning & Control*, Vol. 18, No. 5, May 2007.

Wagner S M. "An Empirical Investigation of Knowledge-sharing in Networks", *Journal of supply chain management*, Vol. 41, No. 4, April 2005.

Walumbwa F O, Luthans F, Avey J B, et al. " Authentically Leading Groups: The Mediating Role of Collective Psychological Capital and Trust", *Journal of Organizational Behavior*, Vol. 32, No. 1, January 2011.

Wang C, Fergusson C, Perry D. et al. "A Conceptual Case-based Model for Knowledge Sharing among Supply Chain Members", *Business Process Management Journal*, Vol. 14, No. 2, February 2008.

Wang Z, Wang N. "Knowledge Sharing, Innovation and Firm Performance", *Expert Systems with Applications*, Vol. 39, No. 10, October 2012.

Wolf J. "The Relationship between Sustainable Supply Chain Management, Stakeholder Pressure and Corporate Sustainability Performance", *Journal of Business Ethics*, Vol. 119, No. 3, March 2014.

Wu C. "Knowledge Creation in a Supply Chain", *Supply Chain Management: An International Journal*, Vol. 13, No. 3, March 2008.

Wu D J. "Software Agents for Knowledge Management: Coordination in Multi-agent Supply Chains and Auctions", *Expert Systems with Applications*, Vol. 20, No. 1, January 2001.

Wu G D. "Knowledge Collaborative Incentive Based on Inter-organizational Co-operative Innovation of Project-based Supply Chain", *Journal of Industrial*

Engineering and Management, Vol. 6, No. 4, April 2013.

Wu G D. "Project-based Supply Chain Cooperative Incentive Based on Reciprocity Preference", *Journal of Management*, Vol. 31, No. 6, June 2014.

Wu W, Firth M, Rui O M. "Trust and the Provision of Trade Credit", *Journal of Banking & Finance*, Vol. 39, No. 2, February 2014.

Yang J, Wang J, Wong C W Y, et al. "Relational Stability and Alliance Performance in Supply Chain", *Omega*, Vol. 36, No. 4, April 2008.

Youn S, Hwang W, Yang M G. "The Role of Mutual Trust in Supply Chain Management: Deriving from Attribution Theory and Transaction Cost Theory", *International Journal of Business Excellence*, Vol. 5, No. 5, May 2012.

Yli-Renko H, Autio E, Sapienza H J. "Social Capital, Knowledge Acquisition, and Knowledge Exploitation in Young Technology-based Firms", *Strategic Management Journal*, Vol. 22, No. 6, June 2001.

Yli-Renko H, Autio E, Tontti V. "Social Capital, Knowledge, and the International Growth of Technology-based New Firms", *International Business Review*, Vol. 11, No. 3, March 2002.

Zhang X M, Chen W, Tong J, et al. "Relational Mechanisms, Market Contracts and Cross-enterprise Knowledge Trading in the Supply Chain: Empirical Research Based on Chinese Manufacturing Enterprises", *Chinese Management Studies*, Vol. 6, No. 3, September 2012.

Zhang Z P, Sundaresan S. "Knowledge Markets in Firms: Knowledge Sharing with Trust and Signalling", *Knowledge Management Research & Practice*, Vol. 8, No. 4, April 2010.

Zhao S, Yu H, Xu Y, et al. "Relationship-specific Investment, Value Creation, and Value Appropriation in Cooperative Innovation", *Information Technology and Management*, Vol. 15, No. 2, February 2014.

Zhou K Z, Poppo L, Yang Z. "Relational Ties or Customized Contracts? An Examination of Alternative Governance Choices in China", *Journal of International Business Studies*, Vol. 39, No. 3, March 2008.

安小风、张旭梅：《供应链知识共享存在的问题及对策研究》，《科技进步与对策》2007 年第 24 卷第 1 期。

安小风、张旭梅、沈娜利：《供应链知识共享决策信息空间模型及合约机制研究》，《现代管理科学》2009 年第 28 卷第 1 期。

安小风、张旭梅、肖剑等：《逆向选择下供应链知识共享的合约结构》，《统计与决策》2009 年第 25 卷第 15 期。

安小风、张旭梅、张慧涛：《供应链知识共享的囚徒困境及经济学的解决方法研究》，《管理世界》2008 年第 24 卷第 9 期。

安小风、张旭梅、张慧涛：《供应链知识流模型及知识流动影响因素研究》，《科技管理研究》2009 年第 29 卷第 1 期。

安小风、张旭梅、张玉蓉：《基于供应链知识共享层次的激励机制研究》，《科技管理研究》2007 年第 27 卷第 2 期。

彼得·德鲁克：《知识管理》，杨开峰译，中国人民大学出版社 1999 年版。

陈搏：《知识距离与知识定价》，《科学学研究》2007 年第 25 卷第 1 期。

陈搏、张喜征：《组织内部知识市场交易博弈模型及其实证分析》，《科学学与科学技术管理》2006 年第 27 卷第 4 期。

陈建军：《供应链协同的知识转移研究》，《科技管理研究》2009 年第 29 卷第 2 期。

陈建军：《供应链协同的知识创新机理分析》，《科技管理研究》2009 年第 29 卷第 5 期。

陈建新、谢磊、土建东：《供应链中知识共享的博弈分析》，《科技进步与对策》2009 年第 26 卷第 8 期。

陈菊红、王能民、杨彤：《供应链中的知识管理》，《科研管理》2002 年第 23 卷第 1 期。

陈伟：《供应链企业间知识共享影响因素的实证研究》，重庆大学，2008 年。

陈伟、林川：《供应链企业间知识共享与转移的层次模型研究》，《物流工程与管理》2016 年第 38 卷第 3 期。

陈伟、潘成蓉：《供应链企业间知识共享的创新效应分析——关系和信任导向下的实证研究》，《技术经济与管理研究》2015 年第 36 卷第 5 期。

陈伟、彭程、徐磊：《关系机制、市场契约与知识交易——供应链视角下的实证研究》，《财经论丛》2014 年第 187 卷第 11 期。

陈伟、宋寒：《考虑学习能力影响下供应链企业间知识交易的最优合约配置》，《技术经济》2014 年第 33 卷第 1 期。

陈伟、杨柏、宋寒：《考虑知识属性的供应链企业间知识交易契约》，《技术经济》2015 年第 34 卷第 9 期。

陈伟、张旭梅：《供应链中企业组织学习能力对合作绩效的影响——以知识获取为中介变量的实证研究》，《商业经济与管理》2009 年第 29 卷第 8 期。

陈伟、张旭梅：《供应链伙伴特性、知识交易与创新绩效关系的实证研究》，《科研管理》2011 年第 32 卷第 11 期。

陈伟、张旭梅：《供应链伙伴特性对跨企业知识交易影响路径的实证研究——基于关系质量的中介效应》，《商业经济与管理》2013 年第 33 卷第 1 期。

陈伟、张旭梅、宋寒：《供应链企业间知识交易的关系契约机制：基于合作创新的研究视角》，《科研管理》2015 年第 36 卷第 7 期。

程钧谟、王琪琪、宋美玲、朱振中：《 基于成本收益的供应链企业间知识共享重复博弈分析》，《统计与决策》2016 年第 32 卷第 1 期。

戴俊、盛昭瀚：《企业内部知识市场交易机制的模型构建与研究》，《预测》2004 年第 23 卷第 4 期。

董雅丽、戎长胜：《供应链节点企业知识管理的风险研究》，《科技管理研究》2008 年第 28 卷第 12 期。

杜漪、王志刚：《知识管理的供应链核心竞争力提升研究》，《管理现代化》2008 年第 28 卷第 4 期。

冯长利、李天鹏、兰鹰：《意愿对供应链知识共享影响的实证研究》，《管理评论》2013 年第 25 卷第 3 期。

冯长利、张明月、刘洪涛、张慧中、何明海：《供应链知识共享与企业绩效关系研究——供应链敏捷性的中介作用和环境动态性的调节作用》，《管理评论》2015 年第 27 卷第 11 期。

高洪深:《知识经济学教程》(第四版),中国人民大学出版社 2010 年版。
高巍、田也壮、姜振寰:《基于供应链联盟的知识整合研究》,《管理工程学报》2005 年第 19 卷第 3 期。
关健、周文娇:《基于吸收能力的知识市场交易模型构建》,《情报杂志》2010 年第 29 卷第 10 期。
郭强:《论企业内部知识市场制度的建构》,《财经研究》2002 年第 28 卷第 5 期。
韩焕法、薄利娜、薄亚利:《面向供应链管理的知识创新保障机制》,《科技进步与对策》2008 年第 25 卷第 4 期。
韩景丰、赵道致:《基于博弈分析的供应链创新知识泄露风险与应对策略研究》,《组合机床与自动化加工技术》2008 年第 50 卷第 8 期。
何明海、冯长利、张明月:《供应链知识共享与企业绩效关系研究——供应链敏捷性的中介作用和环境动态性的调节作用》,《管理评论》2015 年第 27 卷第 11 期。
洪江涛、高亚翀:《供应链能力、知识传输与企业绩效关系的实证研究》,《科学学研究》2014 年第 32 卷第 7 期。
侯杰泰、温忠麟、成子娟:《结构方程模型及其应用》,教育科学出版社 2004 年版。
胡汉辉、吉敏:《学习渠道、集群供应链知识网络与企业创新绩效关系研究——来自常州产业集群的实证》,《科技进步与对策》2014 年第 32 卷第 18 期。
胡继灵、范体军、楼高翔:《绿色供应链管理中的企业间知识转移研究》,《科技管理研究》2008 年第 28 卷第 2 期。
黄官伟:《基于企业服务总线的供应链知识管理系统架构》,《哈尔滨理工大学学报》2008 年第 13 卷第 3 期。
贾生华、吴波、王承哲:《资源依赖、关系质量对联盟绩效影响的实证研究》,《科学学研究》2007 年第 25 卷第 2 期。
江积海、宣国良:《供应链企业间知识传导成本的实证研究》,《工业工程与管理》2005 年第 10 卷第 5 期。
兰鹰、冯长利、赵常宁:《供应链企业间知识创造影响因素 Fuzzy DEMA-

TEL 分析》，《科学学研究》2016 年第 34 卷第 5 期。

李翠娟、宣国良：《知识供应链：企业合作知识创新的新方式》，《科研管理》2006 年第 27 卷第 3 期。

李纲：《基于制造商——分销商配对样本的供应链企业间知识转移及其影响因素实证研究》，《管理学报》2014 年第 11 卷第 7 期。

励凌峰、黄培清：《并购中供应链之间的知识整合》，《情报科学》2005 年第 23 卷第 7 期。

李随成、杨婷：《知识共享与组织学习对供应链企业间研发合作绩效的影响研究》，《科技进步与对策》2009 年第 26 卷第 10 期。

李勇强、孙林岩：《关系承诺、联盟价值和创新模式的关系研究——基于不同联盟控制方式的视角》，《山西财经大学学报》2009 年第 31 卷第 10 期。

林东清：《知识管理理论与实务》，电子工业出版社 2005 年版。

林焜、彭灿：《供应链知识共享与供应链能力的关系研究》，《情报理论与实践》2010 年第 33 卷第 5 期。

林焜、彭灿：《知识共享、供应链动态能力与供应链绩效的关系研究》，《科学学与科学技术管理》2010 年第 31 卷第 7 期。

林岩：《运用供应链伙伴知识提升知识创造水平：基于专利数据的分析》，《中国软科学》2009 年第 24 卷第 9 期。

林岩：《汽车生产供应链上下游企业间的合作知识创造》，《科研管理》2010 年第 31 卷第 3 期。

林岩、陈燕、李剑锋：《价值链中的上行知识流对供应商的促进作用——以汽车生产行业为例》，《科学学研究》2010 年第 28 卷第 8 期。

柳登：《供应链中知识共享框架的研究》，《物流科技》2005 年第 29 卷第 10 期。

刘涛、徐永红：《基于 DEMATEL 供应链知识共享影响因素的实证分析》，《合肥工业大学学报》（社会科学版）2013 年第 29 卷第 3 期。

刘纳新、伍中信：《隐性知识共享下的供应链利润分配模型及经济性分析》，《系统工程》2015 年第 33 卷第 3 期。

刘南、李玉民：《供应链中知识转移与扩散机制研究》，《技术经济与管理研究》2003 年第 24 卷第 6 期。

刘勇军、聂规划：《面向供应链的知识链模型及其管理策略》，《情报杂志》2007 年第 26 卷第 6 期。

陆克斌、郭伟：《产业集群技术创新与知识市场的协同关系研究》，《科研管理》2010 年第 31 卷第 3 期。

骆光林、余向平、陆江东：《浙江省科技中介服务体系的现状和发展思路》，《科研管理》2008 年第 29 卷第 3 期。

马铁德、张旭梅、陈伟：《考虑监控信号的供应链知识共享激励机制研究》，《管理学报》2012 年第 9 卷第 12 期。

潘瑞玉：《供应链知识协同与集群企业创新绩效关系的实证研究——基于组织学习的中介作用》，《商业经济与管理》2013 年第 33 卷第 4 期。

潘淑清：《高新技术企业经营者股权激励机制设计》，《江西财经大学学报》2007 年第 9 卷第 1 期。

潘文安：《关系强度、知识整合能力与供应链知识效率转移研究》，《科研管理》2012 年第 33 卷第 1 期。

彭灿：《供应链中的知识流动与组织间学习》，《科研管理》2004 年第 25 卷第 3 期。

彭灿、杨玲：《技术能力、创新战略与创新绩效的关系研究》，《科研管理》2009 年第 30 卷第 2 期。

齐源、赵晓康：《敏捷供应链中知识共享风险及规避策略》，《情报杂志》2010 年第 29 卷第 4 期。

乔梅、王颖：《基于知识共享构建第三方知识市场模式研究》，《情报科学》2009 年第 27 卷第 3 期。

钱莹：《供应链节点企业知识管理方法研究》，《科技管理研究》2006 年第 26 卷第 1 期。

覃艳华、曹细玉：《供应链中的知识共享与合作创新研究》，《科技管理研究》2006 年第 26 卷第 4 期。

阮爱君、卢立伟、方佳音：《知识网络嵌入性对企业创新能力的影响研究——基于组织学习的中介作用》，《财经论丛》2014 年第 179 卷第 3 期。

施琴芬、郭强、崔志明：《隐性知识主体风险态度的经济学分析》，《科学学研究》2003 年第 21 卷第 1 期。

宋寒、但斌、张旭梅：《服务外包中双边道德风险的关系合约激励机制》，《系统工程理论与实践》2010 年第 30 卷第 11 期。

苏新宁、任皓、吴春玉等：《组织的知识管理》，国防工业出版社 2003 年版。

苏中锋、谢恩、李垣：《基于不同动机的联盟控制方式选择及其对联盟绩效的影响——中国企业联盟的实证分析》，《南开管理评论》2007 年第 10 卷第 5 期。

孙爱英、李垣、任峰：《企业文化与组合创新的关系研究》，《科研管理》2006 年第 27 卷第 2 期。

孙良国：《关系合约理论导论》，科学出版社 2008 年版。

唐卫宁、徐福缘：《基于本体和语义 Web 服务的供应链知识集成》，《计算机工程》2006 年第 32 卷第 24 期。

唐炎华、石金涛：《企业内部知识市场的基本构架及其动力机制研究》，《情报科学》2005 年第 23 卷第 5 期。

唐炎华、石金涛：《我国企业知识型员工知识转移的影响因素实证研究》，《管理工程学报》2007 年第 21 卷第 2 期。

王道平、贾洁：《一种基于 Web Service 的敏捷供应链知识服务系统框架模型》，《情报杂志》2010 年第 29 卷第 5 期。

王道平、李贺：《基于知识流的敏捷供应链知识服务模式研究》，《软科学》2010 年第 24 卷第 3 期。

王道平、李丽丽：《敏捷供应链知识服务主体的知识交互行为研究》，《科技进步与对策》2010 年第 27 卷第 16 期。

王道平、刘涛：《基于本体的敏捷供应链知识服务检索模型研究》，《情报杂志》2009 年第 28 卷第 12 期。

王道平、许有志、王锐兵：《供应链知识共享绩效的模糊综合评价方法》，《软科学》2008 年第 22 卷第 12 期。

王道平、杨岑：《敏捷供应链核心知识流失因素及规避策略研究》，《科技进步与对策》2010 年第 27 卷第 14 期。

王道平、张敏：《敏捷供应链知识服务体系构成要素及其互动机理研究》，《情报理论与实践》2009 年第 32 卷第 12 期。

王德禄：《知识管理的 IT 实现》，电子工业出版社 2003 年版。

汪丁丁：《知识沿时间和空间的互补性以及相关的经济学》，《经济研究》1997 年第 43 卷第 6 期。

王娟茹、赵嵩正：《基于溢出效应的供应链知识转移》，《工业工程》2007 年第 10 卷第 5 期。

王兆玲、崔凯峰：《基于知识市场的管理咨询公司内部知识共享机制研究》，《科技管理研究》2009 年第 29 卷第 8 期。

王众托：《知识管理》，科学出版社 2009 年版。

魏峰、李燚、张文贤：《国内外心理合约研究的新进展》，《管理科学学报》2005 年第 8 卷第 5 期。

魏刚：《高级管理层激励与上市公司经营业绩》，《经济研究》2000 年第 46 卷第 3 期。

魏恒、辛安娜：《供应链知识流博弈模型研究》，《经济问题》2010 年第 2 卷第 9 期。

翁莉、仲伟俊、鲁芳：《基于知识共享的供应链决策研究》，《统计与决策》2008 年第 24 卷第 22 期。

翁莉、仲伟俊、鲁芳：《供应链企业间知识共享的动因研究》，《科学学与科学技术管理》2009 年第 30 卷第 2 期。

翁莉、仲伟俊、鲁芳：《供应链知识共享的决策行为及影响因素研究》，《管理学报》2009 年第 6 卷第 12 期。

吴冰、刘义理、赵林度：《供应链协同知识创新的激励设计》，《科学学与科学技术管理》2008 年第 29 卷第 7 期。

吴冰、刘仲英：《供应链协同的知识创新价值链模型》，《软科学》2007 年第 21 卷第 4 期。

吴冰、刘仲英：《供应链协同的知识创造模式研究》，《情报杂志》2007 年第 26 卷第 10 期。

吴冰、刘仲英：《供应链中的知识创新网络》，《科学学研究》2006 年第 24 卷第 S1 期。

吴冰、刘仲英：《供应链协同知识创新的决策研究》，《同济大学学报》（自然科学版）2009 年第 37 卷第 9 期。

吴冰、刘仲英、赵林度：《供应链协同的知识转移研究》，《情报杂志》2008 年第 27 卷第 1 期。

吴成锋、王玉梅、单伟：《基于知识共享与知识创新提升供应链核心竞争力的研究》，《情报杂志》2010 年第 29 卷第 7 期。

吴成锋、张庆普：《敏捷供应链中的知识共享研究》，《情报杂志》2007 年第 26 卷第 6 期。

吴季松：《知识经济学》，首都经济贸易大学出版社 2007 年版。

吴洁、刘思峰、施琴芬：《基于知识供应链的知识创新与转移模型研究》，《科技进步与对策》2006 年第 23 卷第 12 期。

吴泗宗、贾文玉：《企业内部知识市场及其要素研究》，《商业研究》2006 年第 49 卷第 11 期。

向晋乾、黄培清、郭玉明：《企业集团内部供应链知识的协同机制研究》，《情报科学》2005 年第 26 卷第 12 期。

肖爽、周宁：《利用客户知识管理提升供应链性能的研究》，《情报杂志》2009 年第 28 卷第 10 期。

邢文凤、严建援：《供应链知识纵向转移特征研究》，《科技进步与对策》2009 年第 26 卷第 6 期。

徐恒、赵嵩正：《供应链环境下基于知识共享的协作模型研究》，《制造业自动化》2007 年第 29 卷第 6 期。

徐升华、徐生菊：《基于供应链视角的知识共享影响因素研究述评》，《情报理论与实践》2013 年第 50 卷第 9 期。

徐升华、徐生菊：《农产品供应链知识共享系统的动力学建模与仿真》，《合肥工业大学学报》（自然科学版）2013 年第 58 卷第 11 期。

徐升华、徐生菊：《农产品供应链中知识共享影响因素的实证研究》，《科学学研究》2015 年第 33 卷第 9 期。

徐晓静、杨岑、王道平：《供应链核心知识流失的利益博弈分析》，《科学学与科学技术管理》2010 年第 31 卷第 7 期。

许有志、王道平、杨炳儒：《供应链中的知识交易与定价研究》，《科学学与科学技术管理》2008 年第 29 卷第 11 期。
薛佳奇、刘益：《组织文化与关系策略对供应链知识共享的影响研究》，《科学学与科学技术管理》2008 年第 29 卷第 10 期。
杨建君、刘刃、马婷：《变革型领导风格影响技术创新绩效的实证研究》，《科研管理》2009 年第 30 卷第 2 期。
杨瑾、蔡依平：《面向供应链流程管理的知识整合研究》，《现代管理科学》2006 年第 25 卷第 1 期。
杨瑾、尤建新、蔡依平：《供应链流程管理中的知识集成研究》，《科技进步与对策》2006 年第 23 卷第 12 期。
杨瑾，尤建新、蔡依平：《供应链企业在协同知识创造中的合作决策研究》，《科学学与科学技术管理》2006 年第 27 卷第 4 期。
杨钊、陈士俊：《知识型团队知识共享影响机制研究——以信任和知识距离对团队知识共享的影响机制为基础》，《西南交通大学学报》（社会科学版）2008 年第 9 卷第 6 期。
叶飞、徐学军：《供应链伙伴特性、伙伴关系与信息共享的关系研究》，《管理科学学报》2009 年第 12 卷第 4 期。
叶茂林：《知识管理的理论与运作》，社会科学出版社 2002 年版。
殷茗、赵嵩正：《基于制度的供应链协作信任实证研究》，《科研管理》2006 年第 27 卷第 4 期。
应力、钱省三：《企业内部知识市场的知识交易方式与机制研究》，《上海理工大学学报》2001 年第 23 卷第 2 期。
余祖德、陈俊芳、艾耕云：《供应链中节点企业隐性知识转化决策》，《工业工程》2008 年第 11 卷第 5 期。
曾德明、陈强、文小科：《资源配置视角下供应链中知识共享机理研究》，《情报理论与实践》2010 年第 33 卷第 3 期。
曾德明、王磊、彭盾：《核心企业知识集成对供应链中知识转移的影响》，《情报杂志》2010 年第 29 卷第 8 期。
曾德明、文小科、陈强：《基于知识协同的供应链企业知识存量增长机理研究》，《中国科技论坛》2010 年第 26 卷第 2 期。
曾德明、周海燕、贾曙光：《供应链网络结构对粘滞知识转移的影响》，

《科技管理研究》2010 年第 30 卷第 1 期。

张成洪、马国强：《供应链中基于语义网技术的知识共享整合系统》，《系统工程理论与实践》2007 年第 27 卷第 12 期。

张翠英、乔湫娟：《基于社会网络的供应链知识流动模型》，《情报杂志》2010 年第 29 卷第 5 期。

张存禄、朱小年：《基于知识管理的供应链风险管理集成模式研究》，《经济管理》2009 年第 31 卷第 6 期。

张慧涛：《基于知识市场的供应链企业间知识共享机制研究》，重庆大学，2007 年。

张慧涛、张旭梅：《知识市场——实现供应链知识共享的新视角》，《科技管理研究》2007 年第 27 卷第 10 期。

张洁梅：《并购企业供应链整合的知识管理研究》，《经济经纬》2009 年第 26 卷第 4 期。

张莉：《组织间关系风险对绿色供应链知识共享影响的实证研究——关系收益的调节作用》，《江苏社会科学》2009 年第 26 卷第 6 期。

张敏、王道平：《基于知识市场的敏捷供应链知识服务模式研究》，《科技进步与对策》2009 年第 27 卷第 12 期。

张睿、于渤：《技术联盟知识转移影响因素实证研究》，《科学学研究》2008 年第 26 卷第 5 期。

张霜、龚明、康庄：《信息隐瞒风险对供应链企业信任度和绩效的影响》，《经济体制改革》2013 年第 31 卷第 5 期。

张维迎：《所有制、治理结构及委托——代理关系》，《经济研究》1996 年第 42 卷第 9 期。

张悟移：《供应链企业知识链管理模型研究》，《经济问题探索》2006 年第 27 卷第 12 期。

张旭梅、陈伟：《供应链企业间基于信任的知识获取和合作绩效实证研究》，《科技管理研究》2009 年第 29 卷第 2 期。

张旭梅、陈伟：《基于知识交易视角的供应链伙伴关系与创新绩效实证研究》，《商业经济与管理》2012 年第 32 卷第 2 期。

张旭梅、陈伟、张映秀：《供应链企业间知识共享影响因素的实证研究》，

《管理学报》2009年第6卷第10期。
张旭梅、李文、张玉蓉：《第三方监督下的供应链企业间知识交易模型研究》，《科技管理研究》2008年第28卷第8期。
张旭梅、张慧涛、朱庆：《供应链中知识市场的研究》，《科学管理研究》2006年第24卷第5期。
张旭梅、张玉蓉、朱庆等：《供应链企业间的知识市场及其交易模型研究》，《管理工程学报》2008年第22卷第3期。
张旭梅、朱庆：《国外供应链知识管理研究综述》，《研究与发展管理》2007年第19卷第1期。
张玉蓉：《供应链企业间的知识市场及其交易模型研究》，重庆大学，2009年。
张玉蓉、张旭梅：《供应链中核心企业与供应商知识共享的分析与启示——丰田公司案例研究》，《科学管理研究》2006年第26卷第2期。
张玉蓉、张旭梅、安小风等：《供应链中知识市场建立的影响因素研究》，《现代管理科学》2009年第28卷第10期。
张玉蓉、张旭梅、张慧涛：《供应链企业间知识市场的交易方式研究》，《现代管理科学》2009年第28卷第6期。
张志清、秦岭：《供应链知识管理及系统框架模型研究》，《情报杂志》2007年第26卷第4期。
赵洪岩、杜丹丽、何扬：《供应链知识创新过程演化模型研究——基于服务型制造模式下的分析》，《情报科学》2015年第35卷第5期。
赵会霞、杜荣、秦传东等：《敏捷供应链中基于跨单位知识共享的技术创新价值研究》，《中国管理科学》2008年第16卷第S1期。
赵先德、刘学元：《社会资本、知识获取与创新绩效：基于供应链视角》，《科技进步与对策》2016年第34卷第4期。
赵益维、陈菊红：《基于超循环理论的供应链知识创新网络研究》，《科技进步与对策》2010年第27卷第15期。
钟惠波、雷家骕、连建辉：《知识经济学范式：一个演进的视点》，《科学学与科学技术管理》2005年第26卷第7期。
周芳、郭岩：《供应链企业的社会资本、知识分享与创新绩效研究》，《财经问题研究》2012 年第 34 卷第 12 期。
周杰:《供应链联盟知识转移管理能力与知识转移效果之间的关系》,《技术经济》2012 年第 31 卷第 3 期。
周荣虎:《知识共享水平、冲突管理能力对供应链绩效的影响研究》,《科技管理研究》2013 年第 34 卷第 20 期。
周勇士:《供应链知识共享研究》,武汉大学,2005 年。
朱庆:《供应链企业间的知识共享及其知识交易研究》,重庆大学,2006 年。
朱庆、张旭梅:《供应链企业间的知识共享机制研究》,《科技管理研究》2005 年第 25 卷第 10 期。

附　录

供应链企业间知识共享的调查问卷

尊敬的女士/先生：您好！

非常感谢您抽出宝贵的时间来阅读和回答本问卷！

本问卷调查对象是已建立供应链合作关系的制造企业，希望您结合贵企业所在供应链的实际情况认真填写，在不能得到精确数据时，请您尽量做到准确的估计。盼望能得到您的支持和配合。

我们郑重承诺：问卷所收集的材料只作科研项目分析研究之用，绝不向外泄露贵企业相关信息（研究报告只会使用100家以上企业的综合资料，不会涉及单个企业信息），更不会影响到贵公司的业务发展。因此，真诚地希望您能认真地填写该问卷，您的合作对我们这次调查意义重大，在此深表感谢！

感谢贵公司的支持与合作！

一、基本概念及填写说明

基本概念说明

供应链：供应链是围绕核心企业，通过对信息流、物流、资金流的控制，从采购原材料开始，制成中间产品以及最终产品，最后由销售网络把产品送到消费者手中的将供应商、制造商、分销商、零售商、直到最终用户连成一个整体的功能网络结构模式。

知识共享：指组织的员工或内外团队在组织内部或跨组织之间，彼此通过各种渠道（例如讨论、会议、网络和知识库）进行交换和讨论知识，其目的在于通过知识的交流扩大知识的利用价值并产生知识的效应。

供应链知识市场：供应链中的知识市场类似于一般的商品交易市场，其主要是由参与者、交易机制、交易场域及“货币”等部分构成，与商品市场不同之处在于供应链企业间的知识交易很少直接用现金，其“货币”主要是订单数量、价格折扣、返利、员工培训等企业间合作的互惠以及名望和利他主义。

供应链企业间知识交易：在供应链知识市场中，知识供给企业通过“出售”知识换取回报，知识需求企业通过付出一定代价（订单数量、价格折扣、返利、员工培训等）获取所需要的知识，从而实现交易双方的互惠互利，同时也可以提高供应链整体创新能力和竞争力。

填写说明

若没有特殊说明则该题为单选，请您在所选答案对应的框内打√。若该题有特殊说明，请按照题目要求作答。

二、企业及个人基本资料

1. 您的姓名：________；

您的性别：________；

您的出生年月：________；

您所在部门：________；

您的职务：________。

2. 您的电话：________；

传真：________；

您的电子邮箱：____________。

3. 您的学历：

□专科及以下　□本科　□硕士　□博士及以上

4. 企业名称：____________

5. 地址：____________

6. 邮政编码：____________

7. 您在该企业工作年限：

□ 2 年以下　□2—5 年　□ 5—8 年　□ 8 年以上

8. 您所在企业属于：

□国有及国有控股企业　　□集体（合作）企业

□私营/民营企业　　□合资企业　　□外资企业

9. 您所在企业的行业类别：

□食品饮料　□木料加工　□纺织制衣　□化学石油化工　□建筑材料　□制药　□金属、机械和工程　□橡胶和塑料　□电子电器　□其他

10. 您所在企业的成立年限：

□ 5 年以下　□ 5—10 年　□ 10—15 年　□ 15—20 年　□20 年以上

11. 您所在企业的员工规模：

□100 人以下　□100—500 人　□501—1000 人　□1001—5000 人　□5000 人以上

12. 您所在企业与供应链其他成员企业合作年限：

□2 年以下　□2—4 年　□4—6 年　□6—8 年　□8 年以上

13. 您对您所在企业与供应链其他成员企业进行知识交易情况的了解程度：

□很了解　□较了解　□一般了解　□了解较少　□几乎不了解

三、实证研究相关变量测度

为保证调查样本的一致性，如果贵企业处在多条供应链中，请选择以其中一条供应链为考虑对象，回答下面所有问题。

相关陈述	符合程度				
1. 非常不同意，2. 不同意，3. 不能确定，4. 同意，5. 非常同意					
关系					
RE1：我们非常愿意与供应链中其他合作企业保持良好的伙伴关系	1	2	3	4	5
RE2：我们不会因为私利去破坏良好的合作伙伴关系	1	2	3	4	5
RE3：我们会尽力维持合作企业间的伙伴关系	1	2	3	4	5

续表

相关陈述	符合程度				
1. 非常不同意，2. 不同意，3. 不能确定，4. 同意，5. 非常同意					
信任					
TR1：我们的供应链合作伙伴是可靠并值得信赖的	1	2	3	4	5
TR2：我们的供应链合作伙伴会严格遵守承诺	1	2	3	4	5
TR3：我们的供应链合作伙伴在进行重大决策时会考虑我们的利益	1	2	3	4	5
TR4：我们的供应链合作伙伴对我们的业绩非常关心	1	2	3	4	5
知识中介					
KB1：通过知识中介我们能详细地了解所需要知识的相关信息	1	2	3	4	5
KB2：知识中介能很好地扮演知识传递和关系协调人的角色	1	2	3	4	5
KB3：通过知识中介我们能获取所需要的各类知识	1	2	3	4	5
共同目标					
SG1：我们与供应链合作伙伴存在相容的经营目标	1	2	3	4	5
SG2：我们与供应链合作伙伴会支持彼此的经营目标	1	2	3	4	5
SG3：我们与供应链合作伙伴经常一起制定合作目标	1	2	3	4	5
SG4：我们与供应链合作伙伴会为供应链整体发展共同努力	1	2	3	4	5
正式合约					
MC1：我们与成员企业就知识交易中的知识内容和范围有具体和详细的协议	1	2	3	4	5
MC2：我们与成员企业就交易双方的责任和义务已达成共识	1	2	3	4	5
MC3：我们与成员企业共同制定了处理知识交易潜在风险的预案	1	2	3	4	5
知识共享					
KS1：我们的员工经常与供应链合作伙伴就各自企业的一些信息进行交流与共享（如企业管理制度、运营状况等）	1	2	3	4	5

续表

相关陈述	符合程度				
1. 非常不同意，2. 不同意，3. 不能确定，4. 同意，5. 非常同意					
KS2：我们的员工经常与供应链合作伙伴交流与共享自己的日常工作心得和工作方法（如工作报告、工作手册等）	1	2	3	4	5
KS3：我们的员工经常与供应链合作伙伴共享自己积累的工作经验和技术诀窍	1	2	3	4	5
显性知识共享					
EK1：我们非常愿意将一些可以结构化成文件的知识（如管理制度）拿出来进行共享	1	2	3	4	5
EK2：我们与供应链合作伙伴会经常共享这类可以结构化成文件的知识	1	2	3	4	5
EK3：通过知识共享我们获取了很多这类可以结构化成文件的知识	1	2	3	4	5
隐性知识共享					
TK1：对于一些难以表述的知识（如管理经验），我们也非常愿意拿出来进行共享	1	2	3	4	5
TK2：我们与供应链合作伙伴会经常地通过沟通、交流或相互培训员工的方式进行这类隐性化知识的共享	1	2	3	4	5
TK3：通过知识共享我们获取了很多这类隐性化的知识	1	2	3	4	5
意外知识泄露					
AL1：我们的员工经常将企业产品技术相关知识意外地（偶然，不经意）泄露给供应链合作伙伴	1	2	3	4	5
AL2：我们的员工经常将企业产品市场相关知识意外地（偶然，不经意）泄露给供应链合作伙伴	1	2	3	4	5
AL3：我们的员工经常将企业管理相关知识意外地（偶然，不经意）泄露给供应链合作伙伴	1	2	3	4	5
主动知识泄露					
IL1：我们的员工经常将企业产品技术相关知识主动地（有目的）泄露给供应链合作伙伴	1	2	3	4	5

续表

相关陈述	符合程度				
1. 非常不同意，2. 不同意，3. 不能确定，4. 同意，5. 非常同意					
IL2：我们的员工经常将企业产品市场相关知识主动地（有目的）泄露给供应链合作伙伴	1	2	3	4	5
IL3：我们的员工经常将企业管理相关知识主动地（有目的）泄露给供应链合作伙伴	1	2	3	4	5
显性知识交易					
EK1：我们非常愿意将一些可以结构化成文件的知识（如管理制度）拿出来进行交易	1	2	3	4	5
EK2：我们与供应链合作伙伴会经常交易这类可以结构化成文件的知识	1	2	3	4	5
EK3：通过知识交易我们获取了很多这类可以结构化成文件的知识	1	2	3	4	5
TK1：对于一些难以表述的知识（如管理经验），我们也非常愿意拿出来进行交易	1	2	3	4	5
TK2：我们与供应链合作伙伴会经常地通过沟通、交流或相互培训员工的方式进行这类隐性化知识的交易	1	2	3	4	5
TK3：通过知识交易我们获取了很多这类隐性化的知识	1	2	3	4	5
创新绩效					
PE1：相比于市场上的同类产品，我们所开发产品的新颖程度更高	1	2	3	4	5
PE2：我们所开发产品的竞争优势明显（如已申请专利或拥有技术秘密）	1	2	3	4	5
PE3：我们所开发的产品能够迅速开拓新市场	1	2	3	4	5
PE4：我们所开发产品的市场占有率高于事前预期	1	2	3	4	5
PE5：客户对我们所开发产品具有较高的满意度	1	2	3	4	5

对您抽出宝贵的时间来回答本问卷再次深致谢意！并对占用您的宝贵时间深致歉意！